Weber/Köppert **Kommunalrecht Bayern**

JURIQ Erfolgstraining
Herausgegeben von JURIQ® Juristisches Repetitorium, Köln

Kommunalrecht Bayern

von

Tobias Weber
Richter am Bayerischen Verwaltungsgericht Augsburg
Lehrbeauftragter der Universität Augsburg

und

Rechtsanwalt Dr. Valentin Köppert
Lehrbeauftragter an der Hochschule für angewandtes
Management Augsburg

3., neu bearbeitete Auflage

C.F. Müller

Bibliografische Information der Deutschen Nationalbibliothek
Die Deutsche Nationalbibliothek verzeichnet diese Publikation in der
Deutschen Nationalbibliografie; detaillierte bibliografische Daten sind
im Internet über <http://dnb.d-nb.de> abrufbar.

ISBN 978-3-8114-4017-3

E-Mail: kundenservice@cfmueller.de
Telefon: +49 89/2183-7923
Telefax: +49 89/2183-7620

www.cfmueller.de
www.cfmueller-campus.de

© 2015 C.F. Müller GmbH, Waldhofer Straße 100, 69123 Heidelberg

Satz: TypoScript, München
Illustrationen: Mattfeldt & Sänger, München
Druck: Kessler Druck+Medien, Bobingen

Liebe Leserinnen und Leser,

die Reihe „JURIQ Erfolgstraining" zur Klausur- und Prüfungsvorbereitung verbindet sowohl für Studienanfänger als auch für höhere Semester die Vorzüge des klassischen Lehrbuchs mit meiner Unterrichtserfahrung zu einem umfassenden Lernkonzept aus Skript und Online-Training.

In einem ersten Schritt geht es um das **Erlernen** der nach Prüfungsrelevanz ausgewählten und gewichteten Inhalte und Themenstellungen. Einleitende Prüfungsschemata sorgen für eine klare Struktur und weisen auf die typischen Problemkreise hin, die Sie in einer Klausur kennen und beherrschen müssen. Neu ist die **visuelle Lernunterstützung** durch

- ein nach didaktischen Gesichtspunkten ausgewähltes Farblayout
- optische Verstärkung durch einprägsame Graphiken und
- wiederkehrende Symbole am Rand

   = Definition zum Auswendiglernen und Wiederholen

℗   = Problempunkt

@   = Online-Wissens-Check

Illustrationen als „Lernanker" für schwierige Beispiele und Fallkonstellationen steigern die Merk- und Erinnerungsleistung Ihres Langzeitgedächtnisses.

Auf die Phase des Lernens folgt das **Wiederholen und Überprüfen** des Erlernten im **Online-Wissens-Check**: Wenn Sie im Internet unter **www.juracademy.de/skripte/login** das speziell auf das Skript abgestimmte Wissens-, Definitions- und Aufbautraining absolvieren, erhalten Sie ein direktes Feedback zum eigenen Wissensstand und kontrollieren Ihren individuellen Lernfortschritt. Durch dieses aktive Lernen vertiefen Sie zudem nachhaltig und damit erfolgreich Ihre Kenntnisse im bayerischen Kommunalrecht!

Frage 1 (Punkte: 1)		
Welcher der drei Staatsgewalten ist der Gemeinderat zuzuordnen?		
Bitte beachten Sie, dass eine oder mehrere Antworten richtig sein können.		
Antwort		
Aussagen	Antwort	Aussagerichtigkeit und Kommentar
a) Legislative	☐ ✓	Falsch. Allerdings hat der Gemeinderat einzelne legislative Funktionen und Kompetenzen, insbesondere beim Erlass einer Satzung.
b) Judikative	☐ ✓	Falsch.
c) Exekutive	☑ ✓	Richtig, der Gemeinderat ist Verwaltungsorgan (vgl. Art. 29 GO) und trotz seiner Ähnlichkeit zum Parlament kein Teil der Legislative.
→ **Richtig** Punkte für diese Antwort: 1/1.		

Schließlich geht es um das **Anwenden und Einüben** des Lernstoffes anhand von Übungsfällen verschiedener Schwierigkeitsstufen, die im Gutachtenstil gelöst werden. Die JURIQ **Klausurtipps** zu gängigen Fallkonstellationen und häufigen Fehlerquellen weisen Ihnen dabei den Weg durch den Problemdschungel in der Prüfungssituation.

Das **Lerncoaching** jenseits der rein juristischen Inhalte ist als zusätzlicher Service zum Informieren und Sammeln gedacht: Ein erfahrener Psychologe stellt u.a. Themen wie Motivation, Leistungsfähigkeit und Zeitmanagement anschaulich dar, zeigt Wege zur Analyse und Verbesserung des eigenen Lernstils auf und gibt Tipps für eine optimale Nutzung der Lernzeit und zur Überwindung evtl. Lernblockaden.

In diesem Skript werden alle unserer Ansicht nach klausurrelevanten Fragen aus dem Kommunalrecht in Bayern behandelt. Die notwendigen Bezüge zu den Grundrechten nach dem Grundgesetz und der bayerischen Verfassung werden ebenso mitbehandelt wie die speziellen bayerischen Rechtsbehelfe gegen Satzungen als Rechtsvorschriften des bayerischen Landesrechts.

Das Skript wendet sich in erster Linie an Studenten zum Erarbeiten des notwendigen materiellen Wissens, aber auch zum Erlernen der Strukturen und dogmatischen Zusammenhänge des Kommunalrechts.

Das Skript ist jedoch in gleicher Weise für Rechtsreferendare geeignet, die sich auf die Zweite Juristische Staatsprüfung vorbereiten. Insbesondere wurden hierzu die Kapitel „Kommunale Zusammenarbeit" und „Kommunales Finanzwesen" bewusst ausführlich ausgestaltet, um den häufigen Examensklausuren aus diesen Rechtsbereichen Rechnung zu tragen.

Der Verweis auf die Lehr- und Fallbücher sowie die umfangreiche Verweisung auf die Rechtsprechung in den Fußnoten ist dabei bewusst als Vertiefung gedacht, sofern der Leser den Eindruck haben sollte, etwas noch nicht „hundertprozentig" verstanden zu haben.

Daneben kann das Skript aber auch Praktikern zum schnellen Einstieg in die Materie des bayerischen Kommunalrechts dienen.

Besonderer Dank gilt an dieser Stelle Herrn Prof. Dr. *Ivo Appel* und seinem Lehrstuhlteam, die den Anstoß zur Erstellung dieses Skripts gegeben haben. Unser weiterer Dank gilt Herrn Regierungsdirektor *Rainer Hilsberg*, Regierung von Schwaben, der die Zurverfügungstellung von diversen Prüfungsübersichten aus dem Bereich der Rechtsreferendarausbildung der Regierung von Schwaben ermöglicht hat.

Auf geht's – ich wünsche Ihnen viel Freude und Erfolg beim Erarbeiten des Stoffs!

Und noch etwas: Das Examen kann jeder schaffen, der sein juristisches Handwerkszeug beherrscht und kontinuierlich anwendet. Jura ist kein „Hexenwerk". Setzen Sie nie ausschließlich auf auswendig gelerntes Wissen, sondern auf Ihr Systemverständnis und ein solides methodisches Handwerk. Wenn Sie Hilfe brauchen, Anregungen haben oder sonst etwas loswerden möchten, sind wir für Sie da. Wenden Sie sich gerne an die C.F. Müller GmbH, Waldhofer Straße 100, 69123 Heidelberg, E-Mail: kundenservice@cfmueller.de. Dort werden auch Hinweise auf Druckfehler sehr dankbar entgegen genommen, die sich leider nie ganz ausschließen lassen.

Augsburg, im September 2015

Tobias Weber
Dr. Valentin Köppert

JURIQ Erfolgstraining –
die Skriptenreihe von C.F. Müller
mit Online-Wissens-Check

Mit dem Kauf dieses Skripts aus der Reihe „**JURIQ Erfolgstraining**" haben Sie gleichzeitig eine Zugangsberechtigung für den Online-Wissens-Check erworben – ohne weiteres Entgelt. Die Nutzung ist freiwillig und unverbindlich.

Was bieten wir Ihnen im Online-Wissens-Check an?
- Sie erhalten einen individuellen Zugriff auf **Testfragen zur Wiederholung und Überprüfung des vermittelten Stoffs**, passend zu jedem Kapitel Ihres Skripts.
- Eine individuelle **Lernfortschrittskontrolle** zeigt Ihren eigenen Wissensstand durch Auswertung Ihrer persönlichen Testergebnisse.

Wie nutzen Sie diese Möglichkeit?

Online-Wissens-Check

Registrieren Sie sich einfach für Ihren kostenfreien Zugang auf **www.juracademy.de/skripte/login** und schalten sich dann mit Hilfe des Codes für Ihren persönlichen Online-Wissens-Check frei.

Ihr persönlicher User-Code: 736158213

Der Online-Wissens-Check und die Lernfortschrittskontrolle stehen Ihnen für die **Dauer von 24 Monaten** zur Verfügung. Die Frist beginnt erst, wenn Sie sich mit Hilfe des Zugangscodes in den Online-Wissens-Check zu diesem Skript eingeloggt haben. Den Starttermin haben Sie also selbst in der Hand.

Für den technischen Betrieb des Online-Wissens-Checks ist die JURIQ GmbH, Unter den Ulmen 31, 50968 Köln zuständig. Bei Fragen oder Problemen können Sie sich jederzeit an das JURIQ-Team wenden, und zwar per E-Mail an: info@juriq.de.

Inhaltsverzeichnis

Literaturverzeichnis

Kommentare

Bauer/Böhle/Ecker	(vormals *Masson/Samper*) Bayerische Kommunalgesetze, 1952 ff., Loseblatt (Stand: Februar 2014)
Ecker	Kommunalabgaben in Bayern, 1990 ff., Loseblatt (Stand: Mai 2015)
Hauth/Hillermeier/Bonengel/ Kitzeder	Verwaltungsgemeinschaft und Zweckverbände, 1978 ff., Loseblatt (Stand: März 2015)
Hölzl/Hien/Huber	Gemeindeordnung mit Verwaltungsgemeinschaftsordnung, Landkreisordnung und Bezirksordnung für den Freistaat Bayern, 1968 ff., Loseblatt (Stand: Dezember 2014)
Jarass/Pieroth	Grundgesetz für die Bundesrepublik Deutschland, 13. Aufl. 2014
Kopp/Schenke	Verwaltungsgerichtsordnung, 21. Aufl. 2015
Kopp/Ramsauer	Verwaltungsverfahrensgesetz, 15. Aufl. 2014
Prandl/Zimmermann/Büchner/ Pahlke	Gemeinderecht in Bayern, 1974 ff., Loseblatt (Stand: April 2015)
Widtmann/Grasser/Glaser	Bayerische Gemeindeordnung, 1986 ff., Loseblatt (Stand: Dezember 2014)

Lehrbücher

Becker/Heckmann/Kempen/ Manssen	Öffentliches Recht in Bayern, 6. Aufl. 2015
Gern	Deutsches Kommunalrecht, 3. Aufl. 2003
Knemeyer	Bayerisches Kommunalrecht, 12. Aufl. 2008
Lissack	Bayerisches Kommunalrecht, 3. Aufl. 2009
Maurer	Allgemeines Verwaltungsrecht, 18. Aufl. 2011

Fallsammlungen

Becker/Heckmann/Kempen/ Manssen	Klausurenbuch Öffentliches Recht in Bayern, 3. Aufl. 2015
Büchner	Musterfälle zum Kommunalrecht, 5. Aufl. 1996

Knemeyer	Bayerisches Verwaltungsrecht, Übungs- und Examens-klausurenkurs, 4. Aufl. 1995
Seidel/Reimer/Möstl	Allgemeines Verwaltungsrecht mit Kommunalrecht, 3. Aufl. 2015
Seiler	Examens-Repetitorium Verwaltungsrecht, 5. Aufl. 2015

Tipps vom Lerncoach

Warum Lerntipps in einem Jura-Skript?

Es gibt in Deutschland ca. 1,6 Millionen Studierende, deren tägliche Beschäftigung das Lernen ist. Lernende, die stets ohne Anstrengung erfolgreich sind, die nie kleinere oder größere Lernprobleme hatten, sind eher selten. Besonders juristische Lerninhalte sind komplex und anspruchsvoll. Unsere Skripte sind deshalb fachlich und didaktisch sinnvoll aufgebaut, um das Lernen zu erleichtern.

Über fundierte Lerntipps wollen wir darüber hinaus all diejenigen ansprechen, die ihr Lern- und Arbeitsverhalten verbessern und unangenehme Lernphasen schneller überwinden wollen.

Diese Tipps stammen von *Frank Wenderoth*, der als Diplom-Psychologe seit vielen Jahren in der Personal- und Organisationsentwicklung als Berater und Personal Coach tätig ist und außerdem Jurastudierende in der Prüfungsvorbereitung und bei beruflichen Weichenstellungen berät.

Wie lernen Menschen?

Die Wunschvorstellung ist häufig, ohne Anstrengung oder ohne eigene Aktivität „à la Nürnberger Trichter" lernen zu können. Die modernen Neurowissenschaften und auch die Psychologie zeigen jedoch, dass Lernen ein aktiver Aufnahme- und Verarbeitungsprozess ist, der auch nur durch aktive Methoden verbessert werden kann. Sie müssen sich also für sich selbst einsetzen, um Ihre Lernprozesse zu fördern. Sie verbuchen die Erfolge dann auch stets für sich.

Gibt es wichtigere und weniger wichtige Lerntipps?

Auch das bestimmen Sie selbst. Die Lerntipps sind als Anregungen zu verstehen, die Sie aktiv einsetzen, erproben und ganz individuell auf Ihre Lernsituation anpassen können. Die Tipps sind pro Rechtsgebiet thematisch aufeinander abgestimmt und ergänzen sich von Skript zu Skript, können aber auch unabhängig voneinander genutzt werden.

Verstehen Sie die Lerntipps „à la carte"! Sie wählen das aus, was Ihnen nützlich erscheint, um Ihre Lernprozesse noch effektiver und ökonomischer gestalten zu können!

Lernthema 3

Leistungsfähigkeit, Ernährung und individueller Tagesrhythmus

Jura Lernen ist Kopfarbeit, die mit emotionalen und motivationalen Zuständen verbunden ist. Diese mentalen Prozesse sind physiologisch betrachtet elektrische Aktivität der Hirnzellen - also Körperarbeit. Und Körperarbeit erfordert und verbraucht Energie. Sie brauchen für eine erfolgreiche Lernarbeit eine angemessene Energiezufuhr durch passende Ernährung. Und weil es Tagesschwankungen in der Leistungsfähigkeit gibt, ist es für Sie wichtig, Ihre Lern- und Pausenplanung an einem individuell passenden Rhythmus auszurichten.

Lerntipps

Optimieren Sie Ihre Ernährung!

Zum Lernen ist es günstig, sich gut zu fühlen und geistig konzentriert zu sein. Nudeln zum Beispiel kurbeln das „Glückshormon" Serotonin an und sind eine Langzeitenergiequelle, da der Körper die Kohlehydrate aus dem Mehl nur langsam abbaut. Aufmunternd wirken Brot, Fisch und Kartoffeln. Bananen wirken leicht beruhigend durch ihren Magnesiumgehalt. Durch zu wenig Nahrung sinkt der Blutzuckerspiegel ab, bewirkt eine Konzentrations- und damit Leistungsabnahme. Für das Gehirn sind daher kleinere Mahlzeiten (am besten fünf) optimal. Nicht umsonst wird von Ernährungsexperten nach wie vor das Schulbrot und ein Apfel empfohlen, auch wenn das bei vielen Schülern als uncool gilt. Denken Sie auch an Vitamine, besonders C, E und B und Mineralien wie Eisen und Calcium. Obst und Gemüse sind hier ideal.

Also starten Sie mit einem stressfreien, gemütlichen Frühstück mit Zeitung, stehen Sie lieber früher auf. Nach jeder Mahlzeit sollte eine kurze Pause eingelegt werden, da die Energie (Sauerstoff) erst einmal für die Verdauung verbraucht wird und dem Gehirn nicht direkt zur Verfügung steht.

Leistungsfähigkeit, Ernährung und individueller Tagesrhythmus

Fazit:

Sie müssen sich auf vorgegebene Rhythmen in Stundenplänen und Vorlesungszeiten einerseits einstellen. Der Körper stellt sich bei Regelmäßigkeit auch um. Das können Sie nutzen. Wenn Sie viele Freiräume zur Gestaltung Ihres Tagesrhythmus besitzen, sollten Sie regelmäßige und feststehende Lern- und Pausenzeiten festlegen. Sie bestimmen Ihren Rhythmus selbst und nicht der Rhythmus Sie. So schöpfen Sie Ihre Leistungsmöglichkeiten besser aus.

Pausen fest einplanen und einhalten!

Nach schwerer Arbeit brauchen Sie generell angemessene Pausen. Viele Studenten lernen täglich zehn oder mehr Stunden und erzielen in Relation dazu minimale Lerngewinne. Unsere „Lernmaschine" Gehirn benötigt Speicher- und Verarbeitungszeiten und Wartungspausen. Pausen haben arbeitsphysiologische Wirkungen.

- Häufige Pausen von weniger als 20 Minuten sind besonders effektiv, erfrischend und besser als wenige lange Pausen.
- Gerade zu Beginn einer Pause ist der Erholungswert am größten.
- Pausen sollten nicht mit Nebentätigkeiten ausgefüllt werden.
- Die Freude auf die Pause kann einen positiven Arbeitseffekt bewirken, der bereits vor der Pause eintritt.
- In den Pausen arbeitet unser Gehirn weiter, es knüpft Verbindungen, startet unbewusste Suchprozesse (deshalb fällt uns nach der Pause häufig plötzlich eine Lösung ein, die wir vorher nicht finden konnten).
- Pausen werden meist als Belohnung erlebt. Dadurch wirken sie verstärkend auf unser weiteres Lernverhalten.

Nicht von ungefähr haben Arbeitnehmer einen gesetzlichen Anspruch auf Pausen von gewisser Dauer. Und der Arbeitgeber die Fürsorgepflicht für deren Einhaltung. Sie haben ein Recht auf Pausen und die Pflicht sie einzuplanen und einzuhalten, unabhängig vom Lernerfolg. Wahrscheinlich werden Pausen so selten fest eingehalten, weil man meint, sie sind vergeudete Zeit. Also, keine Angst vor Zeitverlust.

Falsches Essen und Trinken kann das Lernen ausbremsen!

Vermeiden Sie den Geschmacksverstärker Glutamat, der sich z.B. in vielen Fertiggerichten und dem allgemeinen Fast Food wie Hamburger, Würstchen und Chips befindet. Er kann zu Hitzewallungen, Kopfschmerzen und Herzklopfen führen. Und das brauchen Sie in anstrengenden Lernphasen nun wirklich nicht! Kaffee entzieht zwar keine Flüssigkeit wie Tee, wirkt wie Cola kurzzeitig aufputschend, dann aber ermüdend. Wenn Sie gerne Tee trinken – der wirkt positiv anregend – gleichen Sie das unbedingt durch die entsprechende Menge Wasser aus, denn …

… die geistige Leistung wird durch Wasser verbessert!

Wasser ist ein wichtiges Transportmittel zur Stoffverschiebung und für die Zellaktivität. Flüssigkeitsmangel reduziert die Informationsaufnahme, -verarbeitung und den Wissenserwerb, durch vermehrte Wasseraufnahme verbessern sich geistige Leistungen, z.B. erkennbar an besseren Noten. Trinken während einer Lehrveranstaltung erhöht die Aufmerksamkeit für den Lehrstoff (Ergebnisse aus der Rosbacher Studie). Im normalen Alltagsgeschehen sollten wir 1,5 bis 2 Liter Flüssigkeit zu uns nehmen. Bei größerer Beanspruchung und Hitze entsprechend mehr. Wasser ist ideal auch wegen der Spurenelemente, stilles Wasser durchspült den Körper besser als Wasser mit Kohlensäure. Fruchtsaft kann natürlich dazugemischt werden.

Es gibt erhebliche individuelle Unterschiede in den Tagesleistungskurven!

Die gegenwärtige Forschung relativiert einige Annahmen über „den Bio-Rhythmus":

- Tagesrhythmische Schwankungen beziehen sich auf unterschiedliche Leistungsfähigkeiten (körperliche vs. geistige).
- Die Schwankungen hängen stark von den Rahmenbedingungen wie z.B. der Intensität der Anforderungen ab (z.B. 12 Uhr Leistungsfähigkeit für Prüfungsfach A gering, aber für Sport nicht unbedingt; 3 Uhr Discobesuch hellwach etc.).
- Die Leistungsfähigkeit hängt stark mit der Motivation zusammen (z.B. Lesen eines Buches über ein Hobby oder über ein kompliziertes Prüfungsthema).
- Es gibt erhebliche Unterschiede in den tagesablaufbedingten Leistungsschwankungen verschiedener Menschen (u.a. Eulen und Lerchen …), d.h. kein allgemeiner Stundenplan kann diese aus rein organisatorischen Gründen berücksichtigen.

Lernen am Abend ist weniger effektiv!

Das Lernen am späten Abend – also nach 22 Uhr ist wenig effektiv, da gemessen am Arbeitsaufwand weniger behalten wird. Vermeiden Sie also die Nachmittage mit Fernsehen, Verabredungen, Freizeit zu verbringen und hier viel Freizeitenergie zu investieren. Danach geistige Energie für Lernleistungen aufzubringen, fällt umso schwerer. Bei spätem Lernen schläft man erfahrungsgemäß auch schlechter und das, obwohl der nächste Tag wiederum Ihren vollen Einsatz erfordert. Seien Sie ehrlich zu sich und schauen Sie einmal, von welcher abendlichen Uhrzeit an die Lerneffektivität nachlässt.

Am Abend gut abschalten!

Planen Sie mindestens 60 Minuten vor dem Schlafengehen vollkommen zum Entspannen ein. Sie können so mehr Abstand zum Lernen gewinnen und der Schlaf wird umso erholsamer sein. Andernfalls grübeln Sie weiter über Ihren Lernstoff, und Sie stehen am nächsten Morgen mit einem „Lernkater" auf. Alkohol oder Schlafmittel beeinträchtigen die Lernarbeit im Schlaf erheblich. Nur im erholsamen Schlaf arbeitet das Gehirn gerne für Sie eigenverantwortlich weiter.

Den Schlaf als Lernorganisator nutzen!

Es ist nachgewiesen, dass sich unser Gehirn während des Schlafens nicht ausruht, der Arbeitsmodus schaltet um und das Gehirn wird zum Verwalter und Organisator des Gelernten. Das Gehirn bzw. die neuronale Aktivität sichtet, sortiert und ordnet zu, schafft Verbindungen (Synapsen) zu bereits bestehenden Wissensinhalten und verankert Gelerntes – ohne dass wir bewusst und aktiv etwas tun müssen. Diese Erkenntnisse erklären wahrscheinlich auch die lernförderlichen Wirkungen des Kurzschlafes (Power Napping) und der kurzen und tiefen Entspannung mit Hypnose.

Nutzen Sie die verschiedenen Pausenarten im Verlaufe eines Arbeitstages!

Zur Unterstützung einer gesunden und effektiven „Pausenmoral" können Sie verschiedene Arten von Pausen unterscheiden. Alle wollen mit gutem Gefühl ausprobiert und genossen werden. Entwickeln Sie Ihre persönliche, vielleicht „etwas andere" Pausenstrategie. Sie werden feststellen, dass Sie konzentrierter und effektiver arbeiten können. Allerdings ist ein wenig Vorsicht geboten, wenn Sie Pausen zur „Lernvermeidung" nutzen.

- Die Abspeicherpause (Augen zu) von 10 bis 20 Sekunden nach Definitionen, Begriffen und komplexen Lerninhalten zum sicheren Abspeichern und zur Konzentration.

- Die Umschaltpause von 3 bis 5 Minuten nach ca. 20 bis 40 Minuten Arbeit, um Abstand zum vorher Gelernten zu bekommen und dadurch Neues besser aufzunehmen.

- Die Zwischenpause von 15 bis 20 Minuten nach 90 Minuten intensiver Arbeit, also nach zwei Arbeitsphasen dient dem Erholen und Abschalten.

- Die lange Erholungspause von 1 bis 3 Stunden, z.B. mittags oder zum Feierabend nach 3 Stunden Arbeit ebenfalls zum richtigen Abschalten, Regenerieren, Sich-Belohnen etc.

Ihre Mittagspause hat für Ihren Tagesrhythmus eine besondere Bedeutung!

Vor und nach dem Mittagessen sollte eine längere Erholungspause von mindestens 30 Minuten eingeplant werden, d.h. insgesamt mindestens 60 Minuten lernfreie Zeit. Ein Power Napping von ca. 20 Minuten nach dem Mittagsessen reicht oft aus. Dann ist man besonders fit. Von Arbeitsphysiologen wird der kurze und tiefe Mittagsschlaf empfohlen, womit dem Leistungstief von 13 bis 14 Uhr entgegengewirkt werden kann. Der Magen wird nach dem Mittagessen mit viel sauerstoffreichem Blut versorgt. Das fehlt ihrem Gehirn in dieser Phase also so oder so. Und durch das Nickerchen werden Aufmerksamkeit und Konzentration wieder gesteigert. Aber es sind alle Tätigkeiten erlaubt, die entspannen, schön sind, das Gehirn nicht belasten und fristgerecht beendet werden können.

1. Teil
Grundlagen des Kommunalrechts

A. Begriff des Kommunalrechts

Das Kommunalrecht beschäftigt sich mit den kommunalen Gebietskörperschaften Gemeinde, **1**
Landkreis, Bezirk. Einschlägige gesetzliche Regelungen sind deshalb die Gemeindeordnung
(GO), die Landkreisordnung (LKrO) und die Bezirksordnung (BezO). Kommunalgesetze sind
Querschnittsmaterien,[1] da die Kommunalgesetze sich nicht nur mit der Organisation der
Kommunen beschäftigen, sondern u.a. auch Bezüge zum Baurecht (z.B. Organe innerhalb der
Bauleitplanung) und allgemeinen Sicherheitsrecht (vgl. Art. 6 LStVG die Gemeinde als Sicher-
heitsbehörde) aufweisen. Die Organisation und Verfassungsmäßigkeit der Kommunen ist
dabei **ausschließliche landesgesetzliche Kompetenz**, Art. 30, 70 GG.[2]

Beispiel Die Gemeinde ist z.B. dazu berufen, für ihr Gebiet Flächennutzungs- und Bebau-
ungspläne zu erlassen. Deren Rechtmäßigkeit beurteilt sich nach den Bestimmungen des
Baugesetzbuchs (BauGB). Welches Organ innerhalb der Gemeinde hierbei handeln muss,
bestimmt sich hingegen nach der GO. ■

> Ein Tipp vorweg:
> Das Gesetzbuch
> sollte während der
> Lektüre des Skripts
> Ihr ständiger Beglei-
> ter sein. Nutzen Sie
> die Möglichkeiten,
> die Ihnen der
> Gesetzestext als pri-
> märe Rechtsquelle
> bietet. «

B. Aufbau der Verwaltung

Hier gilt es zunächst zwischen staatlicher und kommunaler Verwaltungsebene zu differen- **2**
zieren.

I. Staatsverwaltung

Die Bundesrepublik Deutschland gliedert sich in Bund und Länder, so dass ein **zweistufiger** **3**
Staatsaufbau festzustellen ist. Dies wird verdeutlicht in Art. 30, 70 ff. GG, sowie in Art. 28 GG.
Auch die Gemeinden, die in Art. 28 Abs. 2 GG angesprochen sind, leiten damit ihre Berechti-
gung in der Aufgabenwahrnehmung von den Ländern ab.[3] Kommunale Selbstverwaltung ist
Teil des Staates. Allerdings werden zur Aufgabenerfüllung **eigene Rechtspersönlichkeiten**
geschaffen, nämlich Gemeinde, Landkreis und Bezirk.[4]

Auf der Ebene des Freistaates Bayern erfolgt eine weitere Zweiteilung. Es ist zu unterschei- **4**
den zwischen der unmittelbaren Staatsverwaltung und der mittelbaren Staatsverwaltung.

> **Unmittelbare Staatsverwaltung** kennzeichnet sich dadurch, dass der Freistaat Bayern
> seine ihm obliegenden Aufgaben durch eigene Behörden ohne eigene Rechtspersönlichkeit
> wahrnimmt.[5]

> Merken Sie sich
> an dieser Stelle
> bereits, dass
> Gemeinden, Land-
> kreise und Bezirke
> außerhalb des Frei-
> staates Bayern ste-
> hende, eigenstän-
> dige Rechtssubjekte
> darstellen. «

---

1 *Lissack* Bayerisches Kommunalrecht § 1 Rn. 1.
2 *Lissack* § 1 Rn. 1.
3 Vgl. *Knemeyer* Bayerisches Kommunalrecht 1. Kap. Rn. 4.
4 Vgl. *Lissack* § 1 Rn. 54; Prinzip der Dezentralisation.
5 Vgl. zum Ganzen: *Lissack* § 1 Rn. 47 ff.

Beispiel Soweit das Landratsamt eine Baugenehmigung erteilt, handelt es nach Art. 53 Abs. 1 BayBO als untere Staatsbehörde, Art. 37 Abs. 1 S. 2 LKrO – Kreisverwaltungsbehörde –. Da das Landratsamt insoweit eine staatliche Aufgabe wahrnimmt, handelt es für das Rechtssubjekt Freistaat Bayern. ■

> **JURIQ-Klausurtipp**
>
> Sofern also in der Klausur eine Behörde des Freistaates Bayern handelt (Staatsministerium, Regierung bzw. Landratsamt als Kreisverwaltungsbehörde), ist nicht die Behörde selbst, sondern stets der Freistaat Bayern zu verklagen. § 78 Abs. 1 Nr. 1 Hs. 2 VwGO bestimmt lediglich, dass zur Bezeichnung des Beklagten die Angabe der Behörde genügt. Davon sollte jedoch in der Klausur kein Gebrauch gemacht werden.

> Von **mittelbarer Staatsverwaltung** spricht man dann, wenn der Staat staatliche Verwaltungsaufgaben nicht selbst durch eigene Behörden ohne eigene Rechtspersönlichkeit wahrnimmt, sondern wenn eine verselbstständigte juristische Person des öffentlichen Rechts Zuordnungssubjekt ist.[6]

5 Da wir bereits gesehen haben, dass auch Gemeinden, Landkreise und Bezirke außerhalb der eigentlichen Staatsverwaltung stehen, ist es auch denkbar, dass diese Körperschaften Teil der mittelbaren Staatsverwaltung sind. Wir werden das beim Tätigwerden im übertragenen Wirkungskreis (Art. 8 GO) näher kennen lernen (vgl. Rn. 64).

6 Die **unmittelbare Staatsverwaltung** des Freistaates Bayern folgt einem **dreigliedrigen Verwaltungsaufbau**. **Oberste Landesbehörde** ist nach Art. 43 Abs. 1 BV (= Verfassung des Freistaates Bayern) die bayerische Staatsregierung. Nach Art. 43 Abs. 2 BV besteht sie aus dem Ministerpräsidenten und den jeweiligen Staatsministern.

7 **Staatliche Mittelbehörden** sind die sieben Bezirksregierungen. **Untere staatliche Verwaltungsbehörde** ist das Landratsamt (für 71 bayerische Landkreise) in seiner Funktion als **Kreisverwaltungsbehörde**, Art. 37 Abs. 1 S. 2 LKrO, d.h. soweit das Landratsamt staatliche Verwaltungsaufgaben wahrnimmt.[7]

8 Das Verhältnis der Staatsbehörden untereinander ist in Art. 55 Nr. 5 BV beschrieben. Es gilt das uneingeschränkte **Hierarchieprinzip**.

> **Hinweis**
>
> Sie können sich das mit dem Vergleich zu einem Kartenspiel gut einprägen. Wie im Kartenspiel sticht der Ober den Unter, d.h. juristisch kann die höhere Staatsbehörde die rangniedrigere Staatsbehörde anweisen, für rechtswidrig erachtete Verwaltungsakte aufzuheben. .

Beispiel Wenn das Landratsamt z.B. eine Baugenehmigung erlässt, handelt es – wie wir bereits gesehen haben – als Staatsbehörde im Sinne von Art. 53 Abs. 1 BayBO. Wenn nun die Regierung als ranghöhere mittlere Staatsbehörde diese Baugenehmigung wegen Ver-

---

6 *Lissack* § 1 Rn. 49.
7 Vgl. Übersicht in *Knemeyer* 1. Kap. Rn. 39 (Anhang 1).

stoßes gegen die Normen des BauGB für rechtswidrig erachtet, kann die Regierung das Landratsamt anweisen, die Baugenehmigung aufzuheben. Dabei handelt es sich um einen reinen Innenrechtsakt ohne Außenwirkung. Ein Verwaltungsakt im Sinne von Art. 35 BayVwVfG liegt nicht vor. Das Landratsamt kann diese Weisung auch nicht gerichtlich angreifen, da ihr im Verhältnis der Staatsbehörden untereinander eine Klagebefugnis aus § 42 Abs. 2 VwGO fehlt. ■

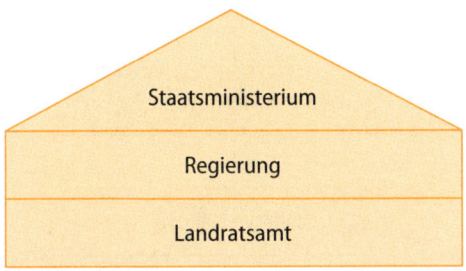

Wesensmerkmal der **unmittelbaren Staatsverwaltung** ist, dass die Aufgabenwahrnehmung durch **Behörden** ohne eigene Rechtspersönlichkeit erfolgt.[8] Handelt eine Staatsbehörde der unmittelbaren Staatsverwaltung, ist stets der Freistaat Bayern als dahinter stehendes Rechtssubjekt zu verklagen (§ 78 Abs. 1 Nr. 1 VwGO). **9**

Die **mittelbare Staatsverwaltung** ist dadurch gekennzeichnet, dass die von den Ländern zu erfüllende Aufgabe hier durch einen von der staatlichen (unmittelbaren) Behörde zu unterscheidenden **selbstständigen Rechtsträger** erfüllt wird.[9] Neben den Freistaat Bayern tritt damit ein weiteres selbstständiges Rechtssubjekt (Körperschaft bzw. Anstalt). Dies können u.a. Gemeinden, Landkreise und Bezirke (Gebietskörperschaften) sein, die in Bayern die kommunale Verwaltungsebene darstellen. **10**

II. Kommunale Verwaltungsebene

Gemeinden, Landkreise und Bezirke lassen sich als **Körperschaft** begreifen (vgl. hierzu z.B. Art. 15 Abs. 1 GO, wonach Gemeindeangehörige alle Gemeindeeinwohner sind). Ausgehend von Art. 1 GO bzw. Art. 1 LKrO, Art. 1 BezO handelt es sich bei Gemeinden, Landkreisen und Bezirken um sog. **Gebietskörperschaften**. Die Körperschaft wird hier **gebietsmäßig (territorial)** erfasst und mit Hoheitsbefugnissen gegenüber den sich in diesem Gebiet befindlichen Personen ausgestattet. **11**

> **Hinweis**
>
> Beachten Sie an dieser Stelle bereits, dass durch die Tatsache, dass Gemeinden, Landkreise und Bezirke eigene Körperschaften außerhalb der Staatsverwaltung darstellen, ein Rechtsinstitut wie die Aufsicht des Staates über die Gebietskörperschaften (z.B. Art. 108 ff. GO) erst ermöglicht wird.

---

8 Sehr lehrreich in diesem Zusammenhang: *BVerfGE* 79, 127 ff. „Rastede".
9 *Lissack* § 1 Rn. 49; *Gern* Deutsches Kommunalrecht Rn. 119.

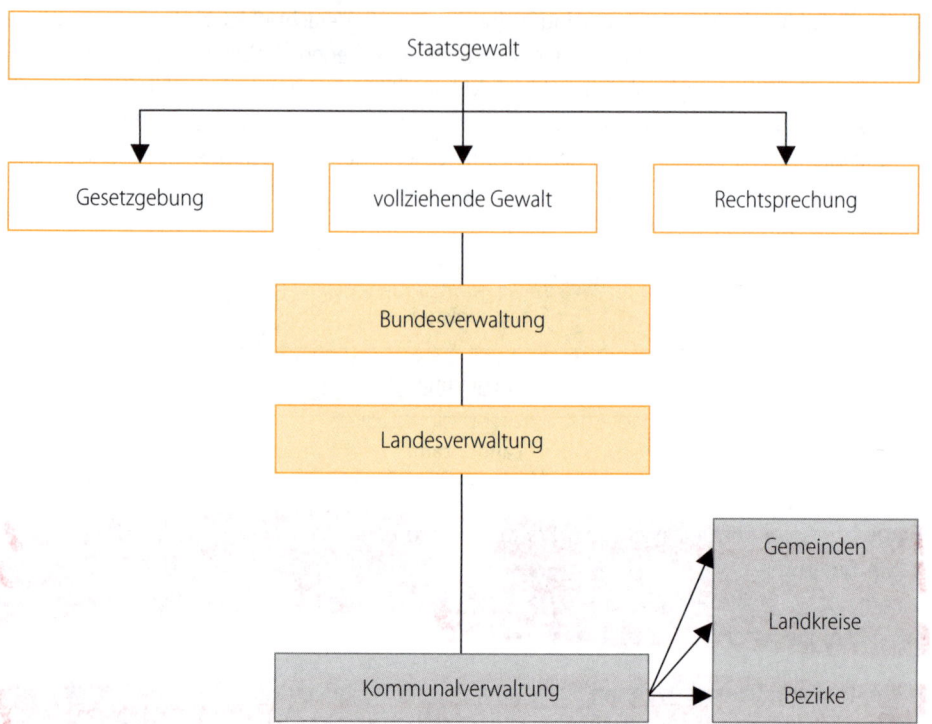

12   **Kennzeichen jeder Gebietskörperschaft** ist, dass ein **eigenständiger Rechtsträger** zur Aufgabenerfüllung neben dem Freistaat Bayern geschaffen wird. Dieser selbstständige Rechtsträger (Gemeinde, Landkreis, Bezirk) ist mit **Organen** ausgestattet (vgl. z.B. Art. 29, 37 GO) und wird mit **Wirkungskreisen** (z.B. Art. 6 Abs. 2, 7, 8 GO) versehen.[10] Infolge der Tatsache, dass ein eigenständiger Rechtsträger zur Aufgabenerfüllung geschaffen wird, ist die Gebietskörperschaft selbst im Verwaltungsprozess zu verklagen (§ 78 Abs. 1 Nr. 1 VwGO).[11]

13   Gebietskörperschaften sind **rechtsfähige juristische Personen des öffentlichen Rechts**. Als solche können sie Eigentum erwerben, im Rechtsverkehr rechtserheblich handeln, klagen und verklagt werden. Gemeinsam ist ihnen auch, dass sie geschäftsfähig sind, d.h. sie haben die Möglichkeit, Willenserklärungen abzugeben oder auch Verträge zu schließen.

Schließlich können sie in einem Verwaltungsrechtsstreit Kläger, Beklagter oder Beigeladener sein, § 61 Nr. 1 Alt. 2 VwGO (**Beteiligtenfähigkeit**).

14   Bei der **Prozessfähigkeit** der Gebietskörperschaften ist zu beachten, dass diese zwingend über ihre jeweiligen Organe handeln müssen, § 62 Abs. 3 VwGO.

JURIQ-Klausurtipp

Die Beteiligten- und Prozessfähigkeit sollten Sie in jeder Klausur ansprechen, in der eine Gebietskörperschaft klagt bzw. verklagt wird. Prägen Sie sich die maßgeblichen Normen der §§ 61 Nr. 1 Alt. 2, 62 Abs. 3 VwGO gut ein.

---

10   Vgl. *Lissack* § 1 Rn. 37, 67, 74, § 2 Rn. 1 ff.
11   *Lissack* Fn. 18 zu § 1.

Auch die kommunale Verwaltungsebene weist einen dreigliedrigen Aufbau auf.[12] Zum weiteren Verständnis der kommunalen Verwaltungsebene ist es sachgerecht, zwischen der örtlichen Ebene der Gemeinden und der überörtlichen Ebene der Landkreise und Bezirke zu differenzieren. **15**

1. Gemeinden

Unterste Einheit zur Wahrnehmung sämtlicher **örtlicher** Aufgaben ist die Gemeinde. Nach Art. 1 GO ist die Gemeinde eine **ursprüngliche Gebietskörperschaft** mit dem Recht, **alle** örtlichen Angelegenheiten zu ordnen und zu verwalten. **16**

Beispiel Die Gemeinde ist als ursprüngliche Körperschaft damit z.B. zuständig für ihre Trinkwasserversorgung und Abwasserbeseitigung, für ihre Sport- und Freizeitanlagen, für ihre kulturellen Einrichtungen, etc. ■

Die Gemeinden lassen sich weiter unterscheiden in kreisangehörige Gemeinden und kreisfreie Städte. Die Große Kreisstadt stellt einen Sonderfall einer kreisangehörigen Gemeinde dar. Das keiner bayerischen Gemeinde zugewiesene Gebiet ist gemeindefrei (Art. 10a GO). **17**

a) Kreisangehörige Gemeinden

Art. 5 Abs. 1 GO bestimmt zunächst, dass die Gemeinden **kreisangehörig oder kreisfrei** sind. **18**

Die größte Zahl der bayerischen Gemeinden ist **kreisangehörig**. Dies entspricht der Grundform der ursprünglichen Gebietskörperschaft. Die historische Bezeichnung Markt, Stadt, Art. 3 Abs. 1 GO, ist für die Differenzierung irrelevant. Kreisangehörige Gemeinden haben wie kreisfreie Gemeinden dieselbe Aufteilung in Wirkungskreise (eigener und übertragener, vgl. Art. 6 Abs. 2 GO), dieselbe Verfassung sowie dieselben Organe (allerdings mit zum Teil unterschiedlicher Bezeichnung). Unterschiede liegen in der Aufgabenart (Zusammensetzung der jeweiligen Wirkungskreise, Art. 6 Abs. 2 GO) und in der Staatsaufsicht (Art. 108 ff. GO).[13] **19**

> **Hinweis**
>
> Prägen Sie sich an dieser Stelle bereits ein, dass das Aufgabenspektrum zwischen kreisangehörigen und kreisfreien Gemeinden variiert, und dass diese Frage bedeutsam ist für den klausurrelevanten Bereich der „Kommunalaufsicht".

b) Kreisfreie Stadt

Maßgebliche Bestimmung ist hier Art. 9 Abs. 1 GO. Dieser stellt die kreisfreie Gemeinde auf eine Stufe mit den Landkreisen. **20**

Es existiert insoweit für das Stadtgebiet der **kreisfreien** Stadt kein Landratsamt als Staats- oder Kreisbehörde.[14]

---

12 *Lissack* § 1 Rn. 20.
13 *Lissack* § 1 Rn. 22 ff.
14 *Knemeyer* 2. Kap. Rn. 50.

Dies hat Auswirkungen auf den Aufgabenumfang der kreisfreien Stadt. Nach Art. 9 Abs. 1 GO muss die kreisfreie Stadt Aufgaben von (fehlendem) Landkreis (als Gebietskörperschaft) und Landratsamt (als Staatsbehörde) erfüllen.[15]

21 Die Kreisfreiheit äußert sich auf folgenden Gebieten:[16]
- Bezeichnung der Organe, Art. 34 Abs. 1 S. 2 GO
- Aufgabenumfang, Art. 9 Abs. 1 GO
- Personelle Ausstattung, Art. 42 Abs. 2 GO
- Regelungen der Kommunalaufsicht, Art. 110 S. 2, 115 GO

Beispiel Während bei einer kreisangehörigen Gemeinde für Bauangelegenheiten nach Art. 53 Abs. 1 BayBO regelmäßig (Ausnahme nur die Große Kreisstadt und gewisse besonders leistungsfähige kreisangehörige Gemeinden, § 5 Abs. 1 ZustVBau) das Landratsamt als Staatsbehörde zuständig ist, Art. 53 Abs. 1 BayBO, ist die kreisfreie Stadt selbst zur Entscheidung in Bausachen berufen, Art. 9 Abs. 1 GO, Art. 54 Abs. 1 BayBO. Da es sich eigentlich um eine staatliche Angelegenheit handelt, wird die kreisfreie Stadt insoweit im übertragenen Wirkungskreis tätig. ■

22 Zusammenfassend lässt sich sagen, dass die kreisfreie Gemeinde **Verwaltungsaufgaben zweier Ebenen** zu erfüllen hat. Sie berührt sowohl die örtliche als auch die überörtliche Verwaltungsebene. Da insofern kein Landratsamt existiert, muss die Aufsicht über die kreisfreie Stadt bei der Regierung als Staatsbehörde angesiedelt sein, Art. 110 S. 2 GO.

c) Sonderfall der Großen Kreisstadt

23 Einen Sonderstatus nimmt im System der Gemeinden die Große Kreisstadt ein.

Für ihr Gebiet existiert daher anders als bei der kreisfreien Stadt ein Landratsamt, das als Behörde Staats- und Kreisaufgaben wahrnehmen kann.

Da das Gesetz in Art. 5 Abs. 1 GO nur zwei grundsätzliche Gemeindetypen schafft (kreisangehörig, kreisfrei), ist die Große Kreisstadt ein Sonderfall einer kreisangehörigen Gemeinde.[17]

24 In ihrer Stellung sind Große Kreisstädte zwischen kreisangehörigen Gemeinden und kreisfreien Städten angesiedelt. Ihre Besonderheit liegt darin, dass die Große Kreisstadt **einzelne** Aufgaben des Landratsamtes als Staatsbehörde (Art. 37 Abs. 1 S. 2 LKrO) wahrnimmt. Diese Aufgaben sind in der Verordnung über Aufgaben der Großen Kreisstädte – GrKrV[18] abschließend enthalten. Trotz Bestehen eines Landratsamtes als Staatsbehörde werden diese Aufgaben gesetzlich an die Große Kreisstadt delegiert.

Beispiel Für einen Bauantrag im Gemeindegebiet einer Großen Kreisstadt ist diese nach Art. 9 Abs. 2 GO in Verbindung mit § 1 Abs. 1 Nr. 1 GrKrV zuständig. Sie wird insoweit gleichfalls im übertragenen Wirkungskreis tätig, Art. 54 Abs. 1 Hs. 2 BayBO. Dies ist insofern wiederum konsequent, als Bauangelegenheiten grundsätzlich Aufgabe des Staates

---

15 *Knemeyer* 2. Kap. Rn. 51.
16 Vgl. *Knemeyer* 2. Kap. Rn. 51.
17 *Knemeyer* 2. Kap. Rn. 49; *Lissack* § 1 Rn. 24.
18 *Ziegler/Tremel* Nr. 284.

sind, Art. 54 Abs. 1 Hs. 1 BayBO. Wenn der Bauherr gegen die Versagung der Baugenehmigung klagen will, muss er gegen die Große Kreisstadt selbst klagen, da diese auch im übertragenen Wirkungskreis ihr eigener Rechtsträger ist. ■

> **JURIQ-Klausurtipp**
>
> Besonders klausurrelevant sind an dieser Stelle die Aufgaben der Großen Kreisstadt aus § 1 Abs. 1 Nr. 1 (Bauaufsicht) und § 1 Abs. 1 Nr. 2 GrKrV (eingeschränkte Aufgaben als Wasserrechtsbehörde).
>
> Denken Sie beim Handeln einer Großen Kreisstadt in Klausuren immer an die Problempunkte „Wirkungskreise" und „Passivlegitimation", § 78 Abs. 1 VwGO. Prägen Sie sich daneben ein, dass die Große Kreisstadt eine kreisangehörige Gemeinde ist.

Weitere Besonderheit ist die **Staatsaufsicht** über die Große Kreisstadt. Der Sonderfall ist hierbei in Art. 115 Abs. 2 GO geregelt (Näheres dazu unten Rn. 284).[19] **25**

d) Gemeindefreies Gebiet

Neben der Aufteilung des Staatsgebietes in Gemeindetypen gibt es Bereiche, die keiner Gemeinde zugewiesen sind. Dieses gemeindefreie Gebiet regelt sich über Art. 10a GO. Hinzuweisen ist hier insbesondere auf Art. 10a Abs. 5 GO, wonach die Hoheitsbefugnisse im gemeindefreien Gebiet vom Landratsamt als Staatsbehörde wahrgenommen werden. Nach Art. 7 LKrO ist das gemeindefreie Gebiet Teil eines Landkreises. **26**

2. Landkreise und Bezirke

Für die Wahrnehmung der **überörtlichen** Aufgaben (d.h. diejenigen, die das Gemeindegebiet übersteigen) hat der Gesetzgeber zwei weitere vom Freistaat Bayern getrennte rechtlich selbstständige Einheiten geschaffen. Zunächst die **Landkreise** als Gebietskörperschaften (Art. 1 LKrO) sowie die **Bezirke** als höchste Stufe der kommunalen Verwaltungsebene. In der Bayerischen Verfassung werden Landkreise und Bezirke in Art. 10 BV unter dem Begriff der **Gemeindeverbände** angesprochen.[20] **27**

> Landkreis und Bezirk sind jeweils **Gebietskörperschaften**, denen als **überörtliche Verwaltungsträger** diejenigen Aufgaben obliegen, die nicht oder nicht mehr von den Gemeinden als **örtliche Verwaltungsträger** wahrgenommen werden (können).[21]

Die Aufgaben werden den Gemeindeverbänden dabei gesetzlich zugewiesen, während die Gemeinden einen universalen, allzuständigen örtlichen Aufgabenbereich aufweisen. Da der Landkreis als mittlere Stufe der kommunalen Verwaltungsebene (mittelbare Staatsverwaltung) auch das Landratsamt als Verwaltungsbehörde (staatlich, Art. 37 Abs. 1 S. 2 LKrO) kennt, zeigt sich hier besonders deutlich die Verzahnung kommunaler und staatlicher Verwaltung. Nach Art. 37 Abs. 1 LKrO ist das Landratsamt sowohl Kreisbehörde (für den Landkreis als Gebietskörperschaft) als auch in seiner Funktion als Kreisverwaltungsbehörde unterste staatliche Verwaltungsbehörde. Hierin ist die **Doppelfunktion des Landratsamtes** angelegt.[22] **28**

---

19 *Knemeyer* 2. Kap. Rn. 49, 53.
20 Vgl. zum Ganzen: *Knemeyer* 2. Kap. Rn. 58, 64.
21 *Knemeyer* 2. Kap. Rn. 56, 58.
22 *Lissack* § 2 Rn. 36 ff.

> **Hinweis**
>
> Beachten Sie aber an dieser Stelle bereits, dass anders als bei Staatsbehörden den Landkreisen und Bezirken **kein Weisungsrecht** gegenüber den Gemeinden zukommt. Die jeweiligen Aufgaben der Gebietskörperschaften grenzen sich nach ihrer Örtlichkeit/Überörtlichkeit ab. Ein Art. 55 BV vergleichbares Hierarchieverhältnis ist hier nicht existent.

3. Das Verhältnis zwischen der Staatsverwaltung und der kommunalen Verwaltungsebene

29 Das Rechtsinstitut, das die staatliche Verwaltungsebene mit der kommunalen verknüpft, ist die in Art. 83 Abs. 4, 6 BV angesprochene **Staatsaufsicht**. Diese ist Korrelat zur gemeindlichen kommunalen Selbstverwaltung. Je mehr Raum die Verfassung in Art. 28 Abs. 2 GG, Art. 11 Abs. 2 BV der kommunalen Selbstverwaltung einräumt, umso eher bedarf die Art der kommunalen Aufgabenerfüllung der **staatlichen Kontrolle**.

a) Doppelfunktion des Landratsamts

30 Ausgehend von Art. 37 Abs. 1 LKrO ist das Landratsamt sowohl **Behörde des Staates** (Art. 37 Abs. 1 S. 2 LKrO), als auch Behörde der **Gebietskörperschaft Landkreis** (Art. 37 Abs. 1 S. 1 LKrO).

31 Deutlich wird diese **Zweiteilung** auch in Art. 37 Abs. 6 LKrO, wonach der Landrat beim Vollzug einer reinen Staatsaufgabe als Organ des Staates tätig wird und insofern **staatlicher Weisung** untersteht (Art. 55 Nr. 5 BV; Hierarchieprinzip). Ebenfalls bestimmt Art. 35 Abs. 3 LKrO, dass in Fällen, in denen der Landrat eine ihm gegenüber einem anderen obliegende Amtspflicht verletzt, der Staat haftet, wenn es sich um eine reine Staatsangelegenheit handelt (Funktionstheorie).

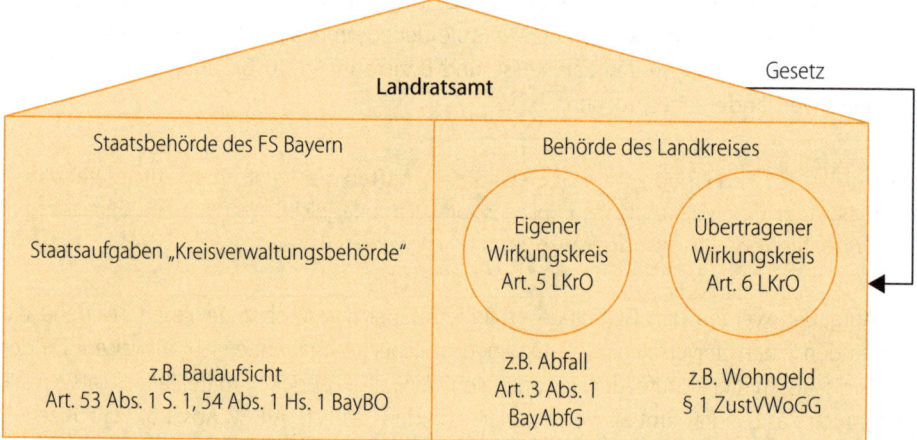

b) Richtiger Beklagter in der verwaltungsgerichtlichen Klausur

32 Auswirkungen hat diese Doppelfunktion auch für die Bestimmung der **Passivlegitimation** in Klagefällen. Steht eine Aufgabe im Mittelpunkt, die gesetzlich eine Staatsaufgabe ist – das Gesetz verwendet hier regelmäßig den Passus **„Kreisverwaltungsbehörde"** – so ist die Zurechnung der Rechtsträgerschaft, § 78 Abs. 1 Nr. 1 VwGO an den Freistaat Bayern vorzunehmen. Er ist das Rechtssubjekt, welches hinter der Staatsbehörde, die selbst keine Rechtssubjektsqualität besitzt, steht. Handelt das Landratsamt dagegen als Kreisbehörde (Art. 37 Abs. 1

S. 1 LKrO) – das Gesetz spricht hier nun im Regelfall vom „Landkreis" und nimmt eine weitere Differenzierung nach Wirkungskreisen vor – so muss die Zurechnung an die Gebietskörperschaft, sprich den Landkreis selbst erfolgen.

Beispiel Soweit das Landratsamt im Gemeindegebiet einer kreisangehörigen Gemeinde (keine Große Kreisstadt!) eine Baugenehmigung erteilt, handelt es als Kreisverwaltungsbehörde im Sinne von Art. 37 Abs. 1 S. 2 LKrO. Es liegt nach Art. 53 Abs. 1 BayBO ein Tätigwerden einer Staatsbehörde vor. Bei Versagung der Baugenehmigung ist in diesen Fällen der Freistaat Bayern mittels einer Verpflichtungsklage in Gestalt der Versagungsgegenklage (§ 42 Abs. 1 Alt. 2 VwGO) zu verklagen. Anders ist es, wenn der Landkreis zum Beispiel einen Müllgebührenbescheid erlässt. In diesen Fällen ist nach Art. 3 Abs. 1 S. 1 BayAbfG[23] der Landkreis zum Handeln aufgerufen. Dieser wird dabei nach Art. 3 Abs. 1 S. 2 BayAbfG im eigenen Wirkungskreis tätig. ◼

Zuordnung von Aufgaben des Landratsamts/Landkreises	
Bauaufsicht	LRA, staatlich, Art. 53 Abs. 1, 54 Abs. 1 BayBO
Wohngeld	Landkreis, übertragener WK, Art. 6 LKrO i.V.m. § 1 Abs. 1 VO Z/T 965
Kreisstraßenbau	Landkreis, eigener WK, Art. 5 LKrO, Art. 58 Abs. 2 Nr. 2, 41 S. 1 Nr. 2 BayStrWG
Rettungsdienst	Landkreis, übertragener WK, Art. 6 LKrO i.V.m. Art. 4 Abs. 1 BayRDG
Kommunalaufsicht	LRA, staatlich, Art. 37 Abs. 1 S. 2 LKrO
Gewässeraufsicht	LRA, staatlich, Art. 63 Abs. 1 S. 1 und 2 BayWG
Abfallbeseitigung	Landkreis, eigener WK, Art. 5 LKrO i.V.m. Art. 3 Abs. 1 S. 2 BayAbfG
Katastrophenhilfe	Landkreis, übertragener WK, Art. 6 LKrO i.V.m. Art. 7 Abs. 3 Nr. 2 BayKSG
Ausländerbehörde	LRA, staatlich, § 71 Abs. 1 AufenthG i.V.m. § 1 S. 1 Nr. 1 ZustVAuslR
Sicherheitsbehörde	Landkreis, übertragener WK bei VO Art. 42 Abs. 1 S. 2 LStVG/ LRA, staatlich bei VA, Art. 6 LStVG
Straßenverkehrsbehörde	LRA, staatlich, § 4 Abs. 1 ZustVVerK
Jagdbehörde	LRA, staatlich, Art. 49 Abs. 1 S. 1, Abs. 2 Nr. 3 BayJagdG
Krankenhäuser	Landkreis, eigener WK, Art. 5 i.V.m. Art. 51 Abs. 1, 3 S. 1 Nr. 1 LKrO

---

23 *Ziegler/Tremel* Nr. 1.

Zuordnung von Aufgaben des Landratsamts/Landkreises	
Naturschutzbehörde	LRA, staatlich, Art. 43 Abs. 2 Nr. 3 BayNatSchG
Widerspruchsbehörde	LRA, staatlich, Art. 119, 110 GO
Genehmigung nach BImSchG	LRA, staatlich, Art. 1 Abs. 1c) BayImSchG

JURIQ-Klausurtipp

Aufgrund dieser Doppelfunktion müssen Sie beim Handeln des Landratsamtes in der Klausur stets differenzieren:

Hat das Landratsamt als **Staatsbehörde** gehandelt (das Gesetz verwendet hier den Terminus **Kreisverwaltungsbehörde** aus Art. 37 Abs. 1 S. 2 LKrO), müssen Sie im Rahmen von § 78 Abs. 1 VwGO den Freistaat Bayern verklagen.

Hat das Landratsamt hingegen als **Kreisbehörde** gehandelt, so ist die Gebietskörperschaft Landkreis zu verklagen.

Bei Gemeinden und Bezirken stellt sich diese Abgrenzungsfrage nicht. Gemeinden und Bezirke sind stets ausschließlich ihre eigenen Rechtsträger; eine Überschneidung mit der Verwaltungsebene des Freistaates Bayern findet insoweit nicht statt.

Beachten Sie an dieser Stelle, dass sofern das Landratsamt als Staatsbehörde handlungszuständig ist, es in der Klausur keine Wirkungskreise zu diskutieren gibt und auch keine Organe wie bei Gebietskörperschaften anzusprechen sind. Eine Trennung in Verbands- und Organkompetenz hat in der Klausur zwingend zu unterbleiben.

33 Hat in der Klausur hingegen nicht das Landratsamt gehandelt, sondern eine Gemeinde bzw. ein Bezirk, so ist stets in der Klausur die betreffende Gemeinde bzw. der betreffende Bezirk zu verklagen. Gemeinden (unabhängig vom Typus kreisangehörig oder kreisfrei) haben keine Doppelfunktion. Sie sind niemals Staatsbehörde, sondern ausschließlich Gebietskörperschaft und als solche im Verwaltungsprozess zu verklagen (§ 78 Abs. 1 Nr. 1 VwGO).

JURIQ-Klausurtipp

Prägen Sie sich besonders gut ein, dass es eine Doppelfunktion nur beim Landratsamt/Landkreis gibt. Eine Gemeinde bleibt stets ein außerhalb der bayerischen Staatsverwaltung stehender Rechtsträger, der als solcher von Ihnen in der Klausur zu verklagen ist.

Online-Wissens-Check

Inwiefern spricht man beim Landratsamt von einer Doppelfunktion?

Überprüfen Sie jetzt online Ihr Wissen zu den in diesem Abschnitt erarbeiteten Themen. Unter **www.juracademy.de/skripte/login** steht Ihnen ein Online-Wissens-Check speziell zu diesem Skript zur Verfügung, den Sie kostenlos nutzen können. Den Zugangscode hierzu finden Sie auf der Codeseite.

2. Teil
Verfassungsrechtliche Positionen der kommunalen Gebietskörperschaften

A. Die Grundrechtsfähigkeit der Gebietskörperschaften

Die Frage der **Grundrechtsfähigkeit** einer Gebietskörperschaft (Gemeinde, Landkreis, Bezirk) **34**
wird zwischen dem BVerfG und dem BayVerfGH kontrovers diskutiert.

I. Auf der Ebene des Grundgesetzes

Das Grundgesetz schließt mit der Bestimmung in Art. 19 Abs. 3 GG nicht aus, dass inländische **35**
juristische Personen in den Schutzbereich von Grundrechten einbezogen werden können.
Damit ist es rechtstheoretisch denkbar, dass auch die Gebietskörperschaft als juristische Person des öffentlichen Rechts in den Schutzbereich einzelner Grundrechtsbestimmungen fallen
kann. Unbestritten ist dies für die Fälle, in denen ein Grundrecht eine juristische Person des
öffentlichen Rechts positiv als Grundrechtsträger normiert. Dies ist der Fall für die **Kirchen in
Art. 4 GG, die öffentlich-rechtlichen Rundfunkanstalten in Art. 5 Abs. 1 GG sowie die Universitäten in Art. 5 Abs. 3 GG.**[1]

Außerhalb dieser Fälle hat das **Bundesverfassungsgericht** die Grundrechtsfähigkeit der **36**
Gemeinde generell ausgeschlossen und festgestellt, dass dies sowohl für die Wahrnehmung
öffentlicher Aufgaben wie auch bei Wahrnehmung privater Rechtsangelegenheiten gelte.
Begründet wird dies damit, dass die Gebietskörperschaft nach Art. 1 Abs. 3, 20 Abs. 3 GG
Grundrechtsverpflichtete ist, die nicht gleichzeitig **Grundrechtsträger** sein kann (Identitätsargument). Grundrechte sind Abwehrrechte gegen den Staat. Die Gebietskörperschaft ist
aber Teil mittelbarer Staatsverwaltung und befindet sich damit in keiner **grundrechtstypischen Gefährdungslage.**[2]

II. Auf der Ebene der Bayerischen Verfassung

Der **Bayerische Verfassungsgerichtshof**[3] stellt hingegen im jeweiligen **Einzelfall** darauf ab, **37**
ob sich die auf Grundrechte berufende Gemeinde in einer konkreten „Schutzsituation" befindet (vergleichbar der grundrechtstypischen Gefährdungslage). Allein aus der Tatsache, dass
die Gemeinden als Körperschaften des öffentlichen Rechts öffentliche Aufgaben wahrnehmen und in die staatliche Verwaltungsorganisation eingebunden sind, kann nicht geschlossen werden, dass die Gemeinden generell vom Grundrechtsschutz ausgenommen sind. Auch
die Gemeinde kann sich in einer dem Bürger vergleichbaren Situation befinden. Anerkannt
hat der BayVerfGH dies regelmäßig für Art. 118 BV (Willkürverbot) und Art. 103 Abs. 1 BV (bei
erwerbswirtschaftlichem Handeln der Gemeinde).

---

1 *BVerfGE* 31, 314 ff.; 18, 395 ff.; 75, 192 ff.; *Bauer/Böhle/Ecker* Art. 1 Rn. 13.

2 *BVerfGE* 39, 302 ff.; 61, 82 ff.; *BVerfG* DVBl 1987, 844, BayVBl 1988, 400.

3 *BayVerfGH* 29, 105 ff.; *BayVerfGH* BayVBl 1984, 655.

B. Selbstverwaltungsrecht

38 Unstreitig ist, dass die Gebietskörperschaft Gemeinde sich auf ihr Recht aus Art. 28 Abs. 2 GG, Art. 11 Abs. 2 BV – **kommunale Selbstverwaltung** – berufen und insoweit **Grundrechtsschutz** beanspruchen kann (vgl. Art. 93 Abs. 1 Nr. 4b GG, Art. 98 S. 4 BV).[4] Durch Art. 28 Abs. 2 S. 1 GG ist den Gemeinden das Recht gewährleistet, alle Angelegenheiten der örtlichen Gemeinschaft im Rahmen der Gesetze in eigener Verantwortung zu regeln. Für die Gemeindeverbände (Landkreise, Bezirke) gilt dieses Recht auf Selbstverwaltung innerhalb der Gesetze nur im Rahmen ihres gesetzlich zugewiesenen Aufgabenbereichs (Art. 28 Abs. 2 S. 2 GG).

JURIQ-Klausurtipp

Denken Sie in Klausuren, in denen eine Gemeinde klagt, bei der Klagebefugnis immer an eine mögliche Verletzung des Rechts zur kommunalen Selbstverwaltung aus Art. 28 Abs. 2 GG, Art. 11 Abs. 2 BV. Häufig ist eine derartige Konstellation im Bereich der Kommunalaufsicht zu finden.

I. Begriff der Selbstverwaltungsgarantie der kommunalen Gebietskörperschaft

39 Art. 1 GO bestimmt, dass die Gemeinde eine **ursprüngliche Gebietskörperschaft** ist, mit dem Recht, die **örtlichen Angelegenheiten** im Rahmen der Gesetze zu ordnen und zu verwalten. Ähnliche Regelungen treffen Art. 1 LKrO, Art. 1 BezO in Bezug auf die **überörtlichen** Angelegenheiten, die durch Bezirk und Landkreis wahrzunehmen sind. Bei der Ausgestaltung der Rechtsstellung von Gebietskörperschaften sind die verfassungsrechtlichen Vorgaben aus Art. 28 Abs. 2 GG und Art. 11 Abs. 2 BV zu beachten. Von überragender Bedeutung ist dabei für das Verständnis des Wesens der Gebietskörperschaften die Selbstverwaltungsgarantie des Art. 28 Abs. 2 GG. Danach muss insbesondere den Gemeinden das Recht gewährleistet sein, alle Angelegenheiten der örtlichen Gemeinschaft in eigener Verantwortung zu regeln. Gemäß Art. 11 Abs. 2 S. 2 BV haben die Gemeinden das Recht, ihre eigenen Angelegenheiten im Rahmen der Gesetze selbst zu ordnen und zu verwalten, insbesondere ihre Bürgermeister und Vertretungskörper (Organe) zu wählen. Die örtliche Gemeinschaft soll nach dem Leitbild des Art. 28 Abs. 2 GG ihr Schicksal selbst in die Hand nehmen und in eigener Verantwortung solidarisch gestalten.[5]

Kommunale Selbstverwaltung bedeutet das Recht und die tatsächliche Fähigkeit der kommunalen Gebietskörperschaften, im Rahmen der Gesetze einen wesentlichen Teil der öffentlichen Angelegenheiten in eigener Verantwortung zum Wohl ihrer Einwohner zu regeln und zu gestalten.

40 Damit ist das Selbstverwaltungsrecht funktional zu bestimmen als das durch Grundgesetz und durch die bayerische Verfassung geschützte Recht auf selbstständige, vom Staat unabhängige Regelung der eigenen Angelegenheiten im eigenen Namen, nach eigenem Ermessen, mit eigenem Personal und mit eigenen Finanz- und Wirtschaftsmitteln.

---

4 *Bauer/Böhle/Ecker* Art. 1 Rn. 15.
5 *BVerfGE* 11, 266 ff.

II. Kernbereich der kommunalen Selbstverwaltung der Gemeinden

Kennzeichen der kommunalen Selbstverwaltung ist, dass der Selbstverwaltungträger frei in   **41**
seiner Entscheidung des „Ob", „Wann" und „Wie" der Aufgabenerfüllung ist.

Art. 83 Abs. 1 BV bestimmt exemplarisch Angelegenheiten der örtlichen Gemeinschaft, die in
den eigenen Wirkungskreis der Gemeinde fallen.[6]

Im **Kernbereich** bedeutet kommunale Selbstverwaltung für die Gemeinde (**fünf Säulen**)[7]:

1. **Gebietshoheit:** Die Gemeinde hat im Rahmen kommunaler Selbstverwaltung das Recht, gegenüber allen Personen und Sachen, die sich auf ihrem Territorium befinden, rechtserheblich zu handeln.[8] Dies kann durch Einzelfallmaßnahmen (Verwaltungsakt, Art. 35 BayVwVfG) geschehen oder durch Rechtsetzungsakt (im eigenen Wirkungskreis Satzung; sog. **Rechtsetzungshoheit**).

2. **Finanzhoheit:** Die Gemeinde hat das Recht auf eine eigenverantwortliche Einnahmen- und Ausgabenwirtschaft, sowie auf eine angemessene Finanzausstattung.[9] An dieser Stelle ist auf das Recht, Abgaben im Rahmen der Gesetze zu erheben, zu verweisen, Art. 1 ff. KAG (**Abgabenhoheit**).

3. **Personalhoheit:** Die Gemeinde ist Dienstherr von Beamten und hat generell das Recht, Personal auszuwählen, anzustellen, zu befördern und zu entlassen.[10]

4. **Organisationshoheit:** Die Gemeinde hat die Befugnis, für die Wahrnehmung ihrer Aufgaben Abläufe und Entscheidungszuständigkeiten festzulegen. Die Gemeinde darf hierzu auch öffentliche Einrichtungen schaffen und deren Organisation festlegen.[11]

5. **Planungshoheit:** Die Gemeinde hat nach § 2 Abs. 1 BauGB das Recht, in eigener Verantwortung die Bauleitpläne (Flächennutzungsplan und Bebauungsplan) aufzustellen.[12]

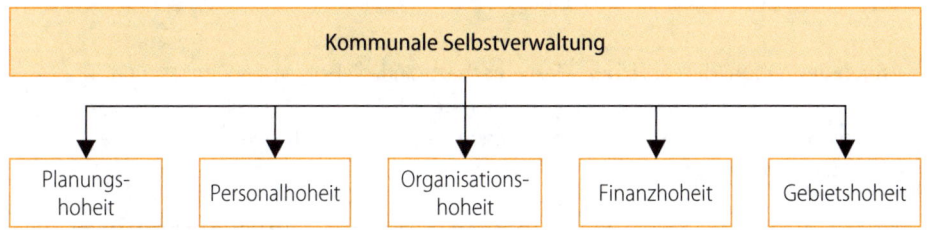

Diese fünf wesentlichen Hoheitsrechte der Gemeinde stellen nach dem Bundesverfassungs-   **42**
gericht den **Kernbereich kommunaler Selbstverwaltung** dar.[13] Der Bayerische Verfassungsgerichtshof verweist an dieser Stelle auf Art. 83 Abs. 1 BV und verlangt zur Wahrung der
Garantie kommunaler Selbstverwaltung, dass keiner der in Art. 83 Abs. 1 BV bezeichneten
Bereiche des eigenen Wirkungskreises der Gemeinde entzogen wird.[14]

---

6 *Bauer/Böhle/Ecker* Art. 1 Rn. 48 ff.
7 *Bauer/Böhle/Ecker* Art. 1 Rn. 39 ff., Art. 7 Rn. 4.
8 *BVerfG* NVwZ 1993, 262 ff.
9 *BVerfGE* 26, 228 ff.
10 *BVerfGE* 17, 172 ff.
11 *BVerfG* BayVBl 1995, 367 ff.
12 *BVerfGE* 76, 107 ff.
13 *BVerfGE* 26, 228; *BVerfGE* 50, 195 ff.
14 *BayVerfGHE* 40, 141 ff.

III. Institutionelle Rechtssubjektsgarantie

43 Weiter gilt es zu beachten, dass die Gemeinden die ihr durch Art. 28 Abs. 2 GG, Art. 11 Abs. 2 S. 2 BV zugewiesenen Aufgaben nur dann sachgerecht erfüllen können, wenn überhaupt Selbstverwaltungskörperschaften existieren. Insoweit beinhalten Art. 28 Abs. 2 GG und Art. 11 Abs. 2 BV eine **institutionelle Rechtssubjektsgarantie** bezüglich der Gemeinden und Gemeindeverbände.[15]

IV. Allzuständigkeit der Gemeinde

44 Charakteristisch für die kommunale Selbstverwaltung ist damit die **Eigenverantwortlichkeit** der Aufgabenwahrnehmung. Die Gemeinde entscheidet deshalb als Ausfluss von Art. 28 Abs. 2 GG regelmäßig frei über das **Ob, Wann und Wie der Aufgabenerfüllung**.[16] Hinsichtlich der Gemeinde ist weiter festzustellen, dass der Ansatz ein **universaler** ist. Die Gemeinde hat nämlich anders als Landkreis und Bezirk (die nur die Aufgaben in Selbstverwaltung erfüllen, die ihnen gesetzlich zugewiesen sind, Art. 10 Abs. 1, Abs. 2 BV) **sämtliche Angelegenheiten** wahrzunehmen, die in der örtlichen Gemeinschaft wurzeln bzw. einen spezifischen Bezug zur Ortsgemeinschaft aufweisen.[17]

Angelegenheiten der örtlichen Gemeinschaft sind diejenigen Bedürfnisse und Interessen, die in der örtlichen Gemeinschaft wurzeln oder auf sie einen spezifischen Bezug haben, die also den Gemeindeeinwohnern als solchen gemeinsam sind, indem sie das Zusammenleben der Menschen in der Gemeinde betreffen.

45 Das Gesetz stellt damit in Art. 1 GO die im Einzelfall widerlegbare Vermutung auf, dass die Gemeinde für die Wahrnehmung einer als örtlich zu qualifizierenden Aufgabe **verbandskompetent** ist.[18] Da eine Gebietskörperschaft nicht handlungsfähig ist, ist weiter in Klausuren darauf zu achten, beim Handeln einer Gemeinde im Rahmen der sachlichen Zuständigkeit zwingend zwischen Verbands- und Organkompetenz zu unterscheiden.

---

15 *BVerfGE* 86, 90 ff.; *BayVerfGHE* 7, 113 ff.; *Knemeyer* 1. Kap. Rn. 15.

16 *Lissack* § 1 Rn. 55, 57; *Jarass/Pieroth* Art. 28 Rn. 16.

17 *BVerfGE* 79, 127 ff.; *Knemeyer* 1. Kap. Rn. 16.

18 *Jarass/Pieroth* Art. 28 Rn. 12; *Lissack* § 1 Rn. 67.

Der Kreis der örtlichen Angelegenheiten ist offen und nicht für alle Zeit feststehend. Er variiert **46** auch von Gemeinde zu Gemeinde.[19] Die Aufgabe besteht darin, im konkreten Einzelfall festzustellen, ob die Angelegenheit örtlich oder überörtlich ist. Hiervon hängt ab, ob die Gemeinde als unterste Stufe der Gebietskörperschaften überhaupt zu deren Bewältigung aufgerufen ist. Relevant wird diese Frage überdies bei der Bestimmung des **eigenen Wirkungskreises** der Gemeinde (vgl. Art. 7 Abs. 1 GO). In Art. 7 Abs. 1 GO ist normiert, dass der eigene Wirkungskreis der Gemeinde **alle** Angelegenheiten der örtlichen Gemeinschaft umfasst.

Beispiele   Wenn es in der Gemeinde zum Absturz von Gesteinsbrocken aus einer in der Mitte des Ortes aufragenden Felswand kommt, ist diese Gefahr eine streng örtlich begrenzte. Die Gemeinde nimmt insoweit eine rein ortsbezogene Aufgabe wahr, nämlich die der örtlichen Gefahrenabwehr aus Art. 6 LStVG (= Landesstraf- und Verordnungsgesetz).

Anders ist dies z.B. bei einer Maßnahme gegenüber einem frei laufenden Kampfhund. Da dieser sich auch außerhalb des Gemeindegebietes aufhalten kann und die Problematik der Kampfhundehaltung eine landesweite Problematik darstellt, ist die Aufgabe überörtlich. Da jedoch Landkreis und Bezirk in Art. 6 LStVG nicht genannt sind, ist die Gemeinde auch zur überörtlichen Gefahrenabwehr berufen. ■

> **Hinweis**
>
> Denken Sie an dieser Stelle nochmals an das Kommunalrecht als Querschnittsmaterie. Insbesondere in sicherheitsrechtlichen Klausuren ist es erforderlich zwischen örtlichen und überörtlichen Angelegenheiten zu differenzieren. Davon hängt auch die Zuordnung zum jeweiligen Wirkungskreis in Art. 7, 8 GO ab. Näheres dazu später.

Zur Lösung der entscheidenden Frage, ob eine **örtliche/überörtliche Angelegenheit in** **47** **Streit steht,** helfen nun die Bestimmungen in Art. 57 Abs. 1, Abs. 2 GO und Art. 83 Abs. 1 BV. So enthält Art. 83 Abs. 1 BV eine exemplarische, nicht abschließende Aufzählung von Angelegenheiten der örtlichen Gemeinschaft.[20] Ergänzend zu Art. 83 Abs. 1 BV wird regelmäßig die vom Bundesverfassungsgericht gewählte Formulierung der örtlichen Angelegenheit herangezogen.

Indizielle Bedeutung für die Frage, ob eine Angelegenheit als örtlich/überörtlich zu[21] qualifizieren ist, hat daneben die Größe und Struktur der jeweiligen Gemeinde. Nach Ansicht des **48** Bundesverfassungsgerichts ist die Verwaltungskraft (praktische Bewältigbarkeit der Aufgaben) der Gemeinde nicht zu berücksichtigen, da ansonsten der Staat die Finanzausstattung der Gemeinde erhöhen könnte, um so deren Aufgabenspektrum zu erweitern.[22]

Sofern Schwierigkeiten bestehen, eine Aufgabe als örtliche oder überörtliche zu qualifizieren, **49** ist der **Schwerpunkt der Maßnahme** zu ermitteln.[23] Kann ein solcher nicht festgestellt werden, spricht Art. 6 Abs. 1 S. 1 GO für die **Vermutung** einer örtlichen Angelegenheit (aber nur, sofern gesetzlich keine andere Aufgabenzuweisung ausgesprochen ist).[24]

》 Vergessen Sie nicht, sich den Art. 83 Abs. 1 BV neben Art. 57 GO zu kommentieren. In der Bayerischen Verfassung sind hier weitere Regelungsgegenstände der örtlichen Kommunalverwaltung genannt. **《**

---

19 *Lissack* § 1 Rn. 69, 72.

20 *Lissack* § 1 Rn. 70.

21 *BVerfGE* 23, 350 ff.; *BVerfGE* 79, 127 ff.

22 *BVerfGE* 79, 127 ff. „Rastede".

23 *Bauer/Böhle/Ecker* Art. 1 Rn. 53.

24 *Lissack* § 1 Rn. 73.

V. Zuständigkeiten von Landkreis und Bezirk als überörtlichen kommunalen Gebietskörperschaften

50 Landkreis und Bezirk (Gemeindeverbände) sind Träger der überörtlichen Aufgabenwahrnehmung. Gemäß Art. 1 LKrO sind Landkreise Gebietskörperschaften mit dem Recht, **überörtliche** Angelegenheiten, deren Bedeutung nicht über das Kreisgebiet hinausgeht, im Rahmen der Gesetze zu ordnen. Art. 1 BezO bestimmt, dass Bezirke Gebietskörperschaften mit dem Recht sind, **überörtliche** Angelegenheiten, die über die Zuständigkeit von Landkreisen und kreisfreien Städten hinausgehen, im Rahmen der Gesetze selbst zu ordnen und zu verwalten.

51 Kennzeichen der Aufgaben von Landkreis und Bezirk ist damit deren **Überörtlichkeit** im Verhältnis zur Gemeinde.[25] Landkreis und Bezirk sind auch keine ursprünglichen Gebietskörperschaften (vgl. unterschiedlicher Wortlaut in Art. 1 GO einerseits und Art. 1 LKrO, Art. 1 BezO andererseits). Diese Einrichtungen wurden **künstlich geschaffen**, um einen Rechtsträger zu schaffen, der die überörtlichen Angelegenheiten bewältigen kann.[26] Folglich bestimmt auch Art. 10 Abs. 2 BV, dass der eigene Wirkungskreis der Gemeindeverbände (Landkreis, Bezirk) durch die Gesetzgebung bestimmt wird. Nur die Aufgaben die qua Gesetz an Landkreis, Bezirk zugewiesen werden, sind **eigene Angelegenheiten** des Landkreises bzw. Bezirks. Für die Landkreise geschieht dies z.B. über die Bestimmungen in Art. 5 Abs. 1, 51 Abs. 2, Abs. 3 LKrO.

VI. Rechtsschutzmöglichkeiten der Gemeinde bei Beeinträchtigungen der kommunalen Selbstverwaltung

52 Beim Rechtsschutz der Gemeinde ist zu beachten, dass die Gemeinde sich in jeder Ausgestaltung auf das **Recht kommunaler Selbstverwaltung** aus Art. 28 Abs. 2 GG, Art. 11 Abs. 2 BV berufen kann. Nur dieses Recht räumt der Gemeinde eine wehrfähige Rechtsposition bzw. **Klagebefugnis** (§ 42 Abs. 2 VwGO) ein.

53 Zu unterscheiden ist im Folgenden, gegen welchen Akt sich die Gemeinde zur Wehr setzt. Denkbare Konstellationen sind, dass die Gemeinde gegen ein formelles Bundesgesetz, ein formelles Landesgesetz, eine Rechtsverordnung oder Satzung oder auch nur gegen einen sie belastenden Verwaltungsakt vorgeht.

1. Vorgehen gegen ein (formelles) Bundesgesetz

54 Das Grundgesetz sieht in Art. 93 Abs. 1 Nr. 4b GG einen besonderen verfassungsgerichtlichen Rechtsbehelf für die Rüge der Verletzung kommunaler Selbstverwaltung vor, nämlich die **Kommunalverfassungsbeschwerde** gemäß Art. 93 Abs. 1 Nr. 4b GG, § 13 Nr. 8a BVerfGG unter Berufung auf eine Verletzung kommunaler Selbstverwaltung.[27]

---

25 *Lissack* § 1 Rn. 74, 75.
26 *Lissack* § 1 Rn. 76a.
27 Vgl. *Lissack* § 1 Rn. 112 ff.

2. Vorgehen gegen ein (formelles) Landesgesetz

An sich würde auch hier Art. 93 Abs. 1 Nr. 4b GG die Möglichkeit einer kommunalen Verfassungsbeschwerde eröffnen, jedoch gilt es hier § 91 BVerfGG zu beachten, wonach die kommunale Verfassungsbeschwerde ausgeschlossen ist, wenn die Gemeinde beim Landesverfassungsgericht (BayVerfGH) Rechtsschutz erlangen kann. Dies ist in Bayern über Art. 98 S. 4 BV (Popularklage) der Fall. Die Gemeinde muss sich insoweit auf eine Verletzung von Art. 11 Abs. 2 BV berufen.[28]   **55**

Beispiel   Die kreisangehörige Gemeinde A wird gegen ihren Willen in die Verwaltungsgemeinschaft B eingegliedert. Dies geschieht nach Art. 2 Abs. 3 VGemO durch formelles Landesgesetz. Eine Kommunalverfassungsbeschwerde der Gemeinde A unter Berufung auf ihre Organisationshoheit/Gebietshoheit scheitert an § 91 BVerfGG. Es bleibt nur die Möglichkeit einer Popularklage nach Art. 98 S. 4 BV unter Verweis auf Art. 11 Abs. 2 BV. ■

3. Vorgehen gegen eine untergesetzliche Satzung/Verordnung

Hier sieht das Gesetz in § 47 Abs. 1 Nr. 1, 2 VwGO die prinzipale **Normenkontrolle** vor. Diese kann die Gemeinde unter Berufung auf ihr Selbstverwaltungsrecht nach Art. 28 Abs. 2 GG anstrengen. Sofern keine Satzung nach BauGB betroffen ist (Normenkontrolle nach § 47 Abs. 1 Nr. 1 VwGO) eröffnet Art. 5 AGVwGO die Möglichkeit der Normenkontrolle auch gegen sonstige untergesetzliche Regelungen (Satzungen/Verordnungen).[29] Da im Rahmen der Normenkontrolle, § 47 Abs. 3 VwGO, keine grundrechtlichen Bestimmungen der BV geprüft werden dürfen, sollte ein Verweis bei Prüfung der Antragsbefugnis auf Art. 11 Abs. 2 BV an dieser Stelle zwingend unterbleiben.   **56**

Beispiel   Ohne die Gemeinde A nach § 2 Abs. 2 BauGB zu beteiligen, beschließt die Gemeinde B einen Bebauungsplan (Gewerbegebiet). Unmittelbar angrenzend hat die Gemeinde A bereits auf ihrem Gebiet ein Sondergebiet für eine Kurklinik ausgewiesen. Die Gemeinde A kann nun unter Hinweis auf eine Verletzung der kommunalen Selbstverwaltung (Planungshoheit) aus Art. 28 Abs. 2 GG, eine Normenkontrolle (§ 47 Abs. 1 Nr. 1 VwGO) gegen den Bebauungsplan der Gemeinde B anstrengen. Der Bebauungsplan der Gemeinde B wird in der Rechtsqualität einer Satzung erlassen, § 10 Abs. 1 BauGB, was die Möglichkeit einer Normenkontrolle eröffnet. ■

4. Vorgehen gegen eine Einzelfallentscheidung (Verwaltungsakt, Art. 35 BayVwVfG)

Die Gemeinde kann insoweit unter Berufung auf ihr Selbstverwaltungsrecht gemäß Art. 28 Abs. 2 GG, Art. 11 Abs. 2 BV eine verwaltungsgerichtliche Klage anstrengen.[30] Die Gemeinde ist im Verwaltungsprozess beteiligtenfähig nach § 61 Nr. 1 Alt. 2 VwGO, Art. 1 GO; da die Gemeinde selbst nicht prozessfähig ist, muss sie nach § 62 Abs. 3 VwGO, Art. 38 Abs. 1 GO durch den ersten Bürgermeister vertreten werden; im Rahmen der Klagebefugnis nach § 42 Abs. 2 VwGO ist eine mögliche Verletzung von Art. 28 Abs. 2 GG, Art. 11 Abs. 2 BV denkbar.   **57**

---

28 *Lissack* § 1 Rn. 112, 113.
29 *Lissack* § 1 Rn. 115 ff.
30 *Lissack* § 1 Rn. 124 ff.

Beispiel Wie oben Rn. 56, aber nun erlässt das örtlich zuständige Landratsamt eine Baugenehmigung für ein Bauvorhaben im Gewerbegebiet der Gemeinde B; die Gemeinde A will hiergegen gerichtlich vorgehen. Die Gemeinde A kann gegen diese Baugenehmigung als Einzelfallentscheidung nach Art. 35 S. 1 BayVwVfG eine Anfechtungsklage mit dem Ziel der Aufhebung der Baugenehmigung erheben, § 42 Abs. 1 Alt. 1 VwGO. Im Rahmen der Klagebefugnis kann sich die Gemeinde A auf ihr möglicherweise verletztes Recht aus § 2 Abs. 2 BauGB und die dahinter stehende Planungshoheit aus Art. 28 Abs. 2 GG, Art. 11 Abs. 2 BV berufen. ■

Online-Wissens-Check

Aus welchen Kernbereichen besteht das Recht auf kommunale Selbstverwaltung?

Überprüfen Sie jetzt online Ihr Wissen zu den in diesem Abschnitt erarbeiteten Themen. Unter **www.juracademy.de/skripte/login** steht Ihnen ein Online-Wissens-Check speziell zu diesem Skript zur Verfügung, den Sie kostenlos nutzen können. Den Zugangscode hierzu finden Sie auf der Codeseite.

3. Teil
Aufgaben kommunaler Gebietskörperschaften

A. Gesetzliche Differenzierung zwischen eigenem und übertragenem Wirkungskreis

Jegliches Handeln der kommunalen Gebietskörperschaften lässt sich in Handeln im eigenen **58** Wirkungskreis oder im übertragenem Wirkungskreis unterscheiden, vgl. Art. 6 Abs. 2 GO, Art. 4 Abs. 2 LKrO, Art. 4 Abs. 2 BezO **(dualistische Aufgabenstruktur).**[1]

I. Angelegenheiten des eigenen Wirkungskreises (am Beispiel der Gemeinde)

Die Aufgaben der **Gemeinde im eigenen Wirkungskreis** sind gekennzeichnet durch das **59** **Prinzip der Allzuständigkeit.** Es besteht ein **grundsätzlich offener Kreis der gemeindlich eigenen Aufgaben,** während bei Landkreis und Bezirk die eigenen Aufgaben (vgl. Art. 10 Abs. 2 BV) gesetzlich an die Gebietskörperschaft zugewiesen werden (Art. 51 Abs. 1 LKrO, Art. 48 Abs. 1 BezO).[2]

Der **eigene Wirkungskreis** der Gemeinden wird beherrscht durch die verfassungsrechtliche Gewährleistung der **gemeindlichen Selbstverwaltung** in Art. 28 Abs. 2 GG, Art. 11 Abs. 2 BV.[3]

> **Hinweis**
>
> Prägen Sie sich an dieser Stelle die gedankliche Verbindung von eigenen Angelegenheiten der Gemeinde und der verfassungsrechtlichen Bestimmung der Art. 28 Abs. 2 GG, Art. 11 Abs. 2 BV ein. Die Angelegenheiten, die Ausprägung kommunaler Selbstverwaltung sind, werden einfachgesetzlich dem eigenen Wirkungskreis der Gemeinde zugerechnet.

Handelt es sich um eine in der örtlichen Gemeinschaft wurzelnde Angelegenheit, so liegt **60** eine Aufgabe kommunaler Selbstverwaltung vor, die zum eigenen Wirkungskreis der Gemeinde zu rechnen ist. Überwiegend sind dies in der Praxis Aufgaben der **Daseinsvorsorge,** d.h. die Bereitstellung von Leistungen zur Versorgung der Bevölkerung in wirtschaftlicher, sozialer und kultureller Hinsicht (z.B. Trink- und Brauchwasserver- und -entsorgung, Bildungseinrichtungen, Verkehrsbetriebe, Freizeiteinrichtungen etc.).

Maßgebliche Bestimmungen für den **eigenen Wirkungskreis** der Gemeinde sind Art. 7 **61** Abs. 1, 57 Abs. 1 GO, Art. 83 Abs. 1 BV.

Wesensmerkmal der Aufgaben des eigenen Wirkungskreises ist weiter nach Art. 7 Abs. 2 S. 1 GO, dass die Gemeinden in Angelegenheiten des eigenen Wirkungskreises nach eigenem **Ermessen** handeln. Die Gemeinde entscheidet hier grundsätzlich frei hinsichtlich des „Ob", „Wann" und „Wie" der Aufgabenerfüllung.[4]

---

1 *Bauer/Böhle/Ecker* Art. 6 Rn. 6.
2 Vgl. *Bauer/Böhle/Ecker* Art. 7 Rn. 2.
3 *Bauer/Böhle/Ecker* Art. 7 Rn. 2, 3.
4 BVerfGE 79, 127 ff. „Rastede".

1. Pflichtaufgaben

62 Im eigenen Wirkungskreis nimmt der Gesetzgeber noch eine weitere Differenzierung vor. Eine Einschränkung des grundsätzlich freien Ermessens bei der Erfüllung der eigenen Aufgaben nach Art. 7 Abs. 1, 2 GO erfahren die Gemeinden im Bereich der **gesetzlichen Pflichtaufgaben.**[5] So schreibt Art. 57 Abs. 2 S. 1 GO den Gemeinden vor, dass sie (in den Grenzen ihrer Leistungsfähigkeit) verpflichtet sind, die aus Gründen des öffentlichen Wohls erforderlichen Einrichtungen zur Versorgung mit **Trinkwasser** herzustellen und zu unterhalten. Der Gesetzgeber ist also befugt, hinsichtlich gewisser gemeindlicher Aufgaben das Ermessen der Gemeinde zu beschränken. Das **Entschließungsermessen** der Gemeinde wird in Art. 57 Abs. 2 S. 1 GO beseitigt. Der Gemeinde verbleibt hier insoweit lediglich ein **Auswahlermessen.**

Weitere gesetzliche Pflichtaufgaben der Gemeinde im eigenen Wirkungskreis finden sich in Art. 34 Abs. 1 S. 1 BayWG (Abwasserbeseitigung) und Art. 6 LStVG (**örtliche Gefahrenabwehr;** „**örtliche Polizei**").[6]

> **Hinweis**
>
> Prägen Sie sich die drei Pflichtaufgaben im eigenen Wirkungskreis „Trinkwasserversorgung, Abwasserbeseitigung und örtliche Gefahrenabwehr" gut ein. Im letztgenannten Fall verläuft wiederum eine Schnittstelle zum Sicherheitsrecht (die Gemeinde als unterste Sicherheitsbehörde nach LStVG).

2. Sollaufgaben

63 Außerhalb der gesetzlich festgelegten Pflichtaufgaben verbleibt es für die sog. **Sollaufgaben** dabei, dass die Gemeinde sowohl über ein Entschließungs- wie ein Auswahlermessen verfügt. Sie bleibt außerhalb von Art. 57 Abs. 2 GO frei hinsichtlich der Aufgabenerfüllung im eigenen Wirkungskreis.[7]

Hinzuweisen ist abschließend darauf, dass sofern eine **Pflichtaufgabe** die Leistungsfähigkeit der Gemeinde übersteigt, diese nach Art. 57 Abs. 3 GO zwingend in **kommunaler Zusammenarbeit** nach dem KommZG (s. unten Rn. 344 ff.) zu erfüllen ist.

> **Hinweis**
>
> Beachten Sie, dass Art. 57 Abs. 3 GO die Schnittstelle zu den Vorschriften über die kommunale Zusammenarbeit darstellt. Wenn die Gemeinde nicht in der Lage ist, eine gesetzliche Pflichtaufgabe sachgerecht zu erfüllen, so muss sie sich insoweit des Instrumentariums der kommunalen Zusammenarbeit bedienen. Diese ist insoweit milderes Mittel zu einer Eingemeindung in eine leistungsfähigere Gebietskörperschaft.

---

5 *Bauer/Böhle/Ecker* Art. 7 Rn. 9 ff.

6 *BayVGH* BayVBl 1964, 228 ff.; *BayVGH* FSt 2004, 280 ff.

7 *Bauer/Böhle/Ecker* Art. 57 Rn. 8.

II. Angelegenheiten des übertragenen Wirkungskreises

Von den Aufgaben des eigenen Wirkungskreises zu unterscheiden sind die Aufgaben des **64** übertragenen Wirkungskreises.

> Bei übertragenen Angelegenheiten handelt es sich inhaltlich um **materiell-rechtlich staatliche Angelegenheiten**, die der Staat nicht durch eigene Staatsbehörden wahrnimmt, sondern aus Zweckmäßigkeitsgründen der bürgernahen Versorgung den Gemeinden verweist.[8]

Der Unterschied zur eigenen Angelegenheit liegt damit zum einen darin, dass es sich inhaltlich um eine **Staatsaufgabe** handelt (also keine Selbstverwaltungsangelegenheit der Gemeinde) und der Gesetzgeber die Aufgabendelegation vornimmt, vgl. Art. 8 Abs. 1 GO. Der Kreis der übertragenen Angelegenheiten ist damit **geschlossen**.[9]

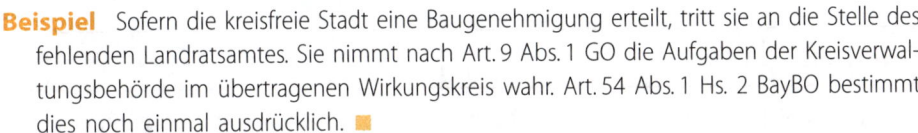

> **Hinweis**
>
> Achten Sie darauf, dass anders als bei den eigenen Angelegenheiten der Gemeinde, der Gesetzgeber bei übertragenen Aufgaben stets in den Zuständigkeitsvorschriften die Zuordnung zum übertragenen Wirkungskreis kenntlich machen muss.

Beispiel Sofern die kreisfreie Stadt eine Baugenehmigung erteilt, tritt sie an die Stelle des fehlenden Landratsamtes. Sie nimmt nach Art. 9 Abs. 1 GO die Aufgaben der Kreisverwaltungsbehörde im übertragenen Wirkungskreis wahr. Art. 54 Abs. 1 Hs. 2 BayBO bestimmt dies noch einmal ausdrücklich. ■

Bei den **Aufgaben des übertragenen Wirkungskreises** kann die Staatsbehörde der **65** Gemeinde **Weisungen** erteilen, Art. 8 Abs. 2 GO. Damit steht der zuständigen Staatsbehörde hier das Recht zu, gegenüber der Gemeinde **Zweckmäßigkeitserwägungen** anzustellen.[10] Dies ist insofern konsequent, als inhaltlich-materiell eine Staatsaufgabe vorliegt, bei der der Staat Direktiven zur jeweiligen Erfüllung geben darf.

Beispiel Im oben (Rn. 64) genannten *Beispiel* (Erteilung einer Baugenehmigung durch eine kreisfreie Stadt) kann folglich die Regierung als Aufsichtsbehörde (Art. 115 Abs. 1 S. 1 GO, Art. 53 Abs. 1 BayBO) der kreisfreien Stadt Vorgaben zur Erfüllung der Aufgaben als untere Bauaufsichtsbehörde machen. ■

III. Klausurrelevante Auswirkungen der Differenzierung nach Wirkungskreisen

Die Unterscheidung des Gesetzes in Angelegenheiten des eigenen und des übertragenen **66** Wirkungskreises wirkt sich in folgenden Rechtsbereichen aus:

- Relevant wird die gesetzliche Differenzierung im Bereich des **Widerspruchsverfahrens**, §§ 68 ff. VwGO. Sofern eine Angelegenheit des eigenen Wirkungskreises in Streit steht (Fallbeispiel: Kreisangehörige Gemeinde A erlässt gegenüber B einen Gebührenbescheid nach

---

8 *Lissack* § 2 Rn. 13; *Bauer/Böhle/Ecker* Art. 8 Rn. 1.
9 *Hölzl/Hien/Huber* Art. 8 GO Rn. 1; *Lissack* § 2 Rn. 14, 15.
10 *Lissack* § 2 Rn. 14.

Art. 8 KAG. B macht von seinem, ihm in Art. 15 Abs. 1 Nr. 1 AGVwGO eingeräumten fakultativen Widerspruchsrecht Gebrauch und strengt ein Vorverfahren an) bestimmt sich die Widerspruchsbehörde nach § 73 Abs. 1 Nr. 3 VwGO, Art. 119 Nr. 1, 110 S. 1 GO; die Widerspruchsbehörde prüft insofern nur die Rechtmäßigkeit des angefochtenen Bescheids; die Zweckmäßigkeit wird zuvor im Abhilfeverfahren nach § 72 VwGO durch die Ausgangsbehörde geprüft. Bei einer Angelegenheit im übertragenen Wirkungskreis bestimmt sich die Widerspruchsbehörde hingegen über § 73 Abs. 1 Nr. 1 VwGO, Art. 119 Nr. 2 GO; zuständig ist hier nun die Fachaufsichtsbehörde nach Art. 115 GO, die nach Art. 119 Nr. 2 GO die Recht- und Zweckmäßigkeit prüft (Art. 109 Abs. 2 S. 2 GO findet keine Anwendung).

> **Hinweis**
>
> In Bayern ist die zweite Variante aufgrund der Neufassung von Art. 15 AGVwGO nicht mehr prüfungsrelevant.

67 • Weitere Relevanz besteht im Bereich der **staatlichen Aufsicht** über die Gemeinde. Da der Staat der Gemeinde im übertragenen Wirkungskreis inhaltliche Weisungen zur Aufgabenerfüllung vorgeben kann (Art. 8 Abs. 2 GO), während die Gemeinden im eigenen Wirkungskreis nach eigenem Ermessen handeln (Art. 7 Abs. 2 S. 1 GO) muss ein Unterschied in der staatlichen Kontrolle der gemeindlichen Aufgabenerfüllung bestehen.

> **Hinweis**
>
> Prägen Sie sich an dieser Stelle die Unterscheidung der gemeindlichen Tätigkeit in eigene und übertragene Angelegenheiten gut ein. Sie benötigen die Differenzierung in die jeweiligen Wirkungskreise erneut, wenn Sie sich die Thematik der Staatsaufsicht über die Gemeinde erarbeiten.

68 • Der Gemeinde steht nur im eigenen Wirkungskreis eine **Klagebefugnis** aus § 42 Abs. 2 VwGO zu. Nur insoweit kann sich die Gemeinde auf eine Verletzung der gemeindlichen Selbstverwaltungsgarantie gemäß Art. 28 Abs. 2 GG, Art. 11 Abs. 2 BV berufen. Im übertragenen Wirkungskreis nimmt die Gemeinde eine materiell-inhaltliche Staatsaufgabe wahr. Eine Verletzung **eigener** Rechte scheidet regelmäßig aus.

Beispiel Soweit das Landratsamt von der kreisangehörigen Gemeinde die Aufhebung eines Gebührenbescheids verlangt (Art. 112 GO), kann die Gemeinde grundsätzlich gegen diesen rechtlichen Akt klagen, da sie möglicherweise in ihrer gemeindlichen Selbstverwaltungsgarantie, Art. 28 Abs. 2 GG, Art. 11 Abs. 2 BV verletzt ist. Es ist nicht von vornherein auszuschließen, dass der Bescheid des Landratsamtes in rechtswidriger Weise in die Finanzhoheit der Gemeinde eingreift. ■

69 • Hinzuweisen ist aber darauf, dass die Frage der Wirkungskreise für die Bestimmung der **Passivlegitimation** nach § 78 VwGO **irrelevant** ist. Die Gemeinde bleibt auch bei Wahrnehmung einer inhaltlichen Staatsaufgabe stets ihr eigener Rechtsträger und ist als solcher zu verklagen. Eine Gemeinde wird niemals zur Staatsbehörde, sondern nimmt allenfalls **funktional** deren Aufgaben wahr (übertragener Wirkungskreis).[11]

---

11 *Lissack* § 2 Rn. 13.

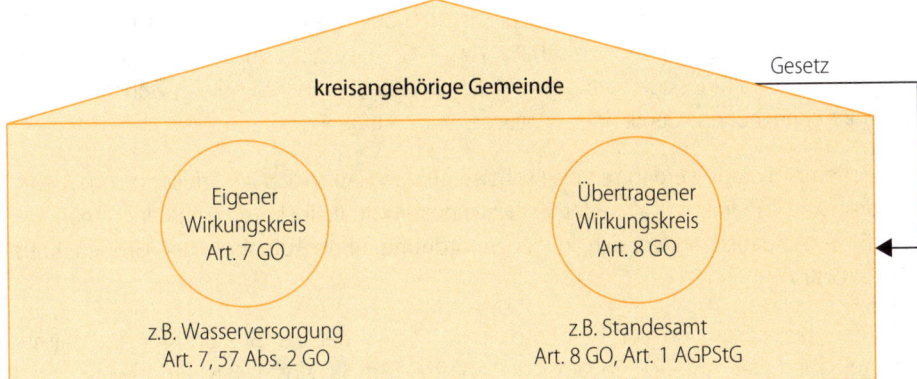

B. Aufgabenbereiche der einzelnen Kommunen

I. Aufgaben der kreisangehörigen Gemeinde

Bei der kreisangehörigen Gemeinde sind die Aufgaben lediglich in solche des eigenen und des übertragenen Wirkungskreises zu trennen. Dabei gilt es zu beachten, dass der eigene Wirkungskreis der Gemeinde nach Art. 7 GO keine Aufgabenbegrenzung vorsieht. Im eigenen Wirkungskreis hat die Gemeinde **alle** in der örtlichen Gemeinschaft wurzelnden Angelegenheiten wahrzunehmen (**Universalität**). Im übertragenen Wirkungskreis erfolgt die Aufgabenzuweisung qua Gesetz. Nur die Angelegenheiten, die der Staat zur ortsnäheren Ausführung an die kreisangehörige Gemeinde zuweist, sind übertragene Aufgaben im Sinne von Art. 8 GO.

70

Beispiel   So gehören bei der kreisangehörigen Gemeinde die Wasserversorgung und Abwasserbeseitigung als spezifisch gemeindliche Aufgaben zu den eigenen Aufgaben. Art. 57 Abs. 2 GO bzw. Art. 34 Abs. 1 S. 1 BayWG, Art. 83 Abs. 1 BV bestimmen diese Angelegenheiten näher als rein örtliche. Dagegen wird die Gemeinde bei der Ausstellung von Personalausweisen im übertragenen Wirkungskreis tätig. So bestimmt Art. 1 Abs. 1 Hs. 2 AGPaßPAuswG[12], dass die Gemeinde sachlich zuständig wird und im übertragenen Wirkungskreis tätig ist. Damit wird erkennbar, dass hier eine materiell-inhaltliche Staatsaufgabe durch die kreisangehörige Gemeinde erfüllt wird. ■

---

12 *Ziegler/Tremel* Nr. 550.

> **Hinweis**
>
> Prägen Sie sich auch zusätzlich ein, dass eine kreisangehörige Gemeinde niemals zusätzlich Aufgaben des Landratsamtes kraft Gesetzes zugewiesen erhält. Dies kann Ihnen nur bei Großen Kreisstädten und kreisfreien Städten begegnen.

II. Aufgaben der Großen Kreisstadt (Art. 9 Abs. 2 GO, GrKrV)

71 Obwohl auch die Große Kreisstadt dem Grunde nach eine kreisangehörige Gemeinde verkörpert, bedarf sie einer näheren Betrachtung. Für die Großen Kreisstädte bringt **Art. 9 Abs. 2 GO** eine **Sonderregelung**. Da sie, wie Art. 5a Abs. 4 GO bestätigt, über eine gesteigerte Leistungs- und Verwaltungskraft verfügt, weist der Gesetzgeber ihr über die gewöhnlichen Aufgaben kreisangehöriger Gemeinden hinausgehende Aufgaben zu.

Der Großen Kreisstadt werden mittels Rechtsverordnung Aufgaben zur Erfüllung zugewiesen, die sonst vom Landratsamt als unterer staatlicher Verwaltungsbehörde wahrgenommen werden. Diese Aufgaben finden sich in der **Verordnung über Aufgaben der Großen Kreisstädte (GrKrV).**

72 Besonders bedeutsam ist hierbei § 1 Abs. 1 Nr. 1 GrKrV, der der Großen Kreisstadt sämtliche Aufgaben der unteren Bauaufsichtsbehörde (Art. 53 Abs. 1 BayBO) zuweist. Art. 9 Abs. 2 GO, § 1 Abs. 1 GrKrV bestimmt weiter, dass die Große Kreisstadt die dergestalt übertragenen Aufgaben des staatlichen Landratsamtes im **übertragenen Wirkungskreis** wahrzunehmen hat.

Missverständlich ist allein der gesetzliche Passus in Art. 9 Abs. 2 S. 1 Hs. 2 GO, wonach die Große Kreisstadt „Kreisverwaltungsbehörde" ist. Gemeint ist damit nur, dass die Große Kreisstadt **funktional** Aufgaben der Staatsbehörde übernimmt, sie bleibt aber auch hier ihr eigener Rechtsträger (außerhalb des Staates) und ist insoweit auch bei Wahrnehmung einer Aufgabe nach § 1 Abs. 1 GrKrV vor Gericht zu verklagen.[13]

Beispiel Soweit eine Große Kreisstadt für ihr Gebiet eine Baugenehmigung gegenüber einem Bauherrn verweigert, muss dieser im Rahmen einer Verpflichtungsklage in Gestalt einer Versagungsgegenklage nach § 42 Abs. 1 S. 1 Alt. 2 VwGO gegen die Große Kreisstadt vorgehen, um die begehrte Baugenehmigung gerichtlich zu erstreiten. Dass die Große Kreisstadt dabei nach Art. 9 Abs. 2 GO, Art. 54 Abs. 1 Hs. 2 BayBO, § 1 Abs. 1 Nr. 1 GrKrV im übertragenen Wirkungskreis handelt, ist irrelevant. Die Wirkungskreise spielen für die Frage der Passivlegitimation nach § 78 Abs. 1 VwGO keine Rolle. ■

> **JURIQ-Klausurtipp**
>
> Auch wenn eine Große Kreisstadt handelt, ist für die Frage der Passivlegitimation (§ 78 VwGO) stets die Große Kreisstadt selbst zu verklagen.

---

13 *Lissack* § 2 Rn. 25.

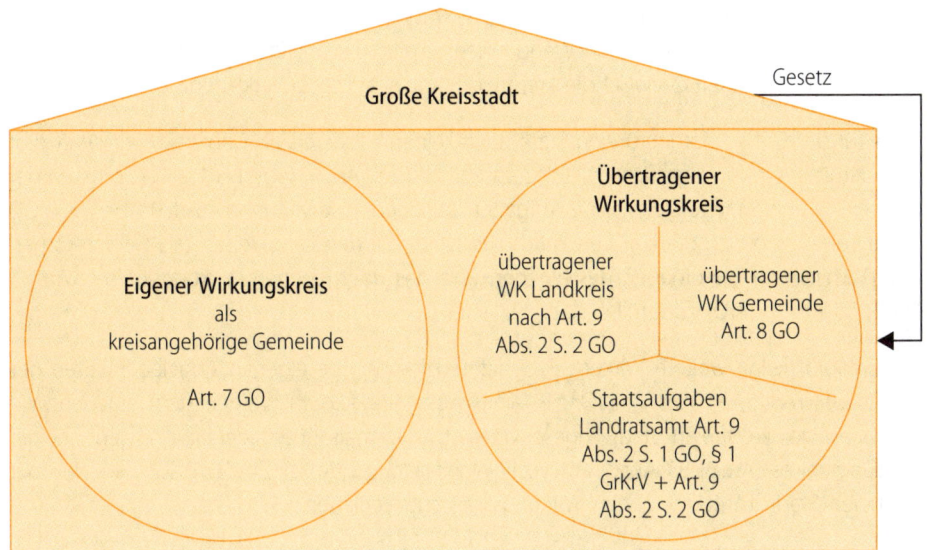

III. Aufgaben der kreisfreien Stadt (Art. 9 Abs. 1 GO)

Da die kreisfreie Stadt kein Landratsamt kennt, das die staatlichen Aufgaben (Art. 37 Abs. 1 **73** S. 2 LKrO) bzw. die Aufgaben als Kreisbehörde (Art. 37 Abs. 1 S. 1 LKrO) wahrnimmt, müssen diese zwangsläufig durch die kreisfreie Stadt selbst wahrgenommen werden. Art. 9 Abs. 1 GO bestätigt diese Überlegung. Art. 9 Abs. 1 S. 1 Hs. 1 GO bestimmt, dass die kreisfreie Stadt **im übertragenen Wirkungskreis** sämtliche Aufgaben erfüllt, die sonst vom Landratsamt als der unteren staatlichen Verwaltungsbehörde wahrzunehmen sind. Missverständlich ist wiederum der Hs. 2 von Art. 9 Abs. 1 S. 1 GO, wonach die kreisfreie Stadt insoweit Kreisverwaltungsbehörde sei. Damit ist – wie bei der Großen Kreisstadt – lediglich gemeint, dass auch der kreisfreien Stadt die **Funktion** einer Kreisverwaltungsbehörde zukommt. Nicht ausgesagt ist damit, dass die Gemeinde eine dem Freistaat Bayern unterstellte Staatsbehörde wird. Die kreisfreie Stadt bleibt wie jede Gebietskörperschaft stets ihr eigener Rechtsträger. Als solcher ist die kreisfreie Stadt auch bei Wahrnehmung staatlicher Aufgaben selbst zu verklagen, § 78 Abs. 1 Nr. 1 VwGO.[14]

> **JURIQ-Klausurtipp**
>
> Achten Sie in Klausuren stets darauf, ob die gemeindlichen Wirkungskreise tatsächlich relevant sind, d.h. ob das Ergebnis und der Verlauf einer Klausur unterschiedlich ausfallen. Prägen Sie sich ein, dass die Frage des Klage- oder Antragsgegners von dem jeweiligen Wirkungskreis unabhängig ist. Es sei an dieser Stelle nochmals daran erinnert, dass die Unterscheidung in den Wirkungskreisen für die Frage der Passivlegitimation irrelevant ist!

Beispiel   Sofern eine Baugenehmigung im Stadtgebiet der kreisfreien Stadt A zur Entscheidung ansteht, ist nach Art. 53 Abs. 1, 54 Abs. 1 BayBO, Art. 9 Abs. 1 S. 1 GO die kreisfreie Stadt A selbst sachlich zuständig. Sie nimmt insoweit die Aufgabe des fehlenden Land-

---

14 Vgl. zum Ganzen: *Lissack* § 2 Rn. 21 ff.

ratsamtes als Staatsbehörde gemäß Art. 37 Abs. 1 S. 2 LKrO wahr. Wird der Bauantrag abgelehnt, hat der Bauherr im Wege einer Verpflichtungsklage (Versagungsgegenklage) nach § 42 Abs. 1 Alt. 2 VwGO die kreisfreie Stadt A selbst zu verklagen. ■

74 Da es für das Gebiet der kreisfreien Stadt auch keinen Landkreis als Gebietskörperschaft gibt (und damit auch kein Landratsamt als Kreisbehörde, vgl. Art. 37 Abs. 1 S. 1 LKrO), müssen der kreisfreien Stadt weitere gesetzliche Aufgaben obliegen. Insoweit ist auf Art. 9 Abs. 1 S. 2 GO zu verweisen, wonach die kreisfreie Stadt zusätzlich die den Landkreisen (als Gebietskörperschaft) obliegenden Aufgaben des eigenen und des übertragenen Wirkungskreises (Art. 51 Abs. 1, 53 Abs. 1 LKrO) zu erfüllen hat.

75 Dabei erfolgt keine weitere Wirkungskreisdifferenzierung. Die eigenen Angelegenheiten des Landkreises (Art. 5, 51 Abs. 1 LKrO, z.B. Art. 3 Abs. 1 BayAbfG[15]) werden dem eigenen Wirkungskreis der kreisfreien Stadt zugeschlagen. Die vormals übertragenen Angelegenheiten des Landkreises (Art. 6, 53 Abs. 1 LKrO, z.B. Wohngeld, § 1 Abs. 1 ZustVWoGG[16]) werden der kreisfreien Stadt im übertragenen Wirkungskreis zugeschlagen.[17]

> ### Hinweis
>
> Beachten Sie an dieser Stelle die Grundsystematik: Sowohl die staatlichen Aufgaben des fehlenden Landratsamts als Kreisverwaltungsbehörde, als auch die übertragenen Aufgaben des Landkreises, gehen stets als materiell-inhaltliche Staatsaufgaben in den übertragenen Wirkungskreis der kreisfreien Stadt über.
>
> Nur die Selbstverwaltungsangelegenheiten der fehlenden Gebietskörperschaft Landkreis werden dem eigenen Wirkungskreis der kreisfreien Stadt zugeschlagen.

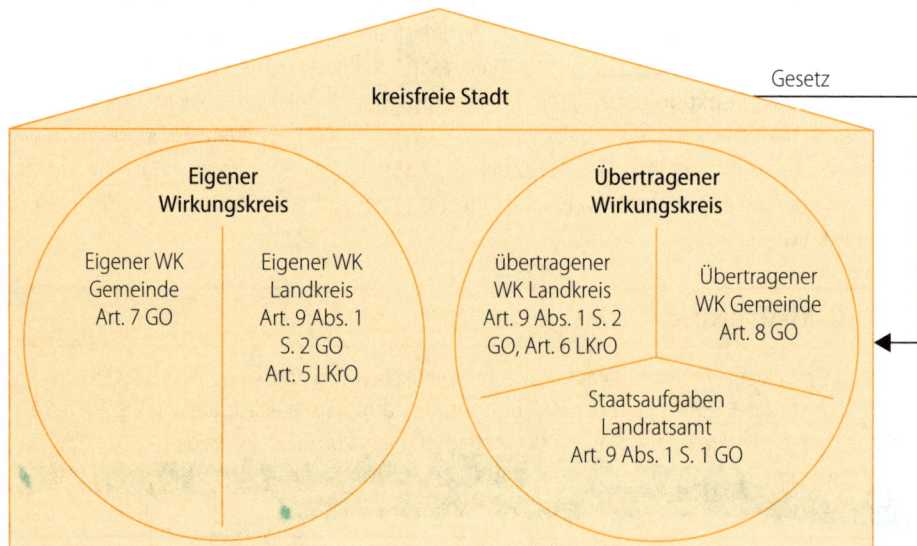

15 *Ziegler/Tremel* Nr. 1.
16 *Ziegler/Tremel* Nr. 965.
17 *Lissack* § 2, Rn. 23.

Soweit die kreisfreie Stadt eine Angelegenheit im eigenen Wirkungskreis wahrnimmt, unter- **76** steht sie der Rechtsaufsicht des Freistaates Bayern. Rechtsaufsichtsbehörde ist dann nach Art. 110 S. 2 GO die Regierung als mittlere Staatsbehörde. Im übertragenen Wirkungskreis findet gegenüber der kreisfreien Stadt eine Fachaufsicht statt. Fachaufsichtsbehörde ist regelmäßig nach Art. 115 Abs. 1 S. 2, 110 S. 2 GO ebenfalls die Regierung.

IV. Aufgabendifferenzierung bei Landkreisen und Bezirken

Das **dualistische Aufgabensystem** beherrscht auch die beiden überörtlichen Gebietskörper- **77** schaften Landkreis und Bezirk, Art. 4 Abs. 2 LKrO, Art. 4 Abs. 2 BezO. Im Unterschied zur Gemeinde verhält es sich lediglich so, dass Landkreis und Bezirk als künstlich geschaffene überörtliche Aufgabenträger **keinen universalen eigenen Wirkungskreis** (Selbstverwaltungsangelegenheiten) kennen, sondern dass auch dieser gesetzlich bestimmt wird, Art. 10 Abs. 2 BV.[18] Zu verweisen ist hier auf Art. 51 LKrO und Art. 48 BezO. Auch die übertragenen Angelegenheiten werden den Gebietskörperschaften qua Gesetz zugewiesen. Hier ist besonders darauf zu achten, dass der Erlass von Verordnungen seitens Landkreis und Bezirk wegen der gesetzlichen Bestimmung in Art. 42 Abs. 1 S. 2 LStVG stets eine Angelegenheit des übertragenen Wirkungskreises ist.

---

18 *Bauer/Böhle/Ecker* Art. 4 LKrO Rn. 1, 6.

V.   Übungsfall Nr. 1

78   „Im Behördendschungel – Wer kennt sich aus?"

A zieht Anfang des Jahres 2015 in die kreisangehörige Stadt Königsbrunn (Landkreis Augsburg). Er erkundigt sich im Folgenden, wer für seine anstehenden Verfahren der

- Erteilung einer Baugenehmigung für sein geplantes Einfamilienhaus,
- Verlängerung seines Personalausweises
- Wasserentnahme aus dem Lochbach
- Befreiung vom Anschlusszwang an die gemeindliche Kanalisation

zuständig ist. In welchem Wirkungskreis wird die Gemeinde jeweils tätig?

Abwandlung: Was würde sich ändern, wenn A in eine kreisfreie Stadt bzw. Große Kreisstadt gezogen wäre?

Rechtsschutz: Sofern A die beantragten Gestattungen nicht erhält – wen muss er mit welcher Klage jeweils verklagen?

79   **Lösung**

I.   Grundkonstellation

1.   Erteilung einer Baugenehmigung für Bauprojekt in kreisangehöriger Gemeinde

Die Zuständigkeit ist nach Art. 53 Abs. 1 BayBO zu beurteilen. Zuständig ist die jeweils örtlich zuständige Kreisverwaltungsbehörde, Art. 37 Abs. 1 S. 2 LKrO, d.h. bei örtlicher Belegenheit im Landkreis Augsburg das Landratsamt Augsburg. Dieses wird – was Art. 54 Abs. 1 S. 1 BayBO nochmals klarstellt – als Staatsbehörde tätig. Auf Wirkungskreise ist bei Staatsbehörden nicht einzugehen!

2.   Verlängerung des Personalausweises

Die Zuständigkeit ist hier geregelt im Gesetz zur Ausführung des Paßgesetzes und des Personalausweisgesetzes.[19] Nach Art. 1 Abs. 1 AGPaßPAuswG[19] sind die Gemeinden sachlich zuständig; sie werden hierbei im übertragenen Wirkungskreis tätig.

3.   Wasserentnahme aus dem Lochbach

Die Zuständigkeit in Wasserrechtsangelegenheiten ist in Art. 63 Abs. 1 des Bayerischen Wassergesetzes (BayWG[20]) geregelt. Nach Art. 63 Abs. 1 S. 1, 2 BayWG ist die Kreisverwaltungsbehörde für eine wasserrechtliche Gestattung zuständig. Dies führt nun wiederum zur Vorschrift des Art. 37 Abs. 1 S. 2 LKrO, d.h. auch hier ist das Landratsamt

Augsburg zur Entscheidung berufen. Wie Art. 63 Abs. 1 S. 1 BayWG normiert, ist der Vollzug der Wassergesetze Aufgabe des Staates.

4.   Befreiung vom gemeindlichen Anschlusszwang (Kanalisation)

Da es um die Befreiung von der Benutzung einer öffentlichen Einrichtung (Art. 21 GO) geht und die gemeindliche Abwasserbeseitigung Pflichtaufgabe der Gemeinde nach Art. 34 Abs. 1 S. 1 BayWG ist, ist die Gemeinde zur sachlichen Entscheidung berufen. Sie entscheidet überdies nach Art. 24 Abs. 1 Nr. 2 GO über den Anschlusszwang an die gemeindliche Abwasserbeseitigung; die begehrte Befreiung stellt hierzu den actus contrarius dar. Die Gemeinde wird, da eine örtliche Angelegenheit in Streit steht, hierbei im eigenen Wirkungskreis tätig. Dies bestätigt auch die gesetzliche Regelung in Art. 34 Abs. 1 S. 2 BayWG.

II.   Abwandlung

1.   Kreisfreie Stadt

Sofern A in eine kreisfreie Stadt zieht, besteht nun die Besonderheit, dass kein Landratsamt für dieses Stadtgebiet existiert. Nach Art. 9 Abs. 1 GO erfüllt die kreisfreie Stadt nun alle Aufgaben, die sonst vom Landratsamt als unterer staatlicher Verwaltungsbehörde wahrzunehmen sind. Damit obliegen auch die Erteilung der Baugenehmigung und einer wasserrechtlichen Gestattung anders als in der Grundkonstellation jetzt der kreisfreien Stadt

---

19 *Ziegler/Tremel* Nr. 550.
20 *Ziegler/Tremel* Nr. 930.

als zusätzliche Aufgaben. Sie erfüllt diese nach Art. 9 Abs. 1 GO im übertragenen Wirkungskreis. Für die Baugenehmigung stellt Art. 54 Abs. 1 Hs. 2 BayBO dies nochmals klar.

2. Große Kreisstadt

Sofern A in eine Große Kreisstadt zieht, gilt es jetzt Art. 9 Abs. 2 GO zu beachten. Anders als die kreisfreie Stadt erfüllt die Große Kreisstadt im übertragenen Wirkungskreis nur mehr die Aufgaben des unteren staatlichen Landratsamtes, die ihr durch die Verordnung über die Aufgaben Großer Kreisstädte (GrKrV[21]) gesetzlich übertragen wurden. Dies gilt demnach gemäß § 1 Abs. 1 Nr. 1 GrKrV für die Erteilung der beantragten Baugenehmigung. Für die Wasserentnahme verbleibt es mangels Einschlägigkeit von § 1 Abs. 1 Nr. 2 GrKrV bei der Regelzuständigkeit des Landratsamtes nach Art. 63 Abs. 1 S. 1, 2 BayWG.

III. Rechtsschutz in der Grundkonstellation

1. Versagung der Baugenehmigung

Bei Versagung der Baugenehmigung muss A mittels einer Versagungsgegenklage (Verpflichtungsklage), § 42 Abs. 1 Alt. 2 VwGO gegen den Freistaat Bayern vorgehen, da die Entscheidung von einer Staatsbehörde getroffen wurde. Rechtsträger des Landratsamtes in seiner Funktion als Kreisverwaltungsbehörde ist hierbei der Freistaat Bayern.

2. Versagung des Personalausweises

Bei Versagung des Personalausweises ist ebenfalls Rechtsschutz über eine Verpflichtungsklage zu suchen. Diese ist nun, da die Gemeinde/Stadt sachlich entschieden hat, gegen diese selbst zu richten. Dass die Gemeinde/Stadt hierbei im übertragenen Wir-

---

21 *Ziegler/Tremel* Nr. 284.

kungskreis tätig geworden ist, ist für die Frage der Passivlegitimation irrelevant!

3. Versagung der Wasserentnahme

Bei der Wasserentnahme ist bei negativer Verbescheidung wiederum mit einer Verpflichtungsklage (Versagungsgegenklage) gegen den Freistaat Bayern vorzugehen, da das Landratsamt als Kreisverwaltungsbehörde gehandelt hat.

4. Befreiung vom Anschlusszwang

Wenn A die Befreiung vom Anschlusszwang gerichtlich durchsetzen will, muss er mit einer Verpflichtungsklage (Versagungsgegenklage) gegen die Gemeinde/Stadt selbst vorgehen. Diese hat als ihr eigener Rechtsträger nach Art. 1 GO die Entscheidung getroffen.

IV. Rechtsschutz in der Abwandlung

1. Kreisfreie Stadt

Sofern eine kreisfreie Stadt tätig geworden ist, ist in allen Konstellationen die kreisfreie Stadt selbst zu verklagen. Dies gilt unabhängig von den jeweils berührten Wirkungskreisen. Die kreisfreie Stadt nimmt in Bau- und Wasserangelegenheiten nur funktional eine an sich materiell-inhaltliche Staatsaufgabe wahr. Sie wird aber niemals selbst zur Staatsbehörde, sondern bleibt stets ihr eigener Rechtsträger.

2. Große Kreisstadt

Sofern die Große Kreisstadt selbst zur Entscheidung aufgerufen ist (Bausache, Personalausweis, Befreiung vom Anschlusszwang), ist die Große Kreisstadt als eigener Rechtsträger unabhängig von den Wirkungskreisen selbst zu verklagen. Bei der Wasserentnahme verbleibt es bei der Zuständigkeit der Kreisverwaltungsbehörde, Art. 37 Abs. 1 S. 2 LKrO. Richtiger Beklagter ist folglich wiederum der Freistaat Bayern.

4. Teil
Organe der Gemeinde und deren Aufgaben

Art. 29 ff.

80 Juristische Personen des öffentlichen Rechts sind zwar **rechtsfähig**, sie sind aber als solche **nicht handlungsfähig**. Um rechtserhebliche Handlungen ausführen zu können, bedürfen sie des Handelns durch **Organe**.[1]

81 Das jeweilige Organ wiederum handelt durch die dahinter stehende Person, den so genannten Organwalter. Das jeweilige Organ ist hierbei eine organisatorisch selbstständige Einrichtung, die unabhängig vom Wechsel des Organwalters besteht.[2]

Art. 29 GO bestimmt, dass die Gemeinde durch den Gemeinderat verwaltet wird, soweit nicht der erste Bürgermeister selbstständig entscheidet. Die GO geht damit auf gemeindlicher Ebene vom Bestehen zweier **Hauptorgane** – erster Bürgermeister und Gemeinderat – aus.

Ausschüsse (Art. 30 Abs. 2, 32 GO) können demnach nur die Funktion von **Hilfsorganen** besitzen.[3]

A. Der erste Bürgermeister

I. Rechtsstellung und Begrifflichkeiten

82 Der erste Bürgermeister, der nach Art. 34 Abs. 1 S. 2 GO in Großen Kreisstädten und kreisfreien Gemeinden die Bezeichnung Oberbürgermeister trägt, wird nach Art. 41 Abs. 1, 42 Abs. 1 GLKrWG für die Dauer von sechs Jahren gewählt. Der erste Bürgermeister ist stets **Beamter der Gemeinde**, Art. 34 Abs. 1 S. 1 GO. In Gemeinden mit mehr als 10 000 Einwohnern, in Großen Kreisstädten und in kreisfreien Gemeinden ist der erste Bürgermeister berufsmäßiger Bürgermeister, Art. 34 Abs. 1 S. 3, 34 Abs. 2 S. 1 GO. In kleineren Gemeinden (mit bis zu höchstens 10 000 Einwohnern) gibt das Gesetz der Gemeinde in Art. 34 Abs. 2 GO die Möglichkeit die Rechtsstellung des ersten Bürgermeisters als berufsmäßige oder ehrenamtliche auszugestalten.

83 Der erste Bürgermeister ist nach Art. 31 Abs. 1 GO **kein Gemeinderatsmitglied** (Art. 31 Abs. 2 GO), sondern lediglich zwingendes **Mitglied des Gemeinderats**.[4]

> **Hinweis**
>
> Prägen Sie sich an dieser Stelle bereits diese Differenzierung in der Terminologie ein. Sie hilft Ihnen später bei der Klärung der Frage, welche Normen der GO in den Art. 45 ff. auf den ersten Bürgermeister direkte Anwendung finden bzw. wann Sie eine Analogie erwägen müssen.

---

1 *Lissack* § 4 Rn. 1, § 1 Rn. 37.
2 *Lissack* § 4 Rn. 1.
3 *Lissack* § 4 Rn. 2.
4 *Lissack* § 4 Rn. 14.

JURIQ-Klausurtipp

Beachten Sie diese Bezeichnungen insbesondere bei der Prüfung der Normen des gemeindlichen Geschäftsgangs, Art. 47 ff. GO. Spricht die GO nur von „Mitglied" sind damit sowohl der erste Bürgermeister, als auch die Gemeinderatsmitglieder gemeint und die Norm daher in beiden Fällen anwendbar. Verwendet die GO dagegen nur den Terminus „Gemeinderatsmitglieder", wird der erste Bürgermeister von dieser Norm nicht erfasst und es ist eine analoge Anwendung anzudenken.

Daneben wählt der Gemeinderat aus seiner Mitte einen oder zwei weitere Bürgermeister, Art. 35 Abs. 1 S. 1 GO. Deren Bedeutung liegt im Rahmen der Vertretung nach Art. 39 Abs. 1 S. 1 GO.   **84**

Hinweis

Stellvertretung des ersten Bürgermeisters:

Art. 39 Abs. 1 GO regelt die allgemeine Stellvertretung im Verhinderungsfall (Verhinderungsstellvertretung). Die weiteren Bürgermeister nach Art. 35 Abs. 1 GO vertreten den ersten Bürgermeister in ihrer Reihenfolge. Im Vertretungsfall gehen sämtliche Kompetenzen des ersten Bürgermeisters auf seinen Stellvertreter nach Art. 39 Abs. 1 GO über.[5] Für die Beschlussfassung besteht hier die weitere Sondervorschrift des Art. 36 S. 2 GO.

Beispiel   Da im Vertretungsfall sämtliche Kompetenzen auf den Vertreter übergehen, ist es z.B. auch ausgeschlossen bzw. unwirksam, wenn sich der erste Bürgermeister bestimmte, aus seiner Sicht wichtige Entscheidungen vorbehält bzw. eine Entscheidung in seiner Abwesenheit untersagt. ◼

Daneben bestimmt Art. 39 Abs. 2 GO die so genannte Entlastungsstellvertretung. Diese setzt jeweils eine ausdrückliche Übertragung einer Befugnis voraus.

II. Aufgaben des ersten Bürgermeisters

Zunächst ist der erste Bürgermeister echtes Willensbildungsorgan der Gemeinde.   **85**

1. Laufende Angelegenheiten

Nach Art. 37 Abs. 1 Nr. 1 GO erledigt der erste Bürgermeister in eigener Zuständigkeit die laufenden Angelegenheiten der Gemeinde.   **86**

Laufende Angelegenheiten sind solche Angelegenheiten, die für die Gemeinde keine grundsätzliche Bedeutung haben und keine erheblichen Verpflichtungen erwarten lassen.

---

5 *Bauer/Böhle/Ecker* Art. 39 Rn. 2.

87 Diese Voraussetzungen müssen **kumulativ** erfüllt sein. Die Zuständigkeit beurteilt sich damit danach, ob es sich um eine häufig wiederkehrende Routineangelegenheit in der jeweiligen Gemeinde handelt.[6] Abzustellen ist dabei auf die Größe, Struktur und Verwaltungskraft der jeweiligen Gemeinde.

Beispiele Laufende Angelegenheiten sind z.B. der Ankauf von Bürobedarf; der Erlass von im Wesentlichen gleichlautenden Abgabebescheiden; die Führung von Passivprozessen (Gemeinde als Beklagte).

Keine laufenden Angelegenheiten sind personalrechtliche Angelegenheiten; Verkauf und Ankauf von Grundstücken; Einzelentscheidungen zur Zulassung einzelner Schausteller bei Volksfesten bei Kapazitätserschöpfung; Planungsentscheidungen der Gemeinde; Verfügung von Obdachloseneinweisungen sowie die Führung von Aktivprozessen (Gemeinde als Klägerin). ■

88 Hinzuweisen ist darauf, dass der Gemeinderat für die laufenden Angelegenheiten des Art. 37 Abs. 1 Nr. 1 GO **mit konstitutiver Wirkung** Richtlinien aufstellen kann.[7] Diese Richtlinien unterliegen insoweit dem Normenkontrollverfahren nach § 47 Abs. 1 Nr. 2 VwGO, Art. 5 AGVwGO. Art. 37 Abs. 1 Nr. 2 und 3 GO sind von geringer praktischer Relevanz.

2. Übertragung weiterer Angelegenheiten

89 Gemäß Art. 37 Abs. 2 GO kann der Gemeinderat dem ersten Bürgermeister durch die Geschäftsordnung weitere Angelegenheiten **konstitutiv** zur selbstständigen Erledigung übertragen.[8] Zu beachten ist hierbei das Übertragungsverbot für Satzungen generell und für Angelegenheiten, die nach Art. 32 Abs. 2 S. 2 GO nicht auf beschließende Ausschüsse übertragen werden können. Ein **Rückholrecht** des Gemeinderats im **Einzelfall** wird durch Art. 37 Abs. 2 S. 2 GO ausgeschlossen.

90 Der Gemeinderat kann dem ersten Bürgermeister z.B. die Erledigung von Rechtsgeschäften bis zu einer bestimmten Geldsumme zur selbstständigen Wahrnehmung übertragen.

3. Dringliche Anordnungen und unaufschiebbare Geschäfte

91 Gemäß Art. 37 Abs. 3 S. 1 GO ist der erste Bürgermeister befugt, anstelle des Gemeinderats dringliche Anordnungen (Einzelfallentscheidung; Verwaltungsakt, Art. 35 BayVwVfG) zu treffen und unaufschiebbare Geschäfte zu besorgen. Dies sind Angelegenheiten, bei denen nicht zugewartet werden kann, bis der Gemeinderat zur Beschlussfassung zusammen tritt.[9]

92 Ein Recht zur Normsetzung ist aus Art. 37 Abs. 3 S. 1 GO nicht ableitbar. Für Verordnungen besteht insoweit die Kompetenz des Art. 42 Abs. 2 LStVG.[10] Zu beachten gilt es auch, dass die Erhebung einer verwaltungsgerichtlichen Klage (bzw. eines eventuell vorgeschalteten Widerspruchs) keine dringliche Angelegenheit im Sinne von Art. 37 Abs. 3 S. 1 GO darstellt. Da

---

6 *Bauer/Böhle/Ecker* Art. 37 Rn. 3 ff.

7 *BayVGH* BayVBl 2006, 370 ff.

8 *Bauer/Böhle/Ecker* Art. 37 Rn. 11.

9 *Hölzl/Hien/Huber* Art. 37 Anm. IV; *BayVGH* Beschluss vom 13.8.2014, BayVBl. 2015, 91 ff.

10 *Lissack* § 4 Rn. 25; *Knemeyer* 5. Kap. Rn. 243, 244; a.A. *Bauer/Böhle/Ecker* Art. 37 Rn. 13.

gesetzlich in §§ 74 Abs. 1, Abs. 2, 68 Abs. 1 S. 1 VwGO eine Frist von zumindest einem Monat eingeräumt ist, ist die Angelegenheit der Beschlussfassung über die Klageerhebung/Widerspruch niemals dringlich. Im Rahmen der gesetzlichen Fristen ist es stets möglich, den Gemeinderat als zuständiges Organ einzuberufen. Sofern der erste Bürgermeister mit der Einberufung bis zum Ablauf der Klagefrist zuwartet, ist die nun zwar eingetretene Dringlichkeit der Angelegenheit selbst verschuldet und kann keine Eilkompetenz nach Art. 37 Abs. 3 S. 1 GO begründen.

Beispiel Der erste Bürgermeister beobachtet eines Abends Bauarbeiten an einem stadtbekannt einsturzgefährdeten Gebäude. Er verfügt einen sofortigen Stopp der Bauarbeiten. Eine Kompetenz kommt ihm aus Art. 37 Abs. 3 S. 1 GO zu, da es sich um eine dringliche Angelegenheit handelt, die keinen Aufschub duldet und die Gemeinde nach Art. 6 LStVG auch zuständige unterste Sicherheitsbehörde ist (Verbandskompetenz). ■

4. Ratsvorsitzender und Vollzugsorgan der Ratsbeschlüsse

Der erste Bürgermeister führt den Vorsitz im Gemeinderat, Art. 36 S. 1 GO. Gleiches gilt im **93** Regelfall für die Ausschüsse, Art. 33 Abs. 2 GO.

Der erste Bürgermeister ist **Vollzugsorgan** für Beschlüsse des Gemeinderats, Art. 36 S. 1 GO. **94**

In diesem Zusammenhang zu sehen ist auch das **Beanstandungsrecht** und die **Beanstan- 95 dungspflicht aus Art. 59 Abs. 2 GO**. Sofern der erste Bürgermeister Beschlüsse des Gemeinderats bzw. von beschließenden Ausschüssen für rechtswidrig erachtet, hat er sie **zwingend** zu beanstanden und im Vollzug auszusetzen und gegebenenfalls der Rechtsaufsichtsbehörde (Art. 110 GO) zur Entscheidung (bloßes Rechtsgutachten der Aufsichtsbehörde zur Beseitigung der gemeindeinternen Unsicherheit) vorzulegen.[11]

> ### Hinweis
>
> Prägen Sie sich bitte gut den sachlichen Zusammenhang zwischen dem Vollzugsrecht aus Art. 36 S. 1 GO und der Pflicht zur Aussetzung und Vorlage von für rechtswidrig erachteten Beschlüssen aus Art. 59 Abs. 2 GO ein und kommentieren Sie sich diese wechselseitig in Ihr Gesetz.

Nach Art. 46 Abs. 1 S. 1 GO leitet und verteilt der erste Bürgermeister die Geschäfte der **96** Gemeinde. Daneben bereitet er nach Art. 46 Abs. 2 S. 1 GO die Beratungsgegenstände vor (Sitzungsvorbereitung).

5. Hausrecht und Dienstaufsicht

Der erste Bürgermeister übt weiter das **Hausrecht** nach Art. 53 Abs. 1 S. 1 GO aus und ist **97** nach Art. 53 Abs. 1 S. 2 GO berechtigt, Zuhörer, welche die Ordnung stören, entfernen zu lassen. Auch kann er mit Zustimmung des Gemeinderats Mitglieder unter bestimmten Voraussetzungen von der Sitzung ausschließen (Art. 53 Abs. 1 S. 3, Abs. 2 GO).

---

11 *Bauer/Böhle/Ecker* Art. 59 Rn. 4.

98 Schließlich ist der erste Bürgermeister zur Dienstaufsicht über Beamte, Angestellte und Arbeiter der Gemeinde berufen, Art. 37 Abs. 4 GO.

III. Außenvertretungsrecht

99 Problematisch ist das Außenvertretungsrecht des ersten Bürgermeisters aus Art. 38 Abs. 1 GO. Nach h.M. handelt es sich hierbei um ein bloßes **Vertretungsrecht formaler Natur**, das aber keine entsprechende **Vertretungsmacht** einräumt (str.).[12] Sofern also der erste Bürgermeister ein Geschäft tätigt, welches in den Kompetenzbereich des Gemeinderats fällt (Art. 29 GO), so handelt der erste Bürgermeister als **Vertreter ohne Vertretungsmacht** (falsus procurator). Die Wirkungen seines eigenmächtigen Handelns bestimmen sich in der Folge danach, welchen Rechtsakt der erste Bürgermeister getroffen hat. Ein erlassener Verwaltungsakt ist rechtswidrig, eine Satzung/Verordnung nichtig, ein öffentlicher bzw. privatrechtlicher Vertrag schwebend unwirksam Art. 62 S. 2 BayVwVfG, § 177 BGB entsprechend bzw. § 177 BGB direkt. Eine eigenmächtige Klageerhebung des ersten Bürgermeisters wird gem. § 173 VwGO in Verbindung mit § 89 ZPO entsprechend ebenfalls für schwebend unwirksam erachtet (kann aber nach h.M. auch noch nach Ablauf der Klagefrist vom zuständigen Organ genehmigt werden).[13] Besonders problematisch wird es in Fällen, in denen der erste Bürgermeister ohne entsprechende Beschlussgrundlage das gemeindliche Einvernehmen (§ 36 BauGB), welches nach seiner Rechtsnatur bloßes Verwaltungsinternum ist, zu einem Bauvorhaben verweigert.[14]

> **Hinweis**
>
> Das Formerfordernis des Art. 38 Abs. 2 GO
>
> Mit Ausnahme von ständig wiederkehrenden Geschäften des täglichen Lebens, die finanziell von unerheblicher Bedeutung sind (Alltagsgeschäfte), bedürfen Erklärungen, durch welche die Gemeinde verpflichtet werden soll, zwingend der Schriftform. Art. 38 Abs. 2 GO ist in Ermangelung gesetzgeberischer Kompetenz keine Formvorschrift bürgerlichen Rechts. Es liegt eine ausschließlich öffentlich-rechtlich zu beachtende Formvorschrift vor; für den Bereich zivilrechtlicher Erklärungen ist Art. 38 Abs. 2 GO als Einschränkung der Vertretungsmacht zu sehen.[15] Hieraus ergibt sich, dass öffentlich-rechtliche Erklärungen, die Art. 38 Abs. 2 GO nicht genügen,[16] nichtig sind, während für zivilrechtliche Erklärungen § 177 BGB gilt (schwebende Unwirksamkeit).

12 *BayVGH* Beschluss vom 31.8.2011, BayVBl 2012,177 ff.; *BayVGH* Beschluss vom 20.10.2011, BayVBl 2012, 341; *OLG München* vom 18.6.2010, Az.: 34 Wx 65/10; juris; kritisch zu dieser Rechtsprechung *Bauer/Böhle/Ecker* Art. 38 Rn. 3 zum Streitstand; *Widtmann/Grasser/Glaser*, Art. 38 Rn. 3.

13 *Bauer/Böhle/Ecker* Art. 38 Rn. 5.

14 Vgl. hierzu *VG Augsburg* Urteil vom 22.11.2012, Az.: Au 5 K 11.1754; juris; *BayVGH* Beschluss vom 27.5.2014, NVwZ-RR 2014, 693.

15 *BGH* BayVBl 1967, 277 ff.

16 *Kopp/Ramsauer* § 44 Rn. 25.

s. Schema Vorlesung

Prüfungsreihenfolge bei eigenständigem Handeln des ersten Bürgermeisters

I. Art. 37 Abs. 1 Nr. 1 GO Laufende Angelegenheit

II. Art. 37 Abs. 2 GO Konstitutive Übertragung durch Geschäftsordnung

III. Art. 37 Abs. 3 GO Dringliche Angelegenheit

IV. Art. 38 Abs. 1 GO Außenvertretungsrecht, welches aber nur formelles Vertretungsrecht darstellt, nicht aber eine entsprechende Vertretungsmacht verleiht (str.)

JURIQ-Klausurtipp

Denken Sie bei gemeindlichem Handeln bei Prüfung der Zuständigkeit an die gebotene Zweiteilung zwischen Verbands- und Organkompetenz. Sofern der erste Bürgermeister gehandelt hat, beginnen Sie Ihre Prüfung mit der Erörterung von Art. 37 Abs. 1 Nr. 1 GO, gehen im Anschluss kurz auf die Art. 37 Abs. 2 und 37 Abs. 3 GO ein. Schließlich legen Sie dar, dass Art. 38 Abs. 1 GO nur ein formelles Vertretungsrecht, aber keine inhaltliche Vertretungsmacht schafft (so die noch h.M. in Bayern). Sofern kein Fall von Art. 37 GO einschlägig ist, handelt der erste Bürgermeister ohne Kompetenz; sein Handeln ist rechtswidrig, da folglich der Gemeinderat bzw. ein beschließender Ausschuss organkompetent ist.

B. Der Gemeinderat

I. Zusammensetzung des Gemeinderats

Der Gemeinderat wird ebenfalls für die Dauer von 6 Jahren gewählt, Art. 23 Abs. 1 GLKrWG. **100**

> **Der Gemeinderat** ist nach Art. 30 Abs. 1 S. 1 GO das Vertretungsorgan der Gemeindebürger.

Gemäß Art. 31 Abs. 1 GO besteht der Gemeinderat aus dem ersten Bürgermeister und den **101** Gemeinderatsmitgliedern. Der erste Bürgermeister ist (geborenes) Mitglied des Gemeinderats, nicht aber Gemeinderatsmitglied. Wie viele ehrenamtliche Gemeinderatsmitglieder eine Gemeinde hat, bestimmt sich nach Art. 31 Abs. 2 GO.

Lediglich für die Städte Nürnberg und München wurde eine gesetzliche Zahl an Stadtratsmitgliedern festgelegt, Art. 31 Abs. 2 S. 3 GO.

> **Hinweis**
>
> Sie sehen auch an der vom Gesetz vorgenommenen Differenzierung in Art. 31 Abs. 1 und 2 GO, dass der erste Bürgermeister kein Gemeinderatsmitglied ist, sondern eben (geborenes) Mitglied des Gemeinderats.

Beispiel Wenn eine kreisangehörige Gemeinde 2500 Einwohner zählt, umfasst der Gemeinderat 14 Gemeinderatsmitglieder und zusätzlich den ersten Bürgermeister, Art. 31 Abs. 1, Abs. 2 GO. ■

> **JURIQ-Klausurtipp**
>
> Beachten Sie in Klausuren stets, dass sich aus Art. 31 Abs. 1 und Abs. 2 eine ungerade Zahl von Mitgliedern des Gemeinderats ergeben muss. Dies vor dem Hintergrund, dass sich bei Abstimmungen im Gemeinderat eine Mehrheit ergeben muss, Art. 51 Abs. 1 S. 1 GO.

102 Einen **Ausschlussgrund** für die Funktion als ehrenamtliches Gemeinderatsmitglied schafft Art. 31 Abs. 3 GO. Danach können insbesondere Beamte und leitende oder hauptberufliche Angestellte der Gemeinde nicht gleichzeitig Gemeinderatsmitglied sein (Art. 31 Abs. 3 S. 1 Nr. 1 GO).

II. Aufgaben des Gemeinderats

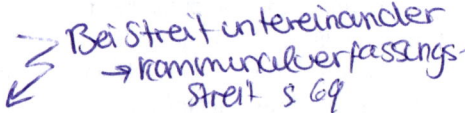
Bei Streit untereinander → kommunalverfassungs- Streit § 69

103 Ausgehend von Art. 29 GO und Art. 30 Abs. 2 GO lässt sich die Zuständigkeit des Gemeinderats nur **negativ bestimmen**.

104 Der Gemeinderat ist nur dann zur **Willensbildung** aufgerufen, wenn keine Zuständigkeit des ersten Bürgermeisters nach Art. 37 GO bzw. eines beschließenden Ausschusses nach Art. 32, 88 GO gegeben ist.

105 Daneben hat der Gemeinderat nach Art. 30 Abs. 3 GO die Befugnis, die gesamte Gemeindeverwaltung und die Ausführung seiner Beschlüsse (Vollzugsorgan ist nach Art. 36 S. 1 GO der erste Bürgermeister) zu überwachen.

106 Weiter kann der Gemeinderat nach Art. 32 Abs. 3 S. 1 GO Entscheidungen beschließender Ausschüsse **nachprüfen** und nach Art. 32 Abs. 5 GO Ausschüsse jederzeit auflösen. Dem Gemeinderat wird aus dieser Kompetenz zur Auflösung von Ausschüssen auch ein **Rückholrecht im Einzelfall** bezüglich einer Entscheidung in Ausschüssen eingeräumt.[17]

Beispiel Wenn der Gemeinderat einen Bauausschuss zur Behandlung baurechtlicher Angelegenheiten gebildet hat, ist es nicht ausgeschlossen, dass der Gemeinderat sich z.B. die Entscheidung für einen als besonders wichtig erachteten Bebauungsplan im Einzelfall wieder an sich zieht. Wenn der Gemeinderat nach Art. 32 Abs. 5 GO beschließende Ausschüsse jederzeit wieder auflösen kann, muss es ihm erst recht möglich sein, die hinter der Auflösung zurückbleibende Einzelfallentscheidung „zurückzuholen". ■

---

17 *Bauer/Böhle/Ecker* Art. 32 Rn. 8; *Hölzl/Hien/Huber* Art. 32 Anm. II 5.

III. Rechtsstellung ehrenamtlicher und berufsmäßiger Gemeinderatsmitglieder

Ehrenamtliche Gemeinderatsmitglieder üben ein Ehrenamt nach Art. 19 GO aus. Sie können damit aus den Gründen des Art. 19 Abs. 2 GO abberufen werden. **107**

Das ehrenamtliche Gemeinderatsmitglied hat folgende wesentliche **Mitgliedschaftsrechte** (Organrechte): **108**

Aus Art. 48 Abs. 1 S. 1, S. 2 GO korrespondiert zur Anwesenheits- und Abstimmungsverpflichtung, ein Teilnahmerecht (auch ein Recht auf Ladung zur Sitzung und auf Abstimmung) an der gemeindlichen Sitzung.[18] Daneben hat das Gemeinderatsmitglied ein Antragsrecht (auch auf Aufnahme von Tagesordnungspunkten in die Tagesordnung der Sitzung).[19] Weiter besteht ein Anspruch auf Entschädigung, Art. 20a GO.

Wesentliche **Pflichten** sind die Verpflichtung aus Art. 48 Abs. 1 S. 1 GO, an den Sitzungen und Abstimmungen teilzunehmen. Kein Mitglied darf sich nach Art. 48 Abs. 1 S. 2 GO der Stimme enthalten. Daneben bestimmt Art. 20 Abs. 2 GO die Pflicht zur Verschwiegenheit. **109**

Art. 40 GO eröffnet für bestimmte größere Gemeinden die Möglichkeit berufsmäßige Gemeinderatsmitglieder zu wählen. Diese haben nach Art. 40 S. 2 GO in den Sitzungen von Gemeinderat und Ausschüssen nur beratende, nicht aber beschließende Stimme. **110**

Art. 50 GO

> **JURIQ-Klausurtipp**
>
> Damit kann auch die Nichtladung eines berufsmäßigen Gemeinderatsmitglieds nicht die Unwirksamkeit des gefassten Beschlusses zur Folge haben. Die Beschluss(!)fähigkeit des Gemeinderats wird nicht in Frage gestellt.

IV. Ausschüsse

Ausschüsse (Art. 32 GO) sind von der GO zur Entlastung des Gemeinderats vorgesehen. Sie stellen nach Art. 33 Abs. 1 S. 2 GO ein **verkleinertes Spiegelbild** des Hauptorgans Gemeinderat dar.[20] **111**

Da sie ihre Kompetenz ausschließlich vom Hauptorgan „Gemeinderat" ableiten, haben sie auf der Ebene der Gemeinde nur die Funktion eines **Hilfsorgans**. **112**

> **Hinweis**
>
> Auf der überörtlichen Ebene von Landkreis und Bezirk wird mit dem Kreisausschuss (Art. 22, 26 S. 1 LKrO) und dem Bezirksausschuss (Art. 21, 25 S. 1 BezO) jeweils ein ständiger Ausschuss als weiteres Hauptorgan geschaffen.

Art. 60 II GO

---

18 *Knemeyer* 5. Kap. Rn. 212; *Lissack* § 4 Rn. 80.

19 *Lissack* § 4 Rn. 81.

20 *Lissack* § 4 Rn. 90.

113   Angelegenheiten, für die der erste Bürgermeister originär zuständig ist, Art. 37 GO, können **nicht** auf einen (beschließenden) Ausschuss übertragen werden.

114   Das Gesetz unterscheidet nun weiter zwischen **vorberatenden Ausschüssen**, denen keine Willensbildung zukommt, Art. 32 Abs. 1 GO und **beschließenden Ausschüssen**, die die ihnen übertragenen Angelegenheiten nach Art. 32 Abs. 3 GO anstelle des Gemeinderats erledigen.

> ### JURIQ-Klausurtipp
>
> In Klausuren begegnen Ihnen regelmäßig nur beschließende Ausschüsse. Die Vorberatung ohne entsprechende Überprüfung einer Beschlussfassung ist klausurtechnisch uninteressant.

115   In drei Fällen sind Ausschüsse für die Gemeinde unter weiteren Voraussetzungen **zwingend einzurichten**. Bei Bestimmung einer Ferienzeit, ist nach Art. 32 Abs. 4 S. 2 GO ein Ferienausschuss zu bilden; unterhält die Gemeinde einen Eigenbetrieb nach Art. 88 GO, so hat sie einen Werkausschuss nach Art. 88 Abs. 2 GO zu bestellen. Schließlich ist in Gemeinden mit mehr als 5000 Einwohnern ein Rechnungsprüfungsausschuss zu bilden, Art. 103 Abs. 2 GO.[21]

116   Auf den Geschäftsgang bei der Willensbildung in beschließenden Ausschüssen findet Art. 55 Abs. 2 GO Anwendung, der auf die Regelungen im Gemeinderat, Art. 45 ff. GO verweist.

> ### Hinweis
>
> Machen Sie es sich an dieser Stelle einfach. Erarbeiten Sie im Folgenden den Geschäftsgang im Organ „Gemeinderat". Dann sind Sie auch für eine Klausur im Bereich der kommunalen Ausschüsse gut aufgestellt. Sie müssen dann lediglich die Norm des Art. 55 Abs. 2 GO kennen und Ihr erarbeitetes Wissen übertragen.

> ### JURIQ-Klausurtipp
>
> Infolge der Verweisungsnorm in Art. 55 Abs. 2 GO müssen Sie den Geschäftsgang in den Ausschüssen nicht gesondert erarbeiten. Es finden hier die Normen der Art. 47 ff. GO entsprechende Anwendung, vgl. Rn. 125 ff.

117   Ein **vorberatender** Ausschuss verdrängt den Gemeinderat nicht in dessen Willensbildung. Er hat nur **vorbereitende Funktion**.

118   Ein **beschließender** Ausschuss erledigt nach Art. 30 Abs. 2, 32 Abs. 3 S. 1 GO die Angelegenheiten anstelle des originär zuständigen Gemeinderats.

119   Der Gemeinderat, der Ausschüsse auch jederzeit auflösen kann (Art. 32 Abs. 5 GO), hat allerdings nach Art. 32 Abs. 3 S. 1 GO ein **Nachprüfungsrecht** und nach h.M. auch ein **Rückholrecht** der Entscheidung im Einzelfall (arg.: wenn das Gesetz den Gemeinderat zur Auflösung von Ausschüssen ermächtigt, kann er als Minus auch die einzelne Entscheidung erneut an sich ziehen; weiteres Argument: Gegenschluss aus Art. 37 Abs. 2 S. 2 GO, der ein Rückholrecht in den dort genannten Fällen explizit ausschließt).[22]

---

21   Vgl. *Streinz* BayVBl 1983, 710 ff.
22   *Bauer/Böhle/Ecker* Art. 32 Rn. 8.

Art. 32 Abs. 2 S. 2 GO bestimmt in einem abschließenden Katalog nun, welche Angelegenhei- **120**
ten **nicht** vom Gemeinderat auf beschließende Ausschüsse übertragen werden können.
Besonders bedeutsam sind hierbei die Nrn. 1, 2 von Art. 32 Abs. 2 S. 2 GO.

> **JURIQ-Klausurtipp**
>
> Beliebt in Klausuren ist die Frage, wer in Gemeinden, die einen Bauausschuss gebildet haben,
> für den Erlass von Flächennutzungsplan und Bebauungsplan zuständig ist. Für den Flächen-
> nutzungsplan gilt es § 6 Abs. 1 BauGB zu beachten, der ein Genehmigungserfordernis auf-
> stellt, so dass nach Art. 32 Abs. 2 S. 2 Nr. 1 GO eine Ausschussübertragung ausgeschlossen ist.
> Der Gemeinderat muss hier entscheiden. Bebauungspläne sind nur in den Fällen des § 10
> Abs. 2 BauGB genehmigungspflichtig und überdies bestimmt Art. 32 Abs. 2 S. 2 Nr. 2 GO, dass
> **alle** Bebauungspläne auf beschließende Ausschüsse übertragen werden können. Insoweit ist
> der Bauausschuss generell entscheidungsbefugt und verdrängt den Gemeinderat (diesem
> verbleibt allerdings ein Rückholrecht im Einzelfall).

V. Der Begriff der Fraktionen und dessen Relevanz

Fraktionen des Gemeinderats sind Zusammenschlüsse ehrenamtlicher Gemeinderatsmitglie- **121**
der, die nicht nur zu einem vorübergehenden Zweck gebildet werden und auf gemeinsamen
Grundanschauungen beruhen.[23]

Die Fraktionen werden in der GO nicht explizit erwähnt. Es ist aber unstreitig, dass das Verhältnis der Fraktionen im Gemeinderat Grundlage für die Besetzung von Ausschüssen ist,
Art. 33 Abs. 1 S. 2 GO. Der Begriff der Fraktion entspricht damit dem gesetzlichen Passus „Parteien und Wählergruppen".[24]

Ebenfalls unstreitig ist, dass die Fraktion kein weiteres Gemeindeorgan neben Gemeinderat
und Bürgermeister darstellt.[25]

Der BayVGH sieht in den Fraktionen einen nicht-rechtsfähigen bürgerlich-rechtlichen Verein
und zieht zur Begründung § 2 Abs. 2 Nr. 2 VereinsG heran, wonach nur die Fraktionen von
Bundestag und Länderparlamenten aus dem Vereinsbegriff eliminiert sind, nicht aber die
Fraktionen auf Kommunalebene. Damit ist die Innenrechtsstreitigkeit (z.B. Ausschluss aus der
Fraktion) eine zivilrechtlich zu klärende Angelegenheit, während der **Außenrechtsstreit** (Fraktion begehrt z.B. einen weiteren Ausschusssitz, Art. 33 Abs. 1 S. 2 GO) öffentlich-rechtlich zu
beantworten ist.[26] Dies stellt einen Anwendungsbereich der **kommunalverfassungsrechtli-**
chen Streitigkeit dar (siehe Teil 4 D).[27]

23 *Lissack* § 4 Rn. 86.
24 *BayVGH* BayVBl 1993, 81 ff.; *BayVGH* BayVBl 2000, 309 f.
25 *BayVGH* BayVBl 1988, 432 ff.; *Hölzl/Hien/Huber* Art. 33, Anm. 8.
26 *BayVGH* BayVBl 1988, 432 ff.; *Rothe* BayVBl 1989, 359 ff.
27 Vgl. *VG Augsburg* Beschluss vom 19.11.2013, Az.: Au 7 E 13, 1721, juris.

VI. Übungsfall Nr. 2

122   „Kampfhund – Allein unterwegs"

Am Sonntag, dem 21.6.2015, begegnet der erste Bürgermeister A der kreisangehörigen Gemeinde B (1000 Einwohner) nach seinem allwöchentlichen Kirchgang am Marktplatz seiner Gemeinde einem frei umher laufenden Kampfhund der Rasse „American Staffordshire Terrier". Da A sich sicher ist, dass es sich um ein Tier dieser Rasse handelt und er weiß, dass der Hund dem C gehört, begibt sich der erste Bürgermeister eiligst zum Haus des C und erlässt einen sofortigen Maulkorb- und Leinenzwang für den Kampfhund außerhalb des Besitztums des C und verfügt hierfür mit gleich lautendem schriftlichem Bescheid vom 22.6.2015 den Sofortvollzug. Den Sofortvollzug begründet der erste Bürgermeister mit der Gefährdung der Allgemeinheit durch den frei laufenden Hund.

C will gegen diese Verfügung gerichtlich vorgehen. Bereits am 25.6.2015 sucht er einen befreundeten Rechtsanwalt auf und bittet um ein schnellstmögliches Vorgehen gegen die Entscheidung des ersten Bürgermeisters. C trägt vor, dass der erste Bürgermeister gar nicht zuständig gewesen sei, eine solche Entscheidung zu treffen. Auch sei er vor Erlass der Entscheidung nicht angehört worden. Auch bestünde keine Rechtsgrundlage für die Anordnung, zumal er ein Gutachten eines befreundeten Veterinärs besitze, das bescheinige, dass sein Hund gutmütig sei.

Beurteilen Sie die Erfolgsaussichten eines gerichtlichen Antrags.

123   **Lösung**

Vorüberlegung

Da die Verfügung des ersten Bürgermeisters A mit der Anordnung der sofortigen Vollziehung (§ 80 Abs. 2 Nr. 4 VwGO) versehen wurde, ist es sachgerecht, gerichtlichen Rechtsschutz über ein Verfahren einstweiligen Rechtsschutzes zu suchen. Ein solcher müsste zulässig und begründet sein.

I.   Entscheidungskompetenz des Gerichts

1.   Eröffnung des Verwaltungsrechtsweges

§ 40 Abs. 1 S. 1 VwGO analog. Zunächst müsste für die Streitsache der Verwaltungsrechtsweg eröffnet sein. Da der einstweilige Rechtsschutz akzessorisch zur jeweiligen Hauptsache ist, muss an dieser Stelle auf die Eröffnung des Verwaltungsrechtsweges in der Hauptsache abgestellt werden. In der Hauptsache beurteilt sich der Rechtsstreit maßgeblich nach den Normen des LStVG, so dass Normen streitgegenständlich sind, die ausschließlich einen

Hoheitsträger berechtigen bzw. verpflichten (Sonderrechtstheorie). Auch ist die Streitigkeit mangels doppelter Verfassungsunmittelbarkeit nicht verfassungsrechtlicher Art, da keine unmittelbar an der Verfassung beteiligten Stellen über Verfassungsrecht streiten.

2.   Zuständigkeit des Gerichts

Die **Zuständigkeit des Gerichts** beurteilt sich nach §§ 45, 52 Nr. 3 VwGO i.V.m. Art. 1 Abs. 2 AGVwGO. Zuständig ist das jeweilige Gericht der Hauptsache.

II. Zulässigkeit eines Antrages auf Gewährung einstweiligen Rechtsschutzes

1.   Statthaftigkeit des Antrags

Da die VwGO zwei Formen einstweiligen Rechtsschutzes zur Verfügung stellt – zum einen das Verfahren der einstweiligen Anordnung nach § 123 VwGO, zum anderen das Verfahren nach

§§ 80, 80a VwGO – ist an dieser Stelle eine Abgrenzung vorzunehmen. Abgrenzungsnorm ist hierbei die Bestimmung des § 123 Abs. 5 VwGO. Diese bestimmt, dass der einstweilige Rechtsschutz nicht im Verfahren nach § 123 VwGO zu gewähren ist, soweit die §§ 80, 80a VwGO einschlägig sind. Das Gesetz geht damit vom Vorrang der §§ 80, 80a VwGO aus. §§ 80, 80a VwGO sind wiederum nur dann einschlägig, wenn in der Hauptsache Rechtschutz über Anfechtungswiderspruch bzw. Anfechtungsklage, § 42 Abs. 1 Alt. 1 VwGO zu gewähren ist. Die Abgrenzung der beiden Arten einstweiligen Rechtsschutzes hat demnach nach Maßgabe des in der Hauptsache gebotenen Rechtsschutzes zu erfolgen. Da Klageziel des C vorliegend in der Hauptsache die Aufhebung (Kassation) der Verfügung des ersten Bürgermeisters sein wird, ist der einstweilige Rechtschutz im Verfahren nach § 80 Abs. 5 VwGO zu verfolgen. § 80a VwGO ist nicht einschlägig, da lediglich ein Zwei-Personenverhältnis (Gemeinde – Bürger C) betroffen ist.

Weiter ist für einen Antrag nach § 80 Abs. 5 VwGO erforderlich, dass die an sich nach § 80 Abs. 1 VwGO bestehende aufschiebende Wirkung von Anfechtungswiderspruch und Anfechtungsklage nach § 80 Abs. 2 VwGO entfallen ist. Der angegriffene Verwaltungsakt muss daher kraft Gesetzes (§ 80 Abs. 2 Nr. 1–3 VwGO) bzw. kraft behördlicher Anordnung (§ 80 Abs. 2 Nr. 4 VwGO) sofort vollziehbar sein. Hier wurde von Seiten des ersten Bürgermeisters der Sofortvollzug, § 80 Abs. 2 Nr. 4 VwGO für Leinen- und Maulkorbzwang ausgesprochen. C muss daher einen Antrag auf Wiederherstellung der aufschiebenden Wirkung einer noch zu erhebenden Anfechtungsklage stellen.

2. Antragsbefugnis, § 42 Abs. 2 VwGO analog

C müsste antragsbefugt im Sinne von § 42 Abs. 2 VwGO sein. Da C in der Hauptsache Adressat einer ihn als Hundehalter betreffenden Maßnahme ist, kann er sich zumindest auf die Verletzung von Art. 2 Abs. 1 GG berufen (Adressatentheorie).

3. Allgemeines Rechtsschutzbedürfnis

a) Zunächst stellt sich die Frage, ob es vor gerichtlicher Geltendmachung der Einlegung eines vorherigen Rechtsbehelfs in der Hauptsa-

che bedarf. Rechtsbehelf in der Hauptsache wäre vorliegend eine noch zu erhebende Anfechtungsklage gegen die gemeindliche Verfügung. Insoweit würde ein Vorverfahren nach § 68 Abs. 1 S. 2 Hs. 1 VwGO in Verbindung mit Art. 15 Abs. 2, Abs. 3 AGVwGO entfallen. Nun bestimmt aber § 80 Abs. 5 S. 2 VwGO, dass der Antrag (nach § 80 Abs. 5 VwGO) schon vor Erhebung der Anfechtungsklage zulässig ist. Daher kann C bereits vor Erhebung seiner Klage im Hauptsacheverfahren um einstweiligen Rechtsschutz nachsuchen.

b) Allerdings darf der in der Hauptsache zu erhebende Rechtsbehelf nicht offensichtlich unzulässig sein. Hier ist in erster Linie auf eine mögliche Verfristung der Klage in der Hauptsache, § 74 Abs. 1 VwGO, einzugehen. Da die Verfügung des ersten Bürgermeisters jedoch mündlich und damit ohne Rechtsbehelfsbelehrung ausgesprochen wurde, gilt für C ohnehin die Jahresfrist aus § 58 Abs. 2 VwGO. Diese kann vorliegend problemlos gewahrt werden.

c) Ebenfalls nicht erforderlich ist die Durchführung eines behördlichen Vorverfahrens vor gerichtlicher Inanspruchnahme, § 80 Abs. 4 VwGO. Aus § 80 Abs. 6 S. 1 VwGO im Gegenschluss ergibt sich, dass der behördliche Vorantrag nur in den Fällen des § 80 Abs. 2 Nr. 1 VwGO (öffentliche Abgaben und Kosten) zwingend zu verlangen ist. In den Fällen des § 80 Abs. 2 Nr. 4 VwGO (Sofortvollzug kraft behördlicher Anordnung) ist ein vorheriger Antrag an die Ausgangsbehörde entbehrlich.

4. Zwischenergebnis

Ein Antrag im Verfahren nach § 80 Abs. 5 VwGO auf Wiederherstellung der aufschiebenden Wirkung einer noch zu erhebenden Anfechtungsklage ist zulässig.

III. Begründetheit eines Antrages auf Wiederherstellung der aufschiebenden Wirkung

Der Antrag im Verfahren nach § 80 Abs. 5 VwGO ist dann begründet, wenn die Anordnung der sofortigen Vollziehbarkeit formell rechtswidrig ist und/oder eine Interessenabwägung ergibt, dass das Aussetzungsinteresse des C das Vollzugsinteresse der Gemeinde überwiegt.

1. Antragsgegner, § 78 Abs. 1 Nr. 1 VwGO analog

Der Antrag müsste gegen den richtigen Antragsgegner gerichtet sein, § 78 Abs. 1 Nr. 1 VwGO analog. Da der erste Bürgermeister offensichtlich in seiner Funktion als Gemeindeorgan (und nicht als bloße Privatperson) die angegriffene Verfügung erlassen hat, wird sein Handeln der Gemeinde B zugerechnet. Der Antrag ist dem Rechtsträgerprinzip folgend daher gegen die Gemeinde B zu richten.

> **Hinweis**
>
> Im Weiteren ist zunächst die formelle Rechtmäßigkeit der Anordnung der sofortigen Vollziehung zu überprüfen.

2. Formelle Rechtmäßigkeit der Sofortvollzugsanordnung

a) Zuständigkeit

Die Gemeinde B ist als Ausgangsbehörde für eine Entscheidung nach Art. 18 Abs. 2 LStVG zuständig zur Anordnung des behördlichen Sofortvollzuges, § 80 Abs. 2 Nr. 4 VwGO.

b) Anhörung

Weiter stellt sich die Frage, ob vor Erlass der sofortigen Vollziehung eine gesonderte Anhörung des Betroffenen zu verlangen ist. Einer gesonderten Anhörung vor Erklärung der sofortigen Vollziehung bedarf es nach h.M. nicht. Die Entscheidung nach § 80 Abs. 2 Nr. 4 VwGO stellt nur einen unselbstständigen Annex zu einem Verwaltungsakt dar; es fehlt ihr an einem eigenständigen Regelungsgehalt im Sinne von Art. 35 S. 1 BayVwVfG.[28] Damit ist Art. 28 Abs. 1 BayVwVfG nicht direkt anwendbar; auch eine Analogie ist abzulehnen; § 80 Abs. 3 VwGO stellt eine abschließende Regelung zu den verfahrensrechtlichen Anforderungen dar.

c) Form/Begründungserfordernis

§ 80 Abs. 3 S. 1 VwGO verlangt eine schriftliche Begründung des besonderen Interesses an der sofortigen Vollziehung. Dem wurde im Schreiben vom 22.6.2015 Rechnung getragen, da in Schriftform auf die Gefährdung der Bevölke-

rung durch den frei umher laufenden Kampfhund hingewiesen wurde. Diese Begründung ist einzelfallbezogen und keinesfalls pauschal und schemenhaft.

3. Zwischenergebnis

Der Sofortvollzug der Verfügung wurde formell ordnungsgemäß angeordnet.

IV. Interessenabwägung zwischen Aussetzungsinteresse und Vollzugsinteresse

Das zur Entscheidung berufene Gericht trifft hierbei eine originäre Ermessensentscheidung aufgrund einer summarischen Überprüfung von Sach- und Rechtslage, unter besonderer Berücksichtigung der Erfolgsaussichten in der Hauptsache. Daher ist im Folgenden maßgeblich auf eine von C noch zu erhebende Anfechtungsklage abzustellen.

1. Zulässigkeit einer Anfechtungsklage

Eine solche kann von C zulässig, insbesondere fristgerecht erhoben werden. Als Adressat einer ihn belastenden Verfügung ist C insbesondere klagebefugt.

2. Begründetheit einer Anfechtungsklage

Diese wäre nur dann begründet, wenn der von Bürgermeister A verfügte Maulkorb- und Leinenzwang rechtswidrig ist und C dadurch in seinen Rechten verletzt wird, § 113 Abs. 1 S. 1 VwGO.

3. Formelle Rechtmäßigkeit der Verfügung

a) Sachliche Zuständigkeit

Die Gemeinde B ist gemäß Art. 18 Abs. 2 LStVG zum Erlass einer Anordnung zur Haltung von Hunden **verbandskompetent**. Auch eine **Organzuständigkeit** des ersten Bürgermeisters lässt sich bejahen. Der Erlass der streitgegenständlichen Verfügung war eine laufende Angelegenheit im Sinne von Art. 37 Abs. 1 Nr. 1 GO, denn weder hatte diese für die Gemeinde grundsätzliche Bedeutung, noch brachte dies erhebliche Verpflichtungen mit sich. Es handelt sich um eine alltägliche Regelung, die nur einen Hundebesitzer im Gemeindegebiet betraf. Überdies ergibt sich eine Organzuständigkeit des A auch aus Art. 37 Abs. 3 S. 1 GO wegen besonderer Dringlichkeit der Angelegenheit an einem Sonntag.

---

28 Vgl. *Kopp/Schenke* VwGO § 80 Rn. 78, 82.

b) Anhörung, Art. 28 Abs. 1 BayVwVfG

Eine Anhörung war gemäß Art. 28 Abs. 2 Nr. 1 Alt. 1 BayVwVfG nicht erforderlich, da wegen der latenten Gefahr, die vom Hund ausgeht, eine sofortige Entscheidung ohne Weiteres Zuwarten im überwiegenden Interesse der öffentlichen Sicherheit geboten war.

c) Form

Der Verwaltungsakt konnte zunächst von A mündlich erlassen werden, Art. 37 Abs. 2 BayVwVfG. Er wurde überdies am 22.6.2015 in schriftlicher Form nochmals bestätigt.

4. Materielle Rechtmäßigkeit der Anordnung

a) **Rechtsgrundlage** für die Anordnung ist Art. 18 Abs. 2 LStVG. Danach können Gemeinden zum Schutz von Leib und Leben, Gesundheit, Eigentum oder der öffentlichen Reinlichkeit Anordnungen für den Einzelfall zur Haltung von Hunden treffen. Anders als Art. 18 Abs. 1 LStVG erfasst die Befugnisnorm das „Wie" der Hundehaltung hinsichtlich aller Hunde ohne räumliche und sachliche Beschränkung.[29] Gefordert wird für Art. 18 Abs. 2 LStVG das Vorliegen einer **konkreten Gefahr**, die gegeben ist, wenn es bei ungehindertem Ablauf des objektiv zu erwartenden Geschehens im Einzelfall mit hinreichender Wahrscheinlichkeit zu einer Verletzung der Schutzgüter der öffentlichen Sicherheit und Ordnung kommt. Hierbei sind an die Wahrscheinlichkeit des Schadenseintritts umso geringere Anforderungen zu stellen, je hochrangiger die gefährdeten Rechtsgüter zu bewerten sind. So liegt der Fall hier. Nachdem es um den Schutz von Leib und Leben geht, ist der zu erwartende Schaden sehr hoch. Die geringeren

---

29 *BayVGH* BayVBl 1996, 212.

Anforderungen an die Wahrscheinlichkeit sind auch ohne bisherigen Zwischenfall gegeben, denn von dem Kampfhund geht rassespezifisch, genetisch bedingt eine ständige Gefahr aus.

b) Außerdem ist trotz des Gutachtens über die Gutmütigkeit bei einem Kampfhund i.S.d. Verordnung über Hunde mit gesteigerter Aggressivität und Gefährlichkeit die Möglichkeit nicht auszuschließen, dass, wenn sich der Hund frei bewegt, er bei Unbeteiligten Angstzustände hervorrufen kann, was wiederum als Gesundheitsbeeinträchtigung zu qualifizieren ist. Insoweit entspricht es auch allgemeiner Erfahrung, dass allein aufgrund des äußeren Erscheinungsbildes, das zu einer Abschreckung oder Einschüchterung von Passanten führen kann, eine konkrete Gefahr angenommen werden kann.

c) Nach alledem kann somit eine konkrete Gefahr für die Gesundheit Dritter bejaht werden.

d) **Ermessensfehler** sind nicht erkennbar.

e) **Der Grundsatz der Verhältnismäßigkeit** wird durch die Anordnung gewahrt, zumal die Verfügung nur außerhalb des befriedeten Besitztums des C Geltung beansprucht. Die Verfügung ist insbesondere das mildeste Mittel zur Wahrung des Grundsatzes effektiver Gefahrenabwehr, der für die Gemeinde als unterste Sicherheitsbehörde, Art. 6 LStVG, gilt.

5. Ergebnis/Abschließende Interessensabwägung

Da eine Anfechtungsklage des C zwar zulässig erhoben werden könnte, diese in der Sache aber unbegründet wäre, überwiegt das öffentliche Interesse am sofortigen Schutz von Leib und Leben von Menschen das private Interesse des C an unbeschränkter Hundehaltung. Ein Antrag des C im Verfahren nach § 80 Abs. 5 VwGO wäre zwar zulässig, in der Sache aber unbegründet.

Übungsfall Nr. 2

Online-Wissens-Check

Welche Aufgaben kommen dem ersten Bürgermeister kraft Gesetzes zu?

Überprüfen Sie jetzt online Ihr Wissen zu den in diesem Abschnitt erarbeiteten Themen. Unter **www.juracademy.de/skripte/login** steht Ihnen ein Online-Wissens-Check speziell zu diesem Skript zur Verfügung, den Sie kostenlos nutzen können. Den Zugangscode hierzu finden Sie auf der Codeseite.

C. Der Geschäftsgang der Gemeinde

124 Die kommunalen Kollegialorgane (Gemeinderat, Kreistag, Bezirkstag) handeln in Form von Beratung und anschließender Beschlussfassung. Sowohl der Akt der Beschlussfassung selbst als auch der Weg zu diesem Beschluss unterliegen einem streng formalisierten Verfahren, dem Geschäftsgang.[30]

I. Im Gemeinderat

1. Die Geschäftsordnung als Grundlage der gemeindlichen Beschlussfassung

125 Die Grundsätze für den Geschäftsgang des Kollegialorgans Gemeinderat sind in der GO selbst niedergelegt. So verlangt Art. 45 Abs. 1 GO, dass sich der Gemeinderat eine **Geschäftsordnung** zu geben hat.

> **Hinweis**
>
> In der Praxis ist es selbstverständlich zulässig, die Geschäftsordnung von Gemeinderat zu Gemeinderat fortzuschreiben.

126 Die Geschäftsordnungsautonomie der Gemeinde ist dabei Ausfluss der gemeindlichen Organisationshoheit, Art. 28 Abs. 2 GG, Art. 11 Abs. 2 BV.[31] **Mindestinhalt** einer Geschäftsordnung ist nach Art. 45 Abs. 2 GO, dass diese Bestimmungen über die Frist und Form der Einladung zu den Sitzungen sowie über den Geschäftsgang des Gemeinderats und seiner Ausschüsse enthalten muss. Frist und Form der Einladung zu den Sitzungen erhalten ihre besondere Relevanz in der Prüfung der Beschlussfähigkeit des Gemeinderats in Art. 47 Abs. 2 GO.

127 Weitere Relevanz erhält die Geschäftsordnung in Art. 33 Abs. 1 S. 1 GO, wonach der Gemeinderat die Besetzung der Ausschüsse in der Geschäftsordnung bestimmt. Daneben eröffnet die Geschäftsordnung in Art. 37 Abs. 2 GO die Möglichkeit, dem ersten Bürgermeister **konstitutiv** weitere Angelegenheiten zur selbstständigen Erledigung zu übertragen (siehe Rn. 89).

> ❯❯ Kommentieren Sie sich zu Art. 45 Abs. 1 GO die Bestimmung des § 47 Abs. 1 Nr. 2 VwGO. Dann haben Sie die sachliche Verbindung von den Bestimmungen der Geschäftsordnung zu der Rechtsschutzmöglichkeit in § 47 VwGO hergestellt. ❮❮

128 Die **Rechtsnatur** der Geschäftsordnung ist **umstritten**. Nachdem die Geschäftsordnung im Wesentlichen die Abläufe innerhalb des Organs „Gemeinderat" regelt und sie mithin keine Außenwirkung gegenüber dem Bürger entfaltet, ist es sachgerecht, sie als **Innenrechtsnorm sui generis** zu qualifizieren bzw. als **verbindlichen Rechtssatz im materiellen Sinn.**[32]

129 **Rechtsschutz** gegen Bestimmungen der Geschäftsordnung erlangt man über die prinzipale Normenkontrolle, § 47 Abs. 1 Nr. 2 VwGO, Art. 5 AGVwGO.[33] Dies stellt einen weiteren Anwendungsbereich einer kommunalverfassungsrechtlichen Streitigkeit dar, zumal regelmäßig nur Gemeindeorgane von den Regelungen der Geschäftsordnung betroffen sind.

---

30 *Lissack* § 5 Rn. 1.
31 *Lissack* § 5 Rn. 3.
32 *BVerwG* BayVBl 1998, 249 ff.
33 *BayVGH* BayVBl 1990, 53 f.

> **Hinweis**
>
> Ein lehrreicher Fall zur Anfechtung von Bestimmungen der Geschäftsordnung findet sich in *Seiler*, Examensrepetitorium Verwaltungsrecht, Fall 12.

Verstöße gegen die Geschäftsordnung sind nur dann beachtlich, wenn die GO als formelles **130** Gesetz auf die Geschäftsordnung Bezug nimmt, wie z.B. in Art. 47 Abs. 2, 45 Abs. 2 GO.[34]

2. Verfahren im Einzelnen

a) Die Vorbereitung der Sitzung durch den ersten Bürgermeister

Ausgangspunkt ist Art. 46 Abs. 2 S. 1 GO, wonach der erste Bürgermeister die Beratungsge- **131** genstände vorbereitet. Ziel dieser **Vorbereitungspflicht** ist es, den Gemeinderatsmitgliedern den Sachstand im Vorfeld der Sitzung zu verschaffen, um über den Tagesordnungspunkt zügig und kompetent entscheiden zu können.

Im Rahmen dieser Vorbereitung hat der erste Bürgermeister eine **Tagesordnung** für die Sitzung **132** aufzustellen. Die Bedeutung dieser gesetzlichen Forderung lässt sich Art. 47 Abs. 2 GO entnehmen. Dem Grundsatz nach kann nur über die Punkte, zu denen **ordnungsgemäß** (d.h. unter Beifügung der Tagesordnung) geladen wurde, ein Beschluss gefasst werden (zu Heilungsmöglichkeiten beim Nachschieben von Tagesordnungspunkten, siehe unten, Rn. 141). Die Pflicht zur Ladung unter Angabe einer Tagesordnung ergibt sich aus Art. 46 Abs. 2 S. 2 GO.

In diesem Zusammenhang sind die **Vorprüfungsrechte** und -pflichten des ersten Bürgermeis- **133** ters zu sehen. Unstreitig kommt dem ersten Bürgermeister ein **formelles Vorprüfungsrecht** zu, welches bedeutet, dass er gestellte Sachanträge nicht auf die Tagesordnung zu setzen braucht, die den formalen Regeln der Geschäftsordnung nicht genügen (z.B. nur mündlicher Antrag; Antrag nicht fristgerecht; Fehlen einer vorgeschriebenen Begründung).[35]

Ein **umfassendes materielles Vorprüfungsrecht** des ersten Bürgermeisters ist nicht anzuer- **134** kennen. Ein solches liefe bereits Art. 59 Abs. 2 GO zuwider, wonach dem ersten Bürgermeister gesetzlich eine Beanstandungspflicht für rechtswidrig erachtete Beschlussfassung zukommt. Damit kann der erste Bürgermeister im Vorgriff auf die Sitzung nur solche Anträge wegen inhaltlicher Mängel zurückweisen, in denen der Antrag rechtsmissbräuchlich ist (z.B. schikanöse, ständige Wiederholung von bereits entschiedenen Sachanträgen) oder aber einen strafbaren Inhalt aufweist.[36]

Beispiel Gegenstände über die der Gemeinderat bereits abschließend entschieden hat und in denen auch vom Antragsteller keine Änderung der Sachlage vorgetragen wird, brauchen vom ersten Bürgermeister nicht auf die Tagesordnung gesetzt werden. ■

Da der Gemeinderat **kein Selbstversammlungsrecht** hat, ist der Gemeinderat vom ersten **135** Bürgermeister unter Beachtung der Geschäftsordnung zur Sitzung zu laden, Art. 46 Abs. 2 S. 2–4 GO.[37]

---

34 *Lissack* § 5 Rn. 14; *Hölzl/Hien/Huber* Art. 45 Anm. 5.
35 *Lissack* § 5 Rn. 18.
36 *BayVGH* BayVBl 1987, 239 ff.; *Lissack* § 5 Rn. 20.
37 *Lissack* § 5 Rn. 21; *Hölzl/Hien/Huber* Art. 46.

Beispiel Wenn der Gemeinderat im Rahmen eines Betriebsausflugs über Gegenstände debattiert und eventuell abstimmt, ist dies keine ordnungsgemäße Gemeinderatssitzung. Es gilt stets zu beachten, dass das Verfahren der GO zur Beschlussfassung im Gemeinderat ein formalisiertes Verfahren darstellt. Allenfalls ist in diesen Fällen an einen kollektiven Ladungsmangel zu denken, der dann geheilt wird, wenn alle Ratsmitglieder erscheinen und sich rügelos zur „Sitzung" einlassen und der erste Bürgermeister diese leitet. ■

136 Daneben hat der erste Bürgermeister nach Art. 52 Abs. 1 S. 1 GO zu veranlassen, dass Zeitpunkt und Ort der Sitzung des Gemeinderats unter Angabe der Tagesordnung spätestens am dritten Tag vor der Sitzung ortsüblich bekannt gemacht werden. Dies bezieht sich ersichtlich nur auf die öffentliche Sitzung des Gemeinderats, da ansonsten der Zweck der nicht-öffentlichen Sitzung (Geheimhaltung) nicht erreicht werden könnte.[38]

b) Beschlussfähigkeit nach Art. 47 Abs. 2 GO

137 **JURIQ-Klausurtipp**

Denken Sie daran, dass Fragen des gemeindlichen Geschäftsgangs Ihnen nicht nur in kommunalrechtlichen Klausuren begegnen können. Dies ist der kommunalrechtliche Prüfungskomplex mit der größten Reichweite. Fragen des Geschäftsgangs können Ihnen auch im Baurecht und Sicherheitsrecht begegnen.

Der Gemeinderat kann nur dann rechtmäßige Beschlüsse fassen, wenn er **beschlussfähig** ist, Art. 47 Abs. 2 GO. Nach dieser Vorschrift ist der Gemeinderat beschlussfähig, wenn sämtliche Mitglieder ordnungsgemäß geladen sind, die Mehrheit der Mitglieder anwesend und stimmberechtigt ist. Es lassen sich demnach **vier Voraussetzungen** unterscheiden:

138 ● Zunächst müssen **sämtliche Mitglieder** zur Sitzung geladen werden. Mit diesem Ladungserfordernis soll dem Grunde nach jedem Mitglied ermöglicht werden, sich auf den Inhalt der Sitzung vorzubereiten. Um dieses Ziel zu erreichen, geht Art. 47 Abs. 2 GO davon aus, dass dem Grunde nach alle Mitglieder des Gemeinderats nach Art. 31 Abs. 1, Abs. 2 GO zu laden sind. **Ausnahmen** bestehen hier lediglich in zweifacher Hinsicht. Da der erste Bürgermeister regelmäßig (soweit kein Vertretungsfall vorliegt) die Ladung als technischen Vorgang selbst bewirkt, muss er sich natürlich nicht selbst zur Sitzung laden. Weiter ist derjenige nicht zu laden, der nach Art. 53 Abs. 2 GO von der Sitzung ausgeschlossen ist (auch dies erscheint sachlogisch, da keine Vorbereitung für denjenigen erforderlich ist, der ohnehin nicht an der Sitzung teilnehmen darf).[39] Grundsätzlich zu laden sind aber alle sich in Urlaub befindlichen Gemeinderatsmitglieder und sämtliche kranken Ratsmitglieder. Bei ihnen kann nämlich nicht von vornherein ausgeschlossen werden, dass sie zur gemeindlichen Sitzung erscheinen können.[40] Der Urlauber ist dabei stets unter seiner Heimatanschrift zu laden.

139 ● Die **Ordnungsmäßigkeit** der Ladung bestimmt sich in der Praxis anhand der Bestimmungen der Geschäftsordnung (Art. 45 Abs. 1, Abs. 2 GO). In der Geschäftsordnung sind zwingend Form und Frist der Ladung zu regeln. Da der Ladung eine **Tagesordnung** nach Art. 46 Abs. 2 S. 2 GO beizufügen ist, ist die Ladung **schriftlich** vorzunehmen.[41]

---

38 *Lissack* § 5 Rn. 22, 23.
39 *Bauer/Böhle/Ecker* Art. 47 Rn. 3; *Hölzl/Hien/Huber* Art. 47 Anm. 2a; *Lissack* § 5 Rn. 28.
40 *Hölzl/Hien/Huber* Art. 47 Anm. 2a.
41 *Widtmann/Grasser/Glaser* Bayerische Gemeindeordnung, Art. 47 Rn. 6a.

Die ordnungsgemäße Ladung ist regelmäßig in der Klausur nur einmal anzusprechen, da sie grundsätzlich – anders als Anwesenheitsmehrheit und Stimmberechtigtenmehrheit (die je nach Tagesordnungspunkt abweichen können) – die gesamte Sitzung betrifft.

- Bei der **Heilung von Ladungsmängeln** unterscheidet man zwischen **individuellen** **140** **Ladungsmängeln** (diese betreffen immer nur einzelne Gemeinderatsmitglieder, z.B. Nichtladung von urlaubsbedingt Abwesenden, Kranken) und **kollektiven Ladungsmängeln** (diese betreffen alle Ratsmitglieder; zum Beispiel Ladung unter Missachtung von Form und Frist der Geschäftsordnung). Der **individuelle Ladungsmangel** kann **nur** in der Form geheilt werden, dass das vom Ladungsmangel **betroffene Gemeinderatsmitglied** zur Sitzung erscheint und sich, ohne den Ladungsmangel zu rügen, auf die Sitzung sachlich einlässt.[42] Die **Drittrüge** eines nicht vom Ladungsmangel Betroffenen, ist stets unbeachtlich.[43]

Beispiel Bürgermeister D der Gemeinde A vergisst den Urlauber B zu laden, der sich, wie er weiß, zum Sitzungstermin auf Mallorca befindet. Wegen eines Zwischenfalles muss B vorzeitig den Urlaub abbrechen, so dass er zur Sitzung erscheint. B kommt auf seine Nichtladung nicht zu sprechen und debattiert eifrig zu den einzelnen Tagesordnungspunkten. Gemeinderatsmitglied G hingegen spricht die Nichtladung des B an und ist der Auffassung, dass keine Abstimmung an diesem Tag erfolgen könne. Der individuelle Ladungsmangel des B wird allein durch dessen rügelose Einlassung geheilt. Die Drittrüge des G ist unbeachtlich. ■

- Der **kollektive Ladungsmangel** wird in der Form geheilt, dass **sämtliche Ratsmitglieder** **141** erscheinen und sich in der Gesamtheit auf die Sitzung/Tagesordnungspunkt rügelos einlassen. Sobald nur ein Ratsmitglied nicht erscheint, bzw. erscheint und den Ladungsmangel rügt (z.B. wegen fehlender Möglichkeit der Vorbereitung auf den Tagesordnungspunkt), ist der Mangel beachtlich und beseitigt die Beschlussfähigkeit des Gemeinderats; ein dennoch gefasster Beschluss ist rechtswidrig.[44] In ähnlicher Weise lässt sich auch das **Sonderproblem** des „Nachschiebens eines Tagesordnungspunktes" lösen. Wenn ein Tagesordnungspunkt entgegen Art. 46 Abs. 2 S. 2 GO nicht auf der Ladung aufgeführt ist, liegt ein (alle betreffender) **kollektiver Ladungsmangel** vor. Eine Heilung ist demnach möglich, wenn alle Ratsmitglieder erscheinen und sich rügelos zum nachgeschobenen Punkt sachlich einlassen. Eine weitere Heilungsmöglichkeit wird in diesen Fällen bei besonderer Dringlichkeit der Angelegenheit angenommen.

Hinweis

Eine Heilung kann keinesfalls unter dem Tagesordnungspunkt „Sonstiges/Verschiedenes" erfolgen, da dieser keine sachgerechte Vorbereitung auf die zu behandelnde Thematik ermöglicht.[45]

---

42 *Lissack* § 5 Rn. 34, 35.
43 *Lissack* § 5 Rn. 34.
44 Vgl. *BayVGH* BayVBl 1987, 239 ff.
45 *Bauer/Böhle/Ecker* Art. 47 Rn. 5.

>> Denken Sie an dieser Stelle auch noch einmal an die Bestimmungen in Art. 31 Abs. 1 und 2 GO. Wie viele Ratsmitglieder erscheinen und in der Sache rügelos verhandeln müssen, lässt sich nach dieser Bestimmung ermitteln. <<

Beispiel Bürgermeister B vergisst, den Beschluss über den Bebauungsplan Nr. 14 „Am Südhang" auf die Tagesordnung der Gemeinderatssitzung zu setzen. Am Sitzungstag erscheinen alle Gemeinderatsmitglieder und verhandeln über den Bebauungsplan. Der Ladungsmangel gilt insoweit als geheilt. Sobald ein Ratsmitglied nicht erscheint oder trotz Erscheinens den Mangel rügt, ist mit Ausnahme besonderer Dringlichkeit, die regelmäßig nicht vorliegen dürfte, keine Beschlussfassung möglich. ◼

142 Weitere Voraussetzung für die Beschlussfähigkeit in Art. 47 Abs. 2 GO ist, dass die Mehrheit der Mitglieder anwesend (**Anwesenheitsmehrheit**) ist.[46] Diese Voraussetzung ist **vor der Beschlussfassung zu jedem Tagesordnungspunkt** zu prüfen, da sich die Zahl der anwesenden Ratsmitglieder im Laufe der Sitzung verändern kann.[47] In einem ersten Schritt ist die **Sollstärke** des jeweiligen Gemeinderats zu ermitteln. Diese ergibt sich aus Art. 31 Abs. 1, Abs. 2 GO (nicht zu berücksichtigen sind die berufsmäßigen Gemeinderatsmitglieder, da diese nur beratende, nicht aber beschließende Stimme besitzen, vgl. Art. 40 S. 2 GO) unter Berücksichtigung des ersten Bürgermeisters, der Mitglied des Gemeinderats ist. Maßgebend für die Anwesenheitsmehrheit ist nun aber die **tatsächliche Iststärke** des jeweiligen Gemeinderats. Von der **Sollstärke** sind folgende (mögliche) Abzüge vorzunehmen: wegen Todes, Amtsniederlegung, Amtsverlust, Art. 48 Abs. 3 GO, Wegzug ausgeschiedener Ratsmitglieder, ohne dass der Listennachfolger offiziell vereidigt wurde und so den Platz des Ausgeschiedenen eingenommen hat; Ausgeschlossene nach Art. 53 Abs. 1 S. 3, 53 Abs. 2 GO. Von der so ermittelten **Iststärke** muss mehr als die Hälfte der Ratsmitglieder anwesend sein. Die Anwesenheitsmehrheit stellt dabei auf die körperliche Anwesenheit (mit einem Mindestmaß an geistiger Aufnahmefähigkeit) ab.[48] Die Stimmenthaltung einzelner Ratsmitglieder unter Verstoß gegen Art. 48 Abs. 1 S. 2 GO, ist damit kein Problem der Anwesenheitsmehrheit. Die Heilung einer fehlenden Anwesenheitsmehrheit kann unter der Voraussetzung des Art. 47 Abs. 3 GO erfolgen.[49] Der erste Bürgermeister muss in diesen Fällen den Gemeinderat unter Hinweis auf diese Vorschrift zum zweiten Mal zur Verhandlung über denselben Gegenstand zusammenrufen.

Beispiel In einer Gemeinde von 2500 Einwohnern stellt der erste Bürgermeister vor Beginn der Sitzung fest, dass Gemeinderatsmitglied A von der Sitzungsteilnahme nach Art. 53 Abs. 2 GO ausgeschlossen wurde. Einen Tag vor der Sitzung ist überdies Gemeinderatsmitglied B verstorben; ein Nachrücker ist noch nicht bestellt und vereidigt. Zur Sitzung sind acht Mitglieder (einschließlich erster Bürgermeister) erschienen. Die Anwesenheitsmehrheit errechnet sich hier über Art. 31 Abs. 1 und 2 GO (15 Mitglieder des Rates). Von dieser Sollstärke sind der Ausgeschlossene und der Verstorbene in Abzug zu bringen. Die Iststärke beläuft sich demnach auf 13 Mitglieder. Die Anwesenheitsmehrheit (13 Mitglieder geteilt durch 2 = 6,5) liegt folglich bei sieben Mitgliedern. Mit dem Erscheinen von acht Mitgliedern ist diesem Erfordernis Rechnung getragen. ◼

46 *Lissack* § 5 Rn. 36 ff.
47 *Lissack* § 5 Rn. 36.
48 *Bauer/Böhle/Ecker* Art. 47 Rn. 6.
49 *Lissack* § 5 Rn. 41 ff.

Schließlich muss die Mehrheit der Mitglieder des Gemeinderats auch stimmberechtigt (**Stimmbe-rechtigtenmehrheit**) sein. Wichtig ist hierbei die **Kumulation** der Erfordernisse. Es muss sowohl ausgehend von der Iststärke des Gemeinderats eine Mehrheit anwesend sein; diese Mehrheit muss aber zugleich auch stimmberechtigt sein, d.h. die ermittelte Anwesenheitsmehrheit darf nicht durch befangene Stimmen nach Art. 49 Abs. 1 GO wieder in Frage gestellt sein.[50]

143

Beispiel   Wenn in unserem obigen *Beispiel* noch ein Gemeinderatsmitglied in der Abstim-mungsangelegenheit persönlich beteiligt im Sinne von Art. 49 Abs. 1 GO wäre, würde der Gemeinderat dennoch beschlussfähig sein. Unter Abzug des persönlich Beteiligten wären immer noch sieben Mitglieder gleichzeitig anwesend und stimmberechtigt. Dies ist aus-gehend von einer Iststärke von 13 Mitgliedern die Mehrheit! ◼

» Denken Sie stets daran, dass eine Mehrheit im Gemeinderat kumu-lativ anwesend und stimmberechtigt sein muss. «

c)   Sauberkeit und Lauterkeit der Verwaltung

Die **Befangenheit der Stimme** nach Art. 49 Abs. 1 GO bzw. Art. 38 KWBG kann sowohl die Beschlussfähigkeit des Gemeinderats beseitigen (siehe oben), als auch im Übrigen die Rechtswidrigkeit des gefassten gemeindlichen Beschlusses bewirken.

144

Die Vorschriften über die persönliche Befangenheit verfolgen zum einen den Zweck, dass der Betroffene nicht in eigener Sache entscheiden soll, d.h. sich nicht selbst durch sein Abstim-mungsverhalten Vorteile verschaffen soll, zum anderen um den Eindruck der „Sauberkeit" der öffentlichen Verwaltung zu wahren.[51]

145

aa)   Persönliche Beteiligung nach Art. 49 Abs. 1 GO

Nach Art. 49 Abs. 1 GO kann ein Mitglied nicht an Beratung und Abstimmung teilnehmen, wenn der Beschluss ihm selbst, seinem Ehegatten, seinem Lebenspartner, einem Verwandten (§ 1589 BGB) oder Verschwägerten (§ 1590 BGB) bis zum dritten Grad oder einer von ihm ver-tretenen natürlichen oder juristischen Person einen unmittelbaren Vorteil (oder Nachteil) bringen kann. Vorteil oder Nachteil ist dabei nicht nur der wirtschaftliche, sondern kann auch ein immaterieller, ideeller oder persönlicher sein.

146

50   *Bauer/Böhle/Ecker* Art. 47 Rn. 7.
51   *Bauer/Böhle/Ecker* Art. 49 Rn. 1.

147 Problematisch ist das Erfordernis des **unmittelbaren Vorteils**.[52] Da ein Gemeinderatsbe-schluss regelmäßig eines Vollzugsaktes bedarf, kann an dieser Stelle keine direkte Kausalität verlangt werden. Diese würde den Anwendungsbereich von Art. 49 Abs. 1 GO zu stark verkür-zen. Entscheidend muss sein, dass man sich – ausgehend von der Zielsetzung in Art. 49 Abs. 1 GO – im Sinne einer adäquaten Kausalität[53] fragt, ob ein unbeteiligter Dritter die „Sau-berkeit" der Verwaltung durch Mitwirkung der betroffenen Person in Frage gestellt sieht. Letztlich ist dies eine **Wertungsfrage**.[54]

> **Beispiel** Wenn es z.B. im Gemeinderat um die Erteilung des Einvernehmens zu einem Bauantrag (§ 36 Abs. 1 BauGB) geht und der Architekt, der den Plan für das betreffende Gebäude erstellt hat, gleichzeitig Gemeinderatsmitglied ist, ist eine persönliche Beteili-gung nach Art. 49 Abs. 1 GO naheliegend. Der Architekt wird, um das Bauprojekt realisie-ren zu können, für die Erteilung des Einvernehmens votieren. ■

148 Die Praxis hilft sich an dieser Stelle mit dem **Begriffspaar des Individualvorteils** bzw. des **bloßen Gruppeninteresses**. Nur ein individueller Vorteil kann die Anwendbarkeit des Art. 49 Abs. 1 GO begründen. Ist der Betroffene hingegen nur Teil einer durch die Beschlussfassung tangierten Berufsgruppe (Gruppeninteresse) ist die Anwendbarkeit von Art. 49 Abs. 1 GO zu verneinen und eine Mitwirkung unproblematisch möglich (dies vor allem vor dem Hintergrund, dass ansonsten die Beschlussunfähigkeit die Regel wäre). Daher wird bei Rechtsetzungsakten (Satzung, Verordnung; z.B. Abstimmung über die gemeindliche Hundesteuersatzung) regelmäßig nur ein Gruppeninteresse angenommen. Einzige nennenswerte **Ausnahme** ist die Beschlussfassung über einen Bebauungsplan, § 10 Abs. 1 BauGB, da hier mit der Abstimmung über den Plan die individuelle Bebaubarkeit des Grundstücks betroffen ist (Satzung mit Individualbezug).[55]

> **Beispiel** Bei Abstimmung über eine neue Friedhofssatzung nehmen ein Grabsteinmacher, ein Blumengeschäftsinhaber und ein Bestattungsunternehmer als Gemeinderatsmitglie-der an der Abstimmung teil. Sie stimmen dabei für die neue Satzung. Das Abstimmungs-ergebnis lautet 6:4 für die neue Satzung. Die Abstimmung über die Satzung ist gültig, da alle drei Betroffenen als Mitglieder ihrer jeweiligen Berufsgruppe abgestimmt haben. Es liegt bei Abstimmung über einen Rechtsetzungsakt lediglich ein nicht zur Anwendung von Art. 49 Abs. 1 GO führendes bloßes Gruppeninteresse vor. Etwas anderes könnte nur dann gelten, wenn die betroffenen Personen die einzigen Vertreter ihrer Zunft in der jeweiligen Gemeinde wären. Dies dürfte jedoch regelmäßig nicht der Fall sein. ■

149 Liegen die Voraussetzungen des Art. 49 Abs. 1 GO vor, ist der Betroffene **qua Gesetzes kon-stitutiv ausgeschlossen**. Das in Art. 49 Abs. 3 GO angesprochene Ausschlussverfahren hat lediglich deklaratorische Wirkung. Eine Bindungswirkung an diese gemeindliche Entschei-dung besteht nicht.[56]

150 Die **Wirksamkeit** des gemeindlichen Beschlusses, der unter Mitwirkung eines persönlich Beteiligten gefasst wurde, beurteilt sich stets nach **Art. 49 Abs. 4 GO**. Danach ist nur dann die Ungültigkeit des gemeindlichen Beschlusses die Rechtsfolge, wenn die Stimme

52 Vgl. hierzu *Bauer/Böhle/Ecker* Art. 49 Rn. 7.
53 *VGH Mannheim*, NVwZ-RR 1998, 63; *Hölzl/Hien/Huber*, Art. 49 Anm. 4.
54 *Lissack* § 5 Rn. 58.
55 *Bauer/Böhle/Ecker* Art. 49 Rn. 7.
56 *Bauer/Böhle/Ecker* Art. 49 Rn. 10.

des befangenen Mitgliedes **entscheidungserheblich** war, d.h. es ohne die angespro- chene Mitwirkung zu einem anderen Abstimmungsergebnis gekommen wäre.[57] Hierbei gilt es die „befangene Stimme" gedanklich aus der Beschlussfassung zu eliminieren (dort abziehen, wo sie tatsächlich „hingefallen" ist!) und Art. 51 Abs. 1 S. 2 GO (Ableh- nung des Sachantrags bei Stimmengleichheit) zu beachten.

JURIQ-Klausurtipp

Sofern im Ergebnis offensichtlich ist, dass die Mitwirkung des potentiell persönlich Beteilig- ten nicht maßgeblich ist, können Sie im Zweifel, die Frage des Vorliegens der Voraussetzun- gen des Art. 49 Abs. 1 GO auch offen lassen.

Beispiel 1 In der Gemeinde K (2500 Einwohner) wird über die Aufstellung eines neuen Bebauungsplans beschlossen. 11 Gemeinderatsmitglieder nehmen an der Abstimmung teil, darunter der B, der im künftigen Plangebiet mehrere Grundstücke besitzt. In der Abstimmung stimmen acht Mitglieder für die Aufstellung des Bebauungsplanes, drei dagegen. B befürwortet den Aufstellungsbeschluss. Der Beschluss ist hier rechtsgültig. Bei einem Abstimmungsergebnis von 8:3 Stimmen zugunsten des Bebauungsplanes, war die Ja-Stimme des B nicht entscheidungserheblich. Unter Eliminierung seines Abstimmungs- verhaltens ergibt sich ein Abstimmungsergebnis von 7:3, so dass der Bebauungsplanauf- stellungsbeschluss ebenfalls zustande gekommen wäre. Die Stimme des B ist nicht ergebnisrelevant. ◼

Beispiel 2 Wie *Beispiel 1*, jedoch ist das Abstimmungsergebnis dieses Mal sechs Ja- zu fünf Nein-Stimmen. B stimmt wiederum mit „Ja" für den Erlass eines entsprechenden Aufstellungsbeschlusses. Unter Eliminierung des konkreten Abstimmungsverhaltens von B ergibt sich nun ein Stimmenverhältnis von fünf Ja- zu fünf Nein-Stimmen. Unter Beach- tung von Art. 51 Abs. 1 S. 2 GO, der bestimmt, dass bei Stimmengleichheit der Antrag abgelehnt ist, ist die Mitwirkung des B an der Beschlussfassung dieses Mal ergebnisrele- vant. Der Aufstellungsbeschluss wäre ohne die Mitwirkung des B nicht zustande gekom- men. Nach Art. 49 Abs. 4 GO ist der Beschluss damit unwirksam. ◼

Beispiel 3 Wie *Beispiel 1*, jedoch wurde unter Mitwirkung des B in der Form abgestimmt, dass fünf Ja-Stimmen für die Aufstellung, aber sechs Nein-Stimmen gegen die Aufstel- lung eines entsprechenden Bebauungsplans entfielen. B stimmte dieses Mal ebenfalls gegen die Aufstellung eines Plans. Unter Ausklammerung seiner Mitwirkung ergibt sich ein neues Abstimmungsergebnis von fünf Ja- zu fünf Nein-Stimmen. Unter Beachtung von Art. 51 Abs. 1 S. 2 GO ist der Beschluss nun anders als im *Fallbeispiel 2* wirksam. Auch ohne Mitwirkung des B wäre kein Beschluss über den Bebauungsplan aufgrund der Stim- mengleichheit zustande gekommen. Die Mitwirkung des B ist damit nicht ergebnisrele- vant. Ein Fall von Art. 49 Abs. 4 GO liegt nicht vor. ◼

151 Nach der Rechtsprechung des BayVGH[58] führt entgegen dem Wortlaut von Art. 49 Abs. 1 GO nur die **ergebnisrelevante Mitwirkung an der Beschlussfassung** zur Ungültigkeit des gefassten Sachbeschlusses, **nicht aber die bloße Mitwirkung an der Beratung**. Begründet

---

57 *Bauer/Böhle/Ecker* Art. 49 Rn. 12.
58 *BayVGH* BayVBl 1967, 278 ff.

wird dies damit, dass die Mitwirkung an der Beschlussfassung selbst stets anhand des Stimmverhaltens des Betroffenen beurteilt werden könne, die Mitwirkung an der bloßen Beratung (ohne Mitwirkung an der anschließenden Beschlussfassung) aber im Abstimmungs- ergebnis **nicht quantifizierbar** sei.

 152 Art. 49 Abs. 1 GO regelt überdies nur die Konstellation, dass eine persönliche Beteiligung im Sinne von Art. 49 Abs. 1 GO gegeben ist, der Betroffene aber an der Abstimmung teilnimmt. Nicht erfasst wird dagegen der umgekehrte Fall, dass eine persönliche Beteiligung nicht gegeben ist, der Gemeinderat den vermeintlich Betroffenen aber von der Abstimmung aus- schließt. Dieser Fall lässt sich nicht über eine Analogie zu Art. 49 Abs. 4 GO behandeln, da **Art. 49 Abs. 4 GO eine restriktiv gefasste, nicht analogiefähige Sondervorschrift darstellt.** Im letztgenannten Fall ist der gemeindliche Beschluss immer ungültig, da das betroffene Mitglied in wesentlichen Organrechten (Recht auf Anwesenheit, Abstimmung; siehe Rn. 108) verletzt ist.[59] Das zu Unrecht ausgeschlossene Mitglied steht so wie das Gemeinderatsmit- glied, welches zu Unrecht nicht zur Sitzung geladen wurde.

Beispiel   Wenn im oben genannten *Beispiel* des Erlasses der neuen Friedhofssatzung die drei Angehörigen der Berufsgruppen von der Abstimmung ausgeschlossen worden wären, würde kein denkbares Abstimmungsergebnis zur Rechtsgültigkeit des gefassten Beschlusses führen können. Da ein bloßes Gruppeninteresse vorliegt, war der Ausschluss zwingenderweise rechtswidrig. Die so ihrem Recht auf Anwesenheit und Abstimmung Beraubten, stehen so, als wären sie unberechtigterweise gar nicht zur Sitzung geladen worden. Art. 49 Abs. 4 GO darf auf diese Konstellation auch nicht analog herangezogen werden. Der Beschluss ist hier ohne Rücksicht auf das jeweilige Abstimmungsergebnis rechtswidrig und ungültig. ■

> **JURIQ-Klausurtipp**
>
> Letztere Konstellation stellt eine beliebte Klausurfalle dar. Denken Sie daran, dass Art. 49 Abs. 4 GO nur den Fall einer tatsächlich gegebenen persönlichen Beteiligung unter gleichzei- tiger Mitwirkung an der Beschlussfassung erfasst. Die Vorschrift ist nicht analogiefähig und daher nicht auf den Fall des unberechtigten Ausschlusses anwendbar.

bb) Befangenheit nach 38 Abs. 1 KWBG[60]

153 Art. 38 Abs. 1 KWBG trifft eine weitere Befangenheitsvorschrift, die in Konkurrenz zu Befan- genheitsnormen der GO tritt.[61]

Nach Art. 1 KWBG gilt diese Bestimmung in erster Linie für den ersten Bürgermeister und den Landrat (Art. 1 Abs. 2 Nr. 1, 2 KWBG). Art. 38 Abs. 1 KWBG erfasst dabei im Gegensatz zu Art. 49 Abs. 1 GO einen unterschiedlich gefassten Personenkreis und knüpft nicht wie Art. 49 Abs. 1 GO an die Normen des BGB, sondern an Art. 20 Abs. 5 BayVwVfG an.

---

59   *BayVGH* BayVBl 1976, 753 ff.; *Hölzl/Hien/Huber* Art. 49 Anm. 9.
60   *Ziegler/Tremel* Nr. 375.
61   *Hölzl/Hien/Huber* Art. 36 Anm. III; *Bauer/Böhle/Ecker* Art. 36 Rn. 5 f.

Zur Abgrenzung der GO von Art. 38 Abs. 1 KWBG bietet sich der nachfolgende Weg an:

Da Art. 49 Abs. 1 GO von „Mitglied" spricht, erfasst es auch den ersten Bürgermeister, so dass für dessen Mitwirkung an der Beschlussfassung der Maßstab des Art. 49 Abs. 1 GO gilt. Gleiches ist ebenfalls gut vertretbar für Art. 36 S. 2 GO. Wenn die GO an dieser Stelle die Frage der maßgeblichen Norm für die persönliche Beteiligung offen lässt, ist es nahe liegend, das Gesetz mit Art. 49 Abs. 1 GO, einer Norm aus der GO selbst, auszufüllen.[62] Im Übrigen gilt Art. 38 Abs. 1 KWBG. Dies betrifft insbesondere die Fälle eines originären Handelns des ersten Bürgermeisters in Art. 37 GO.

d) Die Beschlussfassung

Der Willensbildungsprozess der Gemeinde findet seinen Abschluss in der gemeindlichen Beschlussfassung. **154**

Die GO trifft hierzu wiederum einige grundsätzliche Aussagen. So bestimmt Art. 51 Abs. 1 S. 1 GO, dass Beschlüsse des Gemeinderats in **offener Abstimmung** mit **Mehrheit** der Abstimmenden gefasst werden. **155**

Das Erfordernis der offenen Abstimmung ist dadurch gekennzeichnet, dass der unbeteiligte Dritte am Verhalten während der Abstimmung erkennen kann, wie das einzelne Gemeinderatsmitglied votiert hat. Dies ist wesentlicher Ausdruck des Demokratieprinzips auf gemeindlicher Ebene. In der Praxis geschieht die offene **Abstimmung regelmäßig mittels Handzeichen**. Ein Verstoß gegen diesen Grundsatz offener Abstimmung (Einführung geheimer Abstimmung) führt stets zur Ungültigkeit des gefassten Beschlusses.[63] **156**

> **JURIQ-Klausurtipp**
>
> Nicht verwechselt werden darf der Grundsatz offener Abstimmung mit der Öffentlichkeit der Sitzung nach Art. 52 Abs. 2 GO (siehe unten).

Beschlüsse im Gemeinderat werden weiter grundsätzlich mit **einfacher Mehrheit** gefasst. Für die Gültigkeit der Abstimmung ist nicht entscheidend, dass die Mehrheit der Anwesenden sich an der Abstimmung beteiligt hat. Zwar hat die Stimmenthaltung im Innenverhältnis als Verstoß gegen Art. 48 Abs. 1 S. 2 GO ein eventuelles Ordnungsgeld, Art. 48 Abs. 2 GO zur Folge, im Außenverhältnis (Gültigkeit des Beschlusses) bleibt dieser Verstoß jedoch folgenlos.[64] Ansonsten hätte es das einzelne Gemeinderatsmitglied durch bloße Stimmenthaltung in der Hand, die Ungültigkeit der Beschlüsse herbeizuführen und so die Gemeindearbeit zu boykottieren. **157**

Hinzuweisen ist noch auf Art. 51 Abs. 1 S. 2 GO, wonach der Antrag bei Stimmengleichheit abgelehnt ist. Dem ersten Bürgermeister kommt demnach keine Stichentscheidungskompetenz zu. **158**

---

62 *Lissack* § 5 Rn. 53 ff.
63 *Bauer/Böhle/Ecker* Art. 51 Rn. 2; *Hölzl/Hien/Huber* Art. 51 Anm. 1b.
64 *Hölzl/Hien/Huber* Art. 51 Anm. 1c; *Lissack* § 5 Rn. 80.

159 Schließlich werden die Beschlüsse des Gemeinderats in **öffentlicher Sitzung** gefasst, Art. 52 Abs. 2 GO. Ein Ausschluss der Öffentlichkeit ist dann geboten, wenn Interessen von Hoheitsträgern tangiert sind (Wohl der Allgemeinheit) oder wirtschaftliche bzw. persönliche Interessen von Einzelpersonen. In der Praxis sind insbesondere Grundstücksgeschäfte, Personalangelegenheiten Anlass für eine **Nichtöffentlichkeit der Sitzung**. Der **Verstoß** gegen den Grundsatz der Öffentlichkeit der Sitzung führt nach neuerer Rechtsprechung des BayVGH zur Unwirksamkeit des gefassten Beschlusses. Die Verletzung des Öffentlichkeitsgrundsatzes stellt einen gravierenden Verstoß gegen tragende Verfahrensprinzipien der Kommunalverfassung dar, der die Ungültigkeit des Satzungsbeschlusses zur Folge hat.[65] Denkbar erscheint es hier auch, wie folgt zu argumentieren: wird eine nichtöffentliche Angelegenheit, öffentlich behandelt, so ist der Fehler irreparabel und der Beschluss unwirksam. Wird hingegen eine Angelegenheit nicht-öffentlich behandelt, wäre aber tatsächlich Öffentlichkeit geboten, so kann dieser Mangel durch eine weitere nun öffentliche Sitzung geheilt werden.

---

65 *BayVGH*, Urteil vom 26.1.2009, Az.: 2 N 08124 BayVBl 2009, 344 f.; anders noch *BayVGH* BayVBl 2000, 695 ff.

Geschäftsgang des Gemeinderats		
Verfahrenserfordernis	Vorschrift	Fehlerfolge
Bürgermeister muss zur Sitzung laden	Art. 46 Abs. 2 S. 2 GO	ungültig, kein SelbstversammlungsR des GemRats; Heilung, wenn Bgm. Sitzung leitet
Zeit/Ort müssen ortsüblich bekanntgemacht werden	Art. 52 Abs. 1 GO	Fehler unbeachtlich (Ordnungsvorschrift)
Sitzung muss öffentlich sein	Art. 52 Abs. 2 GO	Fehler beachtlich
1. Bürgermeister darf nicht persönlich beteiligt sein	Art. 36 S. 2 GO; Art. 49 GO bei Beratung, Abstimmung; Art. 38 KWBG bei Art. 37 GO	Abstimmung Art. 49 Abs. 4 GO
Alle Mitglieder müssen geladen sein	Art. 47 Abs. 2 GO	Beschluss ungültig; Heilung, wenn alle erschienen u. Verzicht
Berufsmäßige Mitglieder müssen geladen sein	Art. 47 Abs. 2, 40 S. 2 GO	Fehler unbeachtlich, da kein Stimmrecht
Ladung muss ordnungsgemäß erfolgt sein	Art. 47 Abs. 2, 45, 46 Abs. 2 S. 2 GO	Beschluss ungültig; Heilung, wenn alle rügelos teilnehmen
Mehrheit der Mitglieder muss anwesend sein	Art. 47 Abs. 2 GO	Beschluss ungültig; Ausnahme Art. 47 Abs. 3 GO
Mehrheit der Mitglieder muss stimmberechtigt sein	Art. 47 Abs. 2 GO	Beschluss ungültig
Stimmenthaltung ist nicht zulässig	Art. 48 Abs. 1 S. 2 GO	Verstoß unbeachtlich
Persönlich Beteiligte dürfen nicht abstimmen	Art. 49 Abs. 1 GO	Beschluss gültig, es sei denn Mitwirkung war für Ergebnis entscheidend, Art. 49 Abs. 4 GO
Kein Mitglied darf zu Unrecht ausgeschlossen sein	Art. 49, 47 GO	Beschluss ungültig
Beschluss erfolgt in offener Abstimmung	Art. 51 Abs. 1 S. 1 GO	Beschluss ungültig
Niederschrift ist zu fertigen	Art. 54 GO	Verstoß unbeachtlich (Ordnungsvorschrift)
Nichtöffentlicher Beschluss ist bekannt zu geben	Art. 52 Abs. 3 GO	Verstoß unbeachtlich (Ordnungsvorschrift)

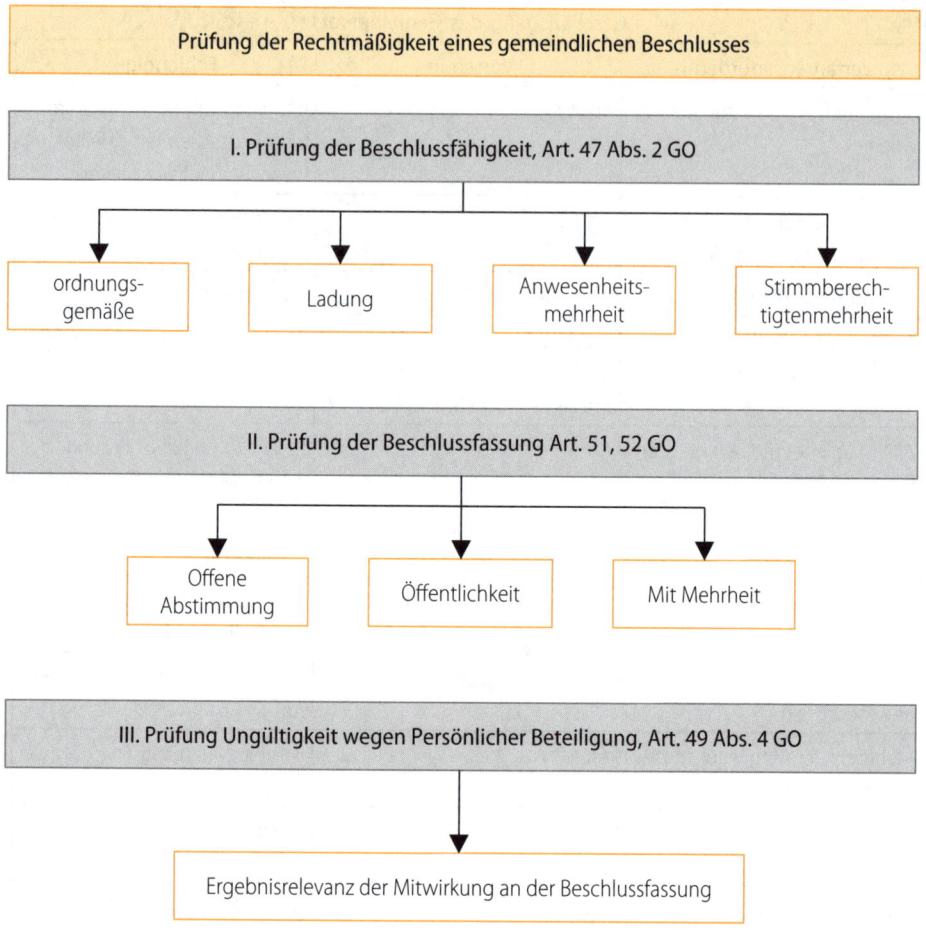

Prüfung der Rechtmäßigkeit eines gemeindlichen Beschlusses

I. Prüfung der Beschlussfähigkeit, Art. 47 Abs. 2 GO

ordnungs-
gemäße

Ladung

Anwesenheits-
mehrheit

Stimmberech-
tigtenmehrheit

II. Prüfung der Beschlussfassung Art. 51, 52 GO

Offene
Abstimmung

Öffentlichkeit

Mit Mehrheit

III. Prüfung Ungültigkeit wegen Persönlicher Beteiligung, Art. 49 Abs. 4 GO

Ergebnisrelevanz der Mitwirkung an der Beschlussfassung

PRÜFUNGSSCHEMA

Prüfung der formellen Rechtmäßigkeit eines Gemeinderatsbeschlusses

I. Prüfung der Beschlussfähigkeit, Art. 47 Abs. 2 GO
(ordnungsgemäße Ladung sämtlicher Mitglieder, Anwesenheitsmehrheit, Stimmberechtigtenmehrheit)

II. Prüfung der Beschlussfassung
(offene Abstimmung, Öffentlichkeit der Sitzung, Abstimmung mit Mehrheit)

III. Unwirksamkeit der Beschlussfassung
infolge persönlicher Beteiligung, Art. 49 Abs. 1, 4 GO

Hinweis

Sofern ein Rechtsanwalt Ansprüche eines Dritten gegen die Gemeinde geltend macht, gilt es das gesetzliche Vertretungsverbot aus Art. 50 GO zu beachten. Danach dürfen Gemeinderatsmitglieder Ansprüche Dritter gegen die Gemeinde nur als gesetzliche Vertreter, nicht aber als rechtsgeschäftlich Bevollmächtigte geltend machen. Dieses Verbot, das Interessenkollisionen vorbeugen soll, gilt dabei grundsätzlich für alle **gegen** die Gemeinde gerichteten Ansprüche bürgerlich-rechtlicher und öffentlich-rechtlicher Art. Das Verbot erstreckt sich weiter auf die gerichtliche und außergerichtliche Geltendmachung z.B. gegenüber der Aufsichtsbehörde (Art. 110, 115 GO). Lediglich im Rahmen der Kommunalverfassungsstreitigkeit findet Art. 50 GO keine Anwendung, da insoweit keine Ansprüche Dritter (Außenstehender!) gegen die Gemeinde in Streit stehen.

Ebenfalls erfasst Art. 50 GO nicht die Vertretung durch einen mit einem Gemeinderatsmitglied in Sozietät bzw. Bürogemeinschaft stehenden Bevollmächtigten.[66]

Schließlich gilt es im Rahmen von Art. 50 GO die Bestimmung des Art. 14 Abs. 5, Abs. 7 S. 2 BayVwVfG zu beachten, wonach die jeweilige Behörde bei Vorliegen der Voraussetzungen des Art. 50 GO die Pflicht zur Zurückweisung trifft, Handlungen des zurückzuweisenden Bevollmächtigten vor der Zurückweisungsentscheidung aber wirksam bleiben (Gegenschluss aus Art. 14 Abs. 7 S. 2 BayVwVfG).

---

e) Ordnungsmaßnahmen anlässlich der Gemeinderatssitzung

Gemäß Art. 48 Abs. 1 S. 1 GO sind die Gemeinderatsmitglieder verpflichtet, an Sitzungen und Abstimmungen teilzunehmen. Art. 48 Abs. 1 S. 2 GO normiert das Verbot der Stimmenthaltung und gibt dem Gemeinderat in Art. 48 Abs. 2 GO die Befugnis, ein Ordnungsgeld in Höhe bis zu 250 Euro im Einzelfall zu verhängen. Diese Verhängung eines Ordnungsgeldes ist ein Verwaltungsakt. Gleiches gilt für den Amtsverlust nach Art. 48 Abs. 3 GO in Fällen fortgesetzter Weigerung zur Erfüllung der Teilnahmepflicht aus Art. 48 Abs. 1 S. 1 GO.[67] Eine bloße Verletzung der Abstimmungspflicht (Art. 48 Abs. 1 S. 2 GO) genügt zum Amtsverlust nicht. **160**

Gemäß Art. 53 Abs. 1 S. 1 GO handhabt der erste Bürgermeister als Vorsitzender nach Art. 36 S. 1 GO die Ordnung. Er ist nach Art. 53 Abs. 1 S. 2 GO berechtigt, Zuhörer, welche die Ordnung stören, entfernen zu lassen. Da der Bürgermeister als Gemeindeorgan hier einem Bürger gegenüber tritt, liegt auch insofern ein Verwaltungsakt vor.[68] Weigert sich der Bürger den Sitzungsraum zu verlassen, kann die Gemeinde diesen Verwaltungsakt selbst vollstrecken (Art. 18 ff. VwZVG) oder aber als Sicherheitsbehörde (Art. 6 LStVG) die Polizei um Hilfeleistung bitten (Art. 50 PAG, Art. 37 Abs. 2 VwZVG; Vollzugshilfe). **161**

Bei Störungen von einem Gemeinderatsmitglied ausgehend, kann der erste Bürgermeister diesen nur bei fortgesetztem, erheblichem Störverhalten entfernen lassen (Gemeinderatsmitglied wird dann zunächst Zuhörer), Art. 53 Abs. 1 S. 3 GO. Eine fortgesetzte erhebliche Störung liegt nur dann vor, wenn das Mitglied in derselben Sitzung **mindestens zweimal** den **162**

---

66 Vgl. *BVerfGE* 56, 99 ff; *BVerfGE* 61, 68 ff.

67 *BayVGH* BayVBl 1960, 224 ff.

68 *Lissack* § 5 Rn. 94.

Sitzungsfortgang unmöglich gemacht oder jedenfalls erheblich erschwert hat.[69] Hierbei ist dann abzugrenzen zwischen gezieltem Störverhalten (oder bloßer Diffamierung) und sachlich kontroverser politischer Diskussion.[70]

Die Maßnahme nach Art. 53 Abs. 1 S. 3 GO stellt in Ermangelung einer Außenwirkung keinen Verwaltungsakt dar.[71] Stört das Mitglied (vom Zuhörerraum) weiter, kann nun auf der Grundlage des VwZVG, PAG mit Vollstreckungsmaßnahmen vorgegangen werden.

Bei weitergehenden Störungen durch ein bereits von einer früheren Sitzung ausgeschlossenes Mitglied, ist auf Art. 53 Abs. 2 GO zu verweisen, der einen weitergehenden Ausschluss ermöglicht. Auch die Maßnahme nach Art. 53 Abs. 2 GO stellt nach der Rechtsprechung des BayVGH keinen Verwaltungsakt dar,[72] da lediglich das Organ, nicht aber die dahinter stehende Privatperson betroffen ist.

II. In beschließenden Ausschüssen

163 Hier ist lediglich auf Art. 55 Abs. 2 GO zu verweisen, wonach auf den Geschäftsgang beschließender Ausschüsse die Art. 46 – 54 GO entsprechende Anwendung finden.

> **Hinweis**
>
> Denken Sie hier noch einmal daran, es sich beim Erarbeiten des Stoffs so leicht wie möglich zu machen. Da Art. 55 Abs. 2 GO für den Geschäftsgang in beschließenden Ausschüssen auf die Bestimmungen in Art. 46 ff. GO verweist, müssen Sie sich nur die Norm des Art. 55 Abs. 2 GO gut einprägen.

---

69 *BayVGH* BayVBl 1988, 16 ff.
70 *BVerfGE* 82, 272 ff.
71 *BayVGH* BayVBl 1988, 16 ff.; *Hölzl/Hien/Huber* Art. 53 Anm. 3.
72 *Bauer/Böhle/Ecker* Art. 53 Rn. 6, 7.

III. Übungsfall Nr. 3

„Probleme mit der neuen Hundesteuersatzung"

164

Die kreisangehörige Gemeinde Kühbach (3500 Einwohner; Landkreis Aichach-Friedberg; Regierungsbezirk Schwaben) will eine neue Hundesteuersatzung erlassen. Der erste Bürgermeister Schussel bereitet die öffentliche Sitzung des Gemeinderats vor und stellt bezüglich der Ladung folgende Überlegungen an: Gemeinderatsmitglied A befindet sich zum Zeitpunkt der ins Auge gefassten Sitzung im Urlaub auf Mallorca. Gemeinderatsmitglied B ist schwer an Krebs erkrankt und liegt im Sterben. Der erste Bürgermeister S unterlässt daher sowohl die Ladung des A und B. Des Weiteren versäumt er es aus Nachlässigkeit, den Punkt „Erlass einer neuen Hundesteuersatzung" auf die Tagesordnung zu setzen.

Am Sitzungstag 25.6.2015 stellt der erste Bürgermeister fest, dass B bereits am Samstag (20.6.2015) verstorben ist. Urlauber A ist wider Erwarten eine Woche früher vom Urlaub zurückgekehrt und nimmt an der Sitzung teil. Auf seine Nichtladung kommt A im Verlauf der Sitzung nicht zu sprechen. Zur Sitzung erscheinen neben dem ersten Bürgermeister S 15 Gemeinderatsmitglieder.

Nach heftiger Diskussion über den Punkt „Hundesteuersatzung", an der sich alle Erschienenen lebhaft beteiligen, ergibt sich ein Abstimmungsergebnis von 3 : 2 für den Erlass der neuen Hundesteuersatzung. Die übrigen Mitglieder haben sich der Stimme enthalten. An der Abstimmung hat Gemeinderatsmitglied C mitgewirkt, der einen Bernhardiner besitzt. C hat für die neue Satzung gestimmt.

Aufgabe: Ist der Beschluss über die neue Hundesteuersatzung wirksam zustande gekommen?

Lösung

165

Prüfung der Rechtmäßigkeit des Gemeinderatsbeschlusses

Der Gemeinderatsbeschluss ist dann wirksam zustande gekommen, wenn der Gemeinderat sachlich zuständig war und er in der Sache beschlussfähig war und die Beschlussfassung auch im Übrigen nicht zu beanstanden ist.

I. Zuständigkeit

Der Gemeinderat ist für die Beschlussfassung in der Angelegenheit „Hundesteuersatzung" **organkompetent**, da der Satzungserlass nicht in die Zuständigkeit des ersten Bürgermeisters fällt. Es liegt weder eine laufende Angelegenheit nach Art. 37 Abs. 1 Nr. 1 GO vor, noch ergibt sich eine Kompetenz aus Art. 37 Abs. 3 GO. Lediglich für Verordnungen besteht insoweit in Art. 42 Abs. 2 LStVG eine Sonderregelung. Ein beschließender Ausschuss könnte den Gemeinderat ebenfalls nicht verdrängen; dies verbietet Art. 32 Abs. 2 S. 2 Nr. 2 GO.

II. Feststellung der Beschlussfähigkeit des Gemeinderats

Rechtlicher Ausgangspunkt ist Art. 47 Abs. 2 GO, wonach der Gemeinderat beschlussfähig ist, wenn sämtliche Mitglieder ordnungsgemäß geladen, die Mehrheit der Mitglieder anwesend und stimmberechtigt sind.

III. Ladung sämtlicher Mitglieder

Grundsätzlich sind sämtliche Mitglieder zu laden. Ausnahmen bestehen nur für den ersten Bürgermeister der, da er die Sitzung vorzubereiten hat, Art. 46 Abs. 2 S. 1, 2 GO, sich nicht selbst laden muss. Daneben sind auch nach Art. 53 Abs. 2 GO ausgeschlossene Mitglieder nicht zu laden, da deren Sitzungsteilnahme per se ausgeschlossen ist. Hingegen sind Urlauber und Kranke unabhängig vom Grad deren Krankheit zwingend zu laden, da es nicht von vornherein ausgeschlossen ist, dass sie frühzeitig aus dem Urlaub zurückkehren bzw. kurzfristig genesen bzw. die Wichtigkeit der Angelegenheit sie veranlasst, trotz Krankheit an der Sitzung teilzunehmen. Die Ladung verfolgt insoweit den Zweck, die Gemeinderatsmitglieder über die anstehenden Tagesordnungspunkte zu unterrichten und deren Vorbereitung zu ermöglichen. Daher waren A und B grundsätzlich zu laden. Die Nichtladung beider stellt einen **individuellen Ladungsmangel** dar, da nur einzelne Gemeinderatsmitglieder vom Ladungsmangel betroffen sind. Dieser individuelle Ladungsmangel kann nun in der Form geheilt werden, dass das betroffene Ratsmitglied erscheint und sich rügelos (d.h. ohne auf die vorherige Ladung zu insistieren) auf die Sitzung einlässt. Dies ist beim Urlauber A der Fall, da er zur Sitzung erschienen ist und sich sachlich zu der Tagesordnung eingelassen hat. Auch die Nichtladung des Kranken bleibt letztlich folgenlos, da in seiner Person der Ladungsmangel zwar nicht mehr geheilt werden kann, aber gleichfalls festgestellt werden muss, dass der Ladungszweck – Vorbereitung auf die Sitzung – infolge des vorzeitigen Todes des B auch gar nicht mehr erreicht werden konnte. Der Tod des B führt zu einer Korrektur bei der Berechnung der Anwesenheitsmehrheit.

Daneben liegt in der übersehenen Aufnahme des Tagesordnungspunktes „Hundesteuersatzung" ein weiterer **kollektiver Ladungsmangel**, der sämtliche Ratsmitglieder in ihrer Vorbereitung auf die Sitzung betrifft. Um eine ordnungsgemäße Vorbereitung der Ratsmitglieder zu gewährleisten, kann eine Heilung insoweit nicht über den regelmäßig vorhandenen Tagesordnungspunkt „Sonstiges" erfolgen. Eine Heilung ist neben einer besonderen Dringlichkeit der Angelegenheit (an der es vorliegend fehlen würde) in diesen Fällen nur möglich, wenn alle Ratsmitglieder erscheinen und sich rügelos zur Verhandlung in dieser Sache einlassen. Diese Voraussetzung ist hier erfüllt, da bis auf den verstorbenen B alle Mitglieder (Art. 31 Abs. 1, Abs. 2 GO; bei 3500 Einwohnern besteht der Gemeinderat aus 16 Gemeinderatsmitgliedern und dem ersten Bürgermeister) erschienen sind und sich an der Debatte um die neue Hundesteuersatzung beteiligt haben.

IV. Anwesenheitsmehrheit, Art. 47 Abs. 2 GO

Hierbei ist auf die jeweilige Iststärke des Gemeinderats abzustellen. Nicht maßgeblich ist die Sollstärke des Gemeinderats. Hier beträgt die Sollstärke nach Art. 31 Abs. 1, Abs. 2 GO 17 Mitglieder (16 Gemeinderatsmitglieder + erster Bürgermeister). Die Sollstärke ist jedoch um das verstorbene Gemeinderatsmitglied B zu verringern, solange noch kein Nachrücker im Gemeinderat vereidigt wurde. Die Iststärke beträgt daher in unserem Fall lediglich 16 Mitglieder; die erforderliche Anwesenheitsmehrheit liegt demnach bei neun Mitgliedern. Da hier neben dem Bürgermeister 15 Ratsmitglieder an der Sitzung und der Abstimmung über den Tagesordnungspunkt „Hundesteuersatzung" teilnahmen, ist diese erforderliche Zahl problemlos erreicht. Die Enthaltung von 11 Mitgliedern an der Abstimmung stellt kein Problem der erforderlichen Anwesenheitsmehrheit dar, da insoweit auf die körperliche Anwesenheit abzustellen ist.

V. Stimmberechtigtenmehrheit, Art. 47 Abs. 2 GO

Diese ist hier unproblematisch zu bejahen, da allenfalls die Mitwirkung des C gegen Art. 49 Abs. 1 GO verstoßen könnte. Da 16 Mitglieder anwesend waren und 15 von diesen unproblematisch eine Stimmberechtigung besitzen, ist diese Voraussetzung aus Art. 47 Abs. 2 GO erfüllt.

VI. Prüfung der Beschlussfassung

Die Abstimmung erfolgte offen (Art. 51 Abs. 1 GO) und in öffentlicher Sitzung (Art. 52 Abs. 2 GO). Auch wurde mit Mehrheit, Art. 51 Abs. 1 S. 1 GO, abgestimmt. Die einfache Mehrheit mit drei Ja- zu zwei Nein-Stimmen ist ausreichend. Die Stimmenthaltungen (elf) führen nicht zur Unwirksamkeit des gefassten Beschlusses, da es ansonsten unschwer möglich wäre durch gezielte Stimmenthaltung die Arbeit (Beschlussfassung) im Gemeinderat zu boykottieren. Die Stimmenthaltung macht damit den Beschluss im Außenverhältnis nicht unwirksam. Im Innenverhältnis löst sie die Sanktionsmöglichkeit des Art. 48 Abs. 2 GO aus.

VII. Ungültigkeit der Abstimmung wegen Mitwirkung des C, Art. 49 Abs. 1 GO

C hat als Hundehalter bei der Abstimmung über einen Rechtsetzungsakt (Satzung) nur ein bloßes Gruppeninteresse. Er ist nur als Teil der Gruppe der Hundehalter in der Gemeinde Kühbach tangiert. Ein Individualvor- bzw. Individualnachteil, der die Wirkungen des Art. 49 Abs. 1 GO nach sich ziehen würde, liegt damit nicht vor. Die Mitwirkung des C verstößt damit nicht gegen Art. 49 Abs. 1 GO. Auf Art. 49 Abs. 4 GO ist demnach nicht mehr einzugehen.

VIII. Ergebnis

Der Beschluss zum Erlass der Hundesteuersatzung ist rechtsgültig zustande gekommen.

Online-Wissens-Check

Welche Arten von Ladungsmängeln gibt es? Wie werden diese geheilt?

Überprüfen Sie jetzt online Ihr Wissen zu den in diesem Abschnitt erarbeiteten Themen. Unter **www.juracademy.de/skripte/login** steht Ihnen ein Online-Wissens-Check speziell zu diesem Skript zur Verfügung, den Sie kostenlos nutzen können. Den Zugangscode hierzu finden Sie auf der Codeseite.

D. Die kommunalverfassungsrechtliche Streitigkeit

I. Begriff

166 Der Kommunalverfassungsstreit ist nicht positiv in der GO geregelt. Problematisch ist hier, inwieweit die Verwaltungsgerichtsordnung auf derartige Innenrechtsbeziehungen Anwendung finden kann, zumal die VwGO auf das Verhältnis Staat-Bürger zugeschnitten ist.[73]

> Von einem **Kommunalverfassungsstreit** spricht man, wenn verschiedene Organe oder Organteile oder auch nur innerhalb eines Organs der Gemeindeordnung über **kommunales Organisationsrecht**, d.h. Rechte und Pflichten aus der GO, streiten oder gestritten wird (Innenrechtsstreit).

II. Differenzierung nach Inter- und Intraorganstreit

167 Der Kommunalverfassungsstreit ist dadurch gekennzeichnet, dass entweder zwei Organe derselben kommunalen Gebietskörperschaft über die Ausübung von Rechten und Kompetenzen aus der GO streiten (**Interorganstreit**). Ebenfalls sind Konstellationen denkbar, in denen der Streit innerhalb eines Organs der Gemeinde angesiedelt ist (**Intraorganstreit**).[74] Im Rahmen der Prüfung des Kommunalverfassungsstreits bleibt diese Unterscheidung ohne Relevanz.

168 Typische Beispiele des **Interorganstreits** sind die Weigerung des ersten Bürgermeisters auf Aufnahme eines beantragten Tagesordnungspunktes durch ein Gemeinderatsmitglied oder der Streit zwischen Bürgermeister und Gemeinderatsmitglied um ehrverletzende Äußerungen oder auch die Weigerung des ersten Bürgermeisters zum Vollzug des Gemeinderatsbeschlusses, Art. 36 S. 1 GO. Klassischer Interorganstreit ist aber auch die Frage der jeweiligen Zuständigkeit aus Art. 29, 37 GO (**Kompetenzstreitigkeit**).

169 Typische **Intraorganstreitigkeit** sind der Ausschluss eines Gemeinderatsmitglieds wegen persönlicher Beteiligung, Art. 49 Abs. 1 GO von der Gemeinderatssitzung bzw. der Ausschluss nach Art. 53 Abs. 1 S. 3, 53 Abs. 2 GO.[75]

> **JURIQ-Klausurtipp**
>
> Sprechen Sie die Differenzierung zwischen Inter- und Intraorganstreit am besten in der Klausur nur in Fällen an, in denen Sie sich sicher sind, welche Konstellation tatsächlich gegeben ist. Merken Sie sich noch einmal, dass die Unterscheidung für den weiteren Prüfungsablauf unerheblich ist!

---

73 *BayVGH* BayVBl 1976, 754 ff.; *Ehlers* NVwZ 1990, 106 ff.
74 *Hoppe* NJW 1980, 1018 ff.
75 *BayVGH* BayVBl 1988, 16 ff.

III. Rechtsschutz

> **JURIQ-Klausurtipp** 170
>
> Schwerpunkte des verwaltungsgerichtlichen Rechtsschutzes gegen Maßnahmen zwischen oder innerhalb kommunaler Organe sind zum einen die Eröffnung des Verwaltungsrechtswegs, zum anderen die Frage nach der statthaften Klageart und der Klagebefugnis nach § 42 Abs. 2 VwGO.

Eröffnung des Verwaltungsrechtswegs, § 40 Abs. 1 S. 1 VwGO; ist unproblematisch gegeben, da streitentscheidende Normen solche der GO sind; die Streitigkeit ist auch nicht verfassungsrechtlicher Art, da keine Verfassungsorgane nach dem GG unmittelbar über Verfassungsrecht streiten (doppelte Verfassungsunmittelbarkeit). Streitgegenstand im Kommunalverfassungsstreit ist allein die Auslegung von **kommunalem Organisationsrecht.**[76] Der Begriff der Kommunalverfassungsstreitigkeit ist allein historisch überkommen, da die Gemeindeordnung früher als „Kommunalverfassung" bezeichnet wurde.

Bestimmung der statthaften Klageart: Die Bestimmung der richtigen Klageart hängt vom 171 Klägerbegehren ab, § 88 VwGO; Klageziel wird regelmäßig die Aufhebung (Kassation) einer belastenden Entscheidung auf der Grundlage der GO sein. Entscheidend für die Wahl der statthaften Klageart ist die Unterscheidung von rein intern wirkenden Maßnahmen und von Verwaltungsakten im Sinne von Art. 35 BayVwVfG. Steht ein Verwaltungsakt in Streit, dessen Aufhebung begehrt wird, gelangt man zur vorrangigen Anfechtungsklage in § 42 Abs. 1 Alt. 1 VwGO. In diesen Fällen sind allgemeine Leistungs- und Feststellungsklage subsidiär, wie insbesondere § 43 Abs. 2 S. 1 VwGO für die allgemeine Feststellungsklage bestimmt.

Damit stellt sich zunächst die Frage, ob in innergemeindlichen Rechtsstreitigkeiten die 172 **Anfechtungsklage,** § 42 Abs. 1 Alt. 1 VwGO zur Anwendung gelangen kann. Dies erscheint deshalb problematisch, da diese einen anfechtbaren Verwaltungsakt nach Art. 35 BayVwVfG voraussetzt. Damit müsste im Rahmen der Innenrechtsbeziehungen eine **Außenwirkung** der angegriffenen Maßnahme zu bejahen sein. Der BayVGH sieht aufgrund der Tatsache, dass die Maßnahmen hier regelmäßig nur das jeweilige Organ in seiner Organstellung berühren (und nicht die dahinter stehende natürliche Person, den sog. Organwalter), Innenrechtsakte nur ganz ausnahmsweise als Verwaltungsakte an und verneint somit regelmäßig die Statthaftigkeit der Anfechtungsklage. Nur soweit die Person hinter dem Organ betroffen ist und auf diese durchschlägt, wird eine Anfechtungsklage für zulässig erachtet. Nur in diesem Fall ist nicht nur der Kreis organschaftlicher Rechte berührt, sondern zumindest auch der Rechtskreis einer natürlichen Person. Angenommen wird dies im Rahmen von Art. 48 Abs. 2 GO (Ordnungsgeld; hier wird das Vermögen der hinter dem Organ stehenden Person tangiert), sowie von Art. 48 Abs. 3 GO (Amtsverlust, da die Person hinter dem Organ hier ihre Organstellung in der Gesamtheit einbüßt); die Maßnahme nach Art. 53 Abs. 1 S. 2 GO (Verweis von Zuhörern) ist ebenfalls VA (aber eigentlich gar kein Organstreit, da der erste Bürgermeister als Gemeindeorgan hier einer natürlichen Person, dem Zuhörer, gegenüber tritt). In allen übrigen Fällen lehnt der BayVGH (insbesondere in den Fällen von Art. 49 Abs. 1, Art. 53 Abs. 1 S. 3, Abs. 2 GO) die Heranziehung der Anfechtungsklage ab.[77]

---

76 Vgl. *VG Würzburg* BayVBl 1996, 377 ff.
77 *BayVGH* BayVBl 1988, 16 ff.; *Bauer/Böhle/Ecker* Art. 53 Rn. 5; *Hölzl/Hien/Huber* Art. 53 Anm. 3.

> ### JURIQ-Klausurtipp
>
> Prägen Sie sich gut ein, dass für die Wahl der statthaften Klageart in einer kommunalverfassungsrechtlichen Streitigkeit die Unterscheidung von rein intern wirkenden Akten und Verwaltungsakten maßgeblich ist. Eine Anfechtungsklage sollten Sie nur dann als statthaft erachten, wenn die angegriffene Maßnahme den Organwalter nicht nur in der Wahrnehmung der ihm als Organ zustehenden Rechte betrifft, sondern zugleich quasi ein Durchgriff auf die hinter dem Organ stehende Person erfolgt. Merken und kommentieren Sie sich bitte, dass die bayerische Rechtsprechung dies nur in den Fällen des Art. 48 Abs. 2 und 3 GO, sowie in Fällen des Art. 53 Abs. 1 S. 2 GO annimmt.

173   Sofern eine Anfechtungsklage in Ermangelung einer Außenwirkung (regelmäßig) ausscheidet ist die Heranziehung einer **allgemeinen Leistungsklage** (in der VwGO erwähnt in §§ 43 Abs. 2, 113 Abs. 4 VwGO) zu erwägen. Da aber die allgemeine Leistungsklage grundsätzlich nicht als Gestaltungsklage von der VwGO vorgesehen ist, bliebe bei einem **Klageziel Aufhebung** des gemeindlichen Handelns (z.B. für rechtswidrig erachtete Beschlüsse) hier nur die Annahme einer subsidiären allgemeinen Feststellungsklage möglich. Ein Feststellungsurteil wird dem Klageinteresse des Klägers jedoch regelmäßig nicht gerecht werden. Im Zweifel begehrt der Kläger die Aufhebung des für rechtswidrig erachteten Beschlusses und gegebenenfalls eine erneute Beschlussfassung. Zumal auch regelmäßig nicht sichergestellt sein dürfte, dass ein bloßes Feststellungsurteil die tatsächliche Aufhebung des rechtswidrigen gemeindlichen Aktes zur Folge hat. Ausgehend davon, dass auch gemeindliche Innenrechtsakte einer die Rechte sichernden Aufhebung zugänglich sein müssen, stattet der BayVGH die allgemeine Leistungsklage an dieser Stelle mit einer **kassatorischen Wirkung** aus und verweist insoweit auf Art. 19 Abs. 4 GG.[78] Vorteil einer derartigen Konstruktion ist, dass bei Begründetheit einer kassatorischen Leistungsklage nicht nur der Beklagte selbst verpflichtet ist, die durch das Gericht getroffene Entscheidung zu vollziehen, sondern dass das Gericht selbst durch das Urteil den beanstandeten Beschluss kassiert und damit unmittelbar die ursprüngliche gesetzmäßige Rechtslage herstellt. Auch besteht hier eine Interessenlage wie bei der Situation einer Anfechtungsklage (die lediglich an der fehlenden Außenwirkung scheitert). Auch gemeindliche Beschlüsse sind hoheitliche Machtäußerungen, bei denen die Interessenkonstellation ähnlich ist wie bei Verwaltungsakten. So fordert ein Gemeinderatsbeschluss eine erhöhte Wirkungskraft. Gemeindlichen Beschlüssen kommt die Vermutung der Rechtmäßigkeit zu, da auch Art. 112 GO von deren Aufhebung spricht. Auch die GO geht deshalb in Art. 112 GO von einer möglichen Kassation aus.

174   Die Sichtweise des BayVGH, der die allgemeine Leistungsklage mit einer kassatorischen Wirkung ausstattet, ist in der Literatur auf Kritik gestoßen. Verwaltungsprozessuale Gestaltungsklagen greifen mit der unmittelbaren gerichtlichen Gestaltung (Aufhebung des gemeindlichen Beschlusses) in den verfassungsrechtlich geschützten Funktionsbereich der Exekutive ein und können daher nicht im Wege richterlicher Rechtsfortbildung geschaffen werden. Gestaltungsklagen können daher nur abschließend durch den Gesetzgeber geregelt werden. In der VwGO ist aber nur die Anfechtungsklage als Gestaltungsklage ausgestaltet worden. Zu bedenken ist auch, dass selbst die Verpflichtungsklage im Bereich der Verwaltungsakte nicht als gestalterische Klage in der VwGO vorgesehen ist. Daher ist es

---

78 *BayVGH* BayVBl 1976, 753 ff.; *BayVGH* BayVBl 1995, 662 ff.

nicht naheliegend, im Bereich der Innenrechtsakte ohne Verwaltungsaktsqualität, den Anwendungsbereich der allgemeinen Leistungsklage um eine kassatorische Befugnis zu erweitern. Dazu besteht auch kein Anlass, da die allgemeine Feststellungsklage zu befriedigenden Ergebnissen bei Innenrechtsakten ohne Verwaltungsaktsqualität gelangt. Hierbei gilt es nämlich zu bedenken, dass in Fällen in denen ein Beklagter Hoheitsträger ist, mit der Gefahr eines nachfolgenden Zweitprozesses nicht zu rechnen ist, da der Hoheitsträger, der nach Art. 20 Abs. 3 GG an Recht und Gesetz verpflichtet ist, im Regelfall auch einem die Rechtswidrigkeit feststellenden Urteil Rechnung tragen und Folge leisten wird.[79]

Ausgehend von der Rechtsprechung des BayVGH ist die allgemeine Leistungsklage in allen Fällen die richtige Klageart, wo kein Verwaltungsakt vorliegt, **Klageziel** aber die **Aufhebung** des gemeindlichen Handelns ist und sich dieses Handeln noch nicht erledigt hat. Daneben ist es genauso denkbar, dass die allgemeine Leistungsklage zur Anwendung gelangt, wenn Klageziel das Erstreben einer Leistung ist, die nicht VA ist (z.B. Klage von Gemeinderatsmitglied auf Einsicht in gemeindliche Sitzungsniederschrift, Art. 54 Abs. 3 S. 1 GO). **175**

Im dritten Schritt, sofern Anfechtungsklage und allgemeine Leistungsklage abzulehnen sind, gelangt man zur subsidiären **allgemeinen Feststellungsklage**, § 43 Abs. 1 VwGO. Diese hat **Auffangfunktion** und kommt in den Fällen zur Anwendung, wenn entweder von vornherein **Klageziel** nur die bloße Feststellung für die Zukunft ist (über dieses Klagebegehren darf das Gericht dann nicht hinausgehen, § 88 VwGO) oder aber ein zwischenzeitlich **erledigtes gemeindliches Ereignis** in Streit steht.[80] Dabei ist zu beachten, dass Rechtsverhältnisse aus der GO stets **feststellungsfähig** sind. Da der Kommunalverfassungsstreit damit mit den allgemein anerkannten Klagearten befriedigend zu lösen ist, besteht für die Anwendung einer **Klageart sui generis** mittlerweile kein Raum mehr.[81] **176**

Beispiel Die Gemeinde beschließt die Vergabe eines Bauauftrags an eine Bieterfirma. Zwei Firmen haben sich auf den Auftrag beworben. Der erste Bürgermeister ist der Bruder eines der Firmeninhaber. Der Gemeinderat beschließt daraufhin unter Ausschluss des ersten Bürgermeisters, diesen aufgrund des Verwandtschaftsverhältnisses von der Abstimmung auszuschließen. Dies wird einstimmig beschlossen. Danach wird der Auftrag an die weitere Bieterfirma einstimmig vergeben. Der erste Bürgermeister will sich den Ausschluss nicht bieten lassen. Da sich der Ausschluss von der Abstimmung mit der darauf folgenden Abstimmung über die Auftragsvergabe erledigt hat, wird man hier zu einer **allgemeinen Feststellungsklage** gelangen, mit dem Inhalt, dass der Ausschluss rechtswidrig war. Eine Fortsetzungsfeststellungsklage in Analogie zu § 113 Abs. 1 S. 4 VwGO scheidet aus, da der Ausschluss von der Abstimmung ein rein interner Vorgang ist. Mangels Außenwirkung liegt kein VA vor. In der Sache wäre die Klage wohl erfolglos, da der Ausschluss nach Art. 49 Abs. 1 GO gerechtfertigt war (Verwandtschaftsverhältnis 2. Grades, § 1589 BGB). ◼

---

79 *Lissack* § 4, Rn. 155 f.; *BVerwGE* 40, 323 ff.
80 Vgl. *Kopp/Schenke* VwGO, § 43 Rn. 25.
81 *Schröder* NVwZ 1985, 246 ff.; *OVG Rheinland-Pfalz* NVwZ 1985, 283 ff.; *Schoch* JuS 1987, 787 ff.

> **JURIQ-Klausurtipp**
>
> Ob Sie sich in der Klausur für die allgemeine Leistungsklage mit Kassationswirkung oder aber die subsidiäre Feststellungsklage entscheiden, ist für die Bewertung einer Klausur jedenfalls dann unerheblich, wenn Sie dem Korrektor zeigen, dass Sie die Problematik erkennen und diese angemessen diskutieren. Lediglich eine zu weitreichende Annahme einer Anfechtungsklage ist nicht zu empfehlen, da Sie ansonsten das Problemspektrum der statthaften Klageart im Kommunalverfassungsstreit nicht ausschöpfen.

 177 **Klagebefugnis, § 42 Abs. 2 VwGO:** Sofern die Anfechtungsklage anwendbar ist, kann problemlos auf die Adressatentheorie zurückgegriffen werden (Art. 2 Abs. 1 GG). Sofern die allgemeine Leistungsklage bzw. die allgemeine Feststellungsklage zur Gewährung von Rechtsschutz erforderlich ist, bedarf es zur Vermeidung von Popularklagen ebenfalls des Vorliegens einer Klagebefugnis aus § 42 Abs. 2 VwGO analog.[82] Da hier nun das Organ als solches und nicht die dahinter stehende natürliche Person (Organwalter) betroffen ist, scheidet ein Heranziehen von grundrechtlichen Bestimmungen grundsätzlich aus.[83] Grundrechte stehen der natürlichen Person als Abwehrrechte gegen den Staat zu. Hier muss nun zwingend auf **Organrechte,**[84] wie z.B. das Recht auf Sitzungsteilnahme und Abstimmung, Art. 48 Abs. 1 S. 1, 2 GO oder das Recht auf Ladung (Art. 46 Abs. 2 GO) oder beim ersten Bürgermeister das Recht auf Sitzungsleitung (Art. 36 S. 1 GO) und Vollzug (Art. 36 S. 1 GO) abgestellt werden. Bei der allgemeinen Feststellungsklage ist zusätzlich das **berechtigte Feststellungsinteresse** darzulegen. Soweit ein erledigtes gemeindliches Handeln in der Vergangenheit in Streit steht, kann hier auf die Fallgruppen zur Fortsetzungsfeststellungsklage aus § 113 Abs. 1 S. 4 VwGO (konkrete Wiederholungsgefahr, Rehabilitierungsinteresse) zurückgegriffen werden.[85]

> **Hinweis**
>
> Prägen Sie sich bitte ein, dass Sie nach herrschender Meinung auch bei allgemeiner Leistungs- und Feststellungsklage auf die Klagebefugnis aus § 42 Abs. 2 VwGO in analoger Weise eingehen müssen. Dies ist erforderlich, um Popularklagen auszuschließen.

Beispiel Im oben genannten *Beispiel* könnte sich der erste Bürgermeister auf seine Rechte als Vorsitzender (Sitzungsleitung) und auf sein Recht auf Abstimmung und Teilnahme berufen. ◼

 178 **Klärung der Passivlegitimation im Rahmen der Begründetheit der Klage, § 78 VwGO:** In Bayern wendet man im Rahmen der Bestimmung des Klagegegners das **Rechtsträgerprinzip** in Analogie zu **§ 78 Abs. 1 Nr. 1 VwGO** an.[86] Die Klage ist demnach gegen den Träger des jeweils tangierten Organs zu richten; dies ist die Gemeinde, die hierbei im Prozess durch den ersten Bürgermeister vertreten wird. Klagt der erste Bürgermeister gegen die Gemeinde, so

---

82 *BVerwG* NVwZ 1989, 470 ff.; *Ehlers* NVwZ 1990, 110 ff.
83 Ein Berufen auf die **Meinungsfreiheit aus Art. 5 Abs. 1 GG** scheidet dabei grundsätzlich aus, da das Gemeinderatsmitglied seine Meinung nicht als Bürger/Privatperson äußert, sondern als Teil des Organs Gemeinderat, welches als Teil der Gemeinde nicht selbst grundrechtsberechtigt, sondern im Gegenteil grundrechtsverpflichtet ist; vgl. *Lissack* § 4 Rn. 166; *Gern* Rn. 794.
84 *BayVGH* BayVBl 1995, 662 ff.
85 *Kopp/Schenke* § 43 Rn. 25.
86 *BayVGH* BayVBl 1985, 339 ff.

liegt auf Seiten der Gemeinde ein Vertretungsfall nach Art. 39 Abs. 1 GO vor. Auch in den Fällen der allgemeinen Leistungsklage findet nach h.M. die Bestimmung des § 78 Abs. 1 VwGO entsprechende Anwendung. Bei der allgemeinen Feststellungsklage gilt § 78 VwGO grundsätzlich nicht. Die Klage ist gegen denjenigen zu richten, der das Recht bestreitet bzw. sich dessen berühmt. Insoweit findet hier dann aber wiederum der Gedanke des Rechtsträgerprinzips Anwendung.

Beispiel In unserem obigen *Beispiel* (Rn. 176) müsste der erste Bürgermeister seine Klage nach der in Bayern vorherrschenden Ansicht gegen die Gemeinde richten. Beachten Sie, dass, wenn der Bürgermeister im Kommunalverfassungsstreit als Kläger auftritt, die Gemeinde als Beklagte durch den Stellvertreter des ersten Bürgermeisters gerichtlich vertreten wird, Art. 39 Abs. 1 GO (Vermeidung von In-Sich-Geschäften). ■

> ### JURIQ-Klausurtipp
>
> Aufpassen müssen Sie in der Klausur, wenn der erste Bürgermeister als Kläger im Kommunalverfassungsstreit auftritt. Dann ist die Klage zwar weiter gegen die Gemeinde zu richten. Deren prozessuale Vertretung erfolgt dann aber über den Vertreter des ersten Bürgermeisters, Art. 39 Abs. 1 GO.

179 Im allgemeinen Rechtsschutzbedürfnis sollten Sie mit einem Satz klarstellen, dass der gerichtliche Kommunalverfassungsstreit selbständig neben der Möglichkeit eines eventuellen aufsichtlichen Tätigwerdens (Art. 108 ff. GO) steht. Gegenüber der Aufsichtsbehörde besteht kein gerichtlich durchsetzbarer Anspruch.

IV. Prüfungsschema

PRÜFUNGSSCHEMA

180   **Kommunalverfassungsstreitigkeit**

I. Entscheidungskompetenz des Gerichts

1. Eröffnung des Verwaltungsrechtswegs (§ 40 Abs. 1 S. 1 VwGO)
   - Verwaltungsrechtsweg   Rn. 170

2. Zuständiges Gericht, §§ 45, 52 VwGO

II. Zulässigkeit der Klage

1. Statthafte Klageart

   a) Anfechtungsklage

   setzt Verwaltungsakt i.S.v. Art. 35 BayVwVfG voraus
   - Verwaltungsakt   Rn. 172

   b) Feststellungsklage/allgemeine Leistungsklage kommt nur in Betracht, soweit kein Verwaltungsakt (s. a)) vorliegt.

   aa) Allgemeine Leistungsklage mit kassatorischer Wirkung
   - heranzuziehen bei nicht erledigter Maßnahme   Rn. 173

   bb) Feststellungsklage § 43 VwGO:
   - nur möglich im Falle der Erledigung oder Klageziel bloße Feststellung für die Zukunft. Rn. 176

2. Besondere Sachentscheidungsvoraussetzungen der jeweiligen Klageart

   a) Anfechtungsklage

   Vorverfahren (§§ 68 ff VwGO, Art. 15 AGVwGO) und Klagefrist (§ 74 Abs. 1 VwGO)

   b) Feststellungsklage (§ 43 VwGO)
   - Berechtigtes Interesse an der baldigen Feststellung und Subsidiarität (§ 43 Abs. 2 VwGO) Rn. 177

3. Klagebefugnis

   a) § 42 Abs. 2 VwGO analog bei allgemeiner Leistungsklage und Feststellungsklage
   - Ausschluss von Popularrechtsbehelfen   Rn. 177

   b) mögliche Verletzung organschaftlicher Mitwirkungsrechte
   - Beim ersten Bürgermeister: Rechte aus Art. 36 GO   Rn. 177
   - Verletzung der Zuständigkeit eines Organs   Rn. 177
   - Klagebefugnis aus Grundrechten   Rn. 177

4. Beteiligungs- und Prozessfähigkeit des Klägers

   §§ 61 Nr. 2, 62 Abs. 3 VwGO, bzw. §§ 61 Nr. 1, 62 Abs. 1 Nr. 1 VwGO

5. Allgemeines Rechtsschutzbedürfnis Rn. 179

   Abgrenzung zu aufsichtlichem Tätigwerden

III. Begründetheit der Klage

1. Passivlegitimation

   § 78 Abs. 1 Nr. 1 VwGO (analog): Gemeinde
   - BayVGH: Anwendung des Rechtsträgergedankens; Träger des jeweiligen Organs ist die Gemeinde   Rn. 178

2. Prüfung der Rechtmäßigkeit des gemeindlichen Handelns

V. Übungsfall Nr. 4

„Raus bist du!"

Gleicher Sachverhalt wie bei Übungsfall Nr. 3 (Rn. 164)

Aufgabe: Angenommen, Gemeinderatsmitglied C wäre vor der Abstimmung ausgeschlossen worden und möchte sich den Ausschluss nicht bieten lassen. Welche Rechtsschutzmöglichkeiten stehen ihm offen?

Lösung

Rechtsschutzmöglichkeiten des C bei Ausschluss von der Abstimmung

Zu erwägen ist hier zunächst ein Vorgehen im Wege der Anfechtungsklage, § 42 Abs. 1 Alt. 1 VwGO.

I. Anfechtungsklage, § 42 Abs. 1 Alt. 1 VwGO

Damit eine Anfechtungsklage vorliegend statthaft wäre, müsste es sich beim Ausschluss des C um einen Verwaltungsakt handeln, Art. 35 S. 1 BayVwVfG. Problematisch ist hierbei das Kriterium der Außenwirkung. Die Ausschlussentscheidung nach Art. 49 Abs. 3 GO ist ein reiner Innenrechtsvorgang, dem keine Außenwirkung zukommt. Eine solche wäre jedoch für das Vorliegen eines Verwaltungsaktes (Art. 35 BayVwVfG) und demnach für die Statthaftigkeit einer Anfechtungsklage zwingend erforderlich.

Weiter ist an eine allgemeine Leistungs- bzw. Feststellungsklage zu denken. Eine solche müsste zulässig und begründet sein.

II. Allgemeine Leistungsklage/ Allgemeine Feststellungsklage (Kommunalverfassungsstreitigkeit)

1. Entscheidungskompetenz des Gerichts

a) Eröffnung des Verwaltungsrechtswegs, § 40 Abs. 1 S. 1 VwGO

Zunächst müsste der Verwaltungsrechtsweg eröffnet sein. Dies beurteilt sich nach § 40 Abs. 1 S. 1 VwGO. Die Streitigkeit müsste öffentlich-rechtlicher Art sein und es dürfte keine verfassungsrechtliche Streitigkeit gegeben sein. Streitentscheidende Normen sind solche der GO (insbesondere Art. 49 Abs. 1 GO); Auch liegt keine verfassungsrechtliche Streitigkeit vor, da

keine unmittelbar am Verfassungsleben Beteiligten über die Auslegung von Verfassungsrecht (GG) streiten; Streitgegenstand ist hier ausschließlich kommunales Organisationsrecht; Es liegt daher ein Kommunalverfassungsstreit in der Unterform des Intraorganstreits (nur ein Organ Gemeinderat berührt) vor.

b) Zuständiges Gericht, §§ 45, 52 VwGO i.V.m. Art. 1 Abs. 2 Nr. 6 AGVwGO

Dies beurteilt sich hier nach §§ 45, 52 Nr. 5 VwGO, Art. 1 Abs. 2 Nr. 6 AGVwGO. Entscheidungszuständig ist das VG Augsburg.

2. Zulässigkeit der Klage

a) Statthafte Klageart

Bei der Beurteilung der statthaften Klageart sind zwei Ansätze denkbar. Zum einen lässt sich eine allgemeine Leistungsklage mit kassatorischer Wirkung (Art. 19 Abs. 4 GG) unter der Argumentation vertreten, dass die Ausschlussentscheidung so lange nicht erledigt ist, als die ohne Mitwirkung des C beschlossene Hundesteuersatzung Rechtsgrundlage für den Erlass von entsprechenden Abgabebescheiden darstellt. Zum anderen ist auch eine allgemeine Feststellungsklage denkbar, sofern man davon ausgeht, dass sich die den C betreffende Ausschlussentscheidung mit der Abstimmung über den Tagesordnungspunkt „Hundesteuersatzung" erledigt hat. Eine Aufhebung im Rahmen einer allgemeinen Leistungsklage wäre demnach nicht mehr sachgerecht; die unmittelbare rechtliche Beschwer des C wäre mit der Abstimmung in der Sache entfallen. Beide Ansichten sind an dieser Stelle mit entsprechender Argumentation vertretbar, wobei die Entscheidung für eine allgemeine Feststellungsklage vorzugswürdig erscheint, da die konkrete Ausschlussentscheidung sich nur auf die

Abstimmung über die Hundesteuersatzung bezog und demnach mit der entsprechenden Abstimmung keine unmittelbaren Auswirkungen mehr entfaltet. Sofern man eine allgemeine Feststellungsklage annimmt, muss zusätzlich klargestellt werden, dass die Rechtsverhältnisse aus der GO feststellungsfähig sind[87] und eine Feststellung auch für in der Vergangenheit bereits abgeschlossene Rechtsvorgänge möglich ist.[88]

b) Klagebefugnis, § 42 Abs. 2 VwGO analog

Um im Rahmen von allgemeiner Leistungs- und Feststellungsklage Popularrechtsbehelfe auszuschließen, bedarf es auch hier analog § 42 Abs. 2 VwGO des Vorliegens einer Klagebefugnis (h.M.). Da C von der Entscheidung (Ausschluss von der Abstimmung) nicht als Privatperson betroffen ist, sondern diese allein seine Rechtsstellung als Teil eines Gemeindeorgan betrifft, muss an dieser Stelle auf möglicherweise verletzte Organrechte des C abgestellt werden. Solche hier tangierte Rechtspositionen aus der GO sind das Recht auf Sitzungsteilnahme, Art. 48 Abs. 1 S. 1 GO im Umkehrschluss sowie das Recht auf Abstimmung, Art. 49 Abs. 1 GO.

c) Feststellungsinteresse

Sofern man eine allgemeine Feststellungsklage vorliegend als statthafte Klageart ansieht, bedarf es darüber hinaus des Vorliegens eines Feststellungsinteresses. Bei in der Vergangenheit abgeschlossenen Rechtsvorgängen (Erledigung!) ist dieses berechtigte Interesse nur anzuerkennen, wenn das Rechtsverhältnis über seine Beendigung hinaus anhaltende Wirkung in der Gegenwart äußert, insbesondere bei fortdauernder Diskriminierung, fortdauernden Rechtsbeeinträchtigungen und Wiederholungsgefahr.[89] Dies entspricht im Wesentlichen den zu § 113 Abs. 1 S. 4 VwGO entwickelten und anerkannten Fallgruppen. Hier kann problemlos auf eine mögliche Wiederholungsgefahr hingewiesen werden, da die Rechtsverhältnisse im Gemeinderat auf die Dauer von 6 Jahren angelegt sind, Art. 23 Abs. 1 des Gesetzes über die Wahl der Gemeinderäte, Bürgermeister, der Kreistage und der Landräte (GLKrWG[90]).

d) Vorverfahren, § 68 VwGO

Ein solches entfällt bei allgemeiner Leistungs- und Feststellungsklage bereits begrifflich. § 68 VwGO gilt nur für Anfechtungs- und Verpflichtungsklagen.

e) Klagefrist

Allgemeine Leistungs- und Feststellungsklage kennen anders als Anfechtungs- und Verpflichtungsklage keine Klagefrist.

f) Beteiligten- und Prozessfähigkeit, §§ 61, 62 VwGO

Für den Kläger C in seiner Organstellung, gilt insoweit § 61 Nr. 2 VwGO, da er gerade nicht in seiner Eigenschaft als Privatperson als Kläger auftritt. Die Prozessfähigkeit entnimmt man insoweit aus § 62 Abs. 1 Nr. 1 VwGO. Für die beklagte Gemeinde gilt § 61 Nr. 1 Alt. 2 VwGO (juristische Person nach Art. 1 GO). Die prozessuale Vertretung regelt sich über § 62 Abs. 3 VwGO in Verbindung mit Art. 38 Abs. 1 GO. Die Gemeinde wird im Prozess durch den ersten Bürgermeister vertreten.

g) Allgemeines Rechtsschutzbedürfnis

Dazu dürfte anstelle der Klage kein einfacherer, in der Effizienz der Klage entsprechender Weg gegeben sein. Ein solcher ist hier nicht erkennbar. C könnte sich zwar an die Rechtsaufsichtsbehörde (diese wäre nach Art. 110 S. 1 GO das Landratsamt Aichach-Friedberg) wenden, jedoch gilt es zu beachten, dass der Einzelne keinen Anspruch auf aufsichtliches Einschreiten besitzt. Unter Geltung des Opportunitätsprinzips in Art. 108 ff. GO besitzt der Bürger nur ein bloßes Anregungsrecht gegenüber der Aufsichtsbehörde.

3. Zwischenergebnis

Die Klage des C ist als allgemeine Leistungsklage mit kassatorischer Wirkung bzw. als allgemeine Feststellungsklage zulässig.

---

87 *Kopp/Schenke* VwGO § 43 Rn. 11.
88 *Kopp/Schenke* VwGO § 43 Rn. 18, 25.
89 *Kopp/Schenke* VwGO § 43 Rn. 25.
90 *Ziegler/Tremel* Nr. 290.

III. Begründetheit der Klage

Die Klage des C ist begründet, wenn sie gegen den richtigen Beklagten gerichtet ist, und die den C betreffende Ausschlussentscheidung in rechtswidriger Weise erfolgt ist.

1. Passivlegitimation, § 78 Abs. 1 Nr. 1 VwGO analog

Die Klage müsste gegen den richtigen Beklagten gerichtet sein. Richtiger Beklagter ist nach der in Bayern vorherrschenden Ansicht die Gemeinde als Rechtsträger des handelnden Organs Gemeinderat und nicht das Organ selbst. Das Organhandeln des Gemeinderats wird der Gemeinde zugerechnet. Sofern man in dieser Konstellation die allgemeine Leistungsklage für statthaft erachtet, kann § 78 Abs. 1 Nr. 1 VwGO analog herangezogen werden. Bei der allgemeinen Feststellungsklage wird dies überwiegend verneint. Die Klage ist gegen denjenigen zu richten, der das streitige Rechtsverhältnis behauptet bzw. bestreitet. Letztlich führt aber auch diese Überlegung wiederum zur Anwendung des Rechtsträgerprinzips, so dass auch bei Annahme einer allgemeinen Feststellungsklage, diese gegen die Gemeinde K zu richten ist.

2. Rechtswidrigkeit der Ausschlussentscheidung, Art. 49 Abs. 1 GO

Da vorliegend bezüglich der Mitwirkung des C am Erlass einer neuen Hundesteuersatzung nur ein bloßes Gruppeninteresse vorlag, d.h. C keinen besonderen Individualvorteil bzw. Individualnachteil durch die Satzung erlangt bzw. erleidet, ist sein Ausschluss in rechtswidriger Weise erfolgt (siehe Übungsfall 3). Art. 49 Abs. 4 GO kann in dieser Konstellation keinesfalls zur Heilung herangezogen werden, da es sich bei Art. 49 Abs. 4 GO um eine nicht analogiefähige Sondervorschrift handelt. Diese ist nach ihrem eindeutigen Wortlaut nur anwendbar, soweit eine individuelle Betroffenheit vorliegt und der Betroffene an der Abstimmung tatsächlich teilnimmt. Im Falle des unberechtigten Ausschlusses bleibt Art. 49 Abs. 4 GO unanwendbar. Der zu Unrecht Ausgeschlossene steht im Ergebnis so, wie der nicht zur Sitzung Geladene. Diese wesentliche Verletzung von Organrechten (Recht auf Teilnahme und Abstimmung) führt stets zur Rechtswidrigkeit der Ausschlussentscheidung. Da der zu Unrecht erfolgte Ausschluss den C in seinen organschaftlichen Rechten aus der GO verletzt, ist seine Klage begründet.

3. Ergebnis

Eine Klage des C gegen seinen Ausschluss von der Abstimmung wäre zulässig und begründet.

Online-Wissens-Check

Was versteht man unter einer kommunalverfassungsrechtlichen Streitigkeit?

Überprüfen Sie jetzt online Ihr Wissen zu den in diesem Abschnitt erarbeiteten Themen. Unter **www.juracademy.de/skripte/login** steht Ihnen ein Online-Wissens-Check speziell zu diesem Skript zur Verfügung, den Sie kostenlos nutzen können. Den Zugangscode hierzu finden Sie auf der Codeseite.

5. Teil
Handlungsformen der Gemeinde

A. Die Satzung als Rechtsetzungsakt im eigenen Wirkungskreis

183 Die kommunalen Gebietskörperschaften können im Rahmen ihrer Aufgaben auch Rechtsnormen, d.h. abstrakt-generelle Regelungen mit unmittelbarer Außenwirkung erlassen.

Die von Gebietskörperschaften erlassenen Rechtsetzungsakte sind, da der Normgeber ein Teil der Exekutive ist, **materielle Gesetze**.[1]

> **Satzungen** sind Rechtsnormen, die juristische Personen des öffentlichen Rechts zur Regelung ihrer **Selbstverwaltungsangelegenheiten**, also ihrer eigenen Angelegenheiten im Rahmen der ihnen vom Staat eingeräumten Autonomie erlassen.[2]

184 Die den Gemeinden eingeräumte **Rechtsetzungshoheit** in Selbstverwaltungsangelegenheiten (vgl. Art. 23 S. 1 GO) ist Teil der **Gebietshoheit** der Gemeinde und insoweit – wie überwiegend angenommen wird – **Kernbereich der kommunalen Selbstverwaltungsgarantie**.[3]

> **Hinweis**
>
> Sofern also z.B. die Rechtsaufsichtsbehörde eine Satzung der Gemeinde beanstandet und deren Aufhebung verlangt (Art. 112 GO), kann die Gemeinde gegen diese aufsichtliche Maßnahme wegen einer möglichen Verletzung ihres Selbstverwaltungsrechts gerichtlich vorgehen.

185 Die wichtigsten Satzungsinhalte sind
- die Benutzung des gemeindlichen Eigentums und der öffentlichen Einrichtungen der Gemeinde, Art. 24 Abs. 1 Nr. 1 GO,
- Satzungen über den Anschluss- und Benutzungszwang bei gemeindlichen Einrichtungen, wie z.B. Kanalisation, Art. 24 Abs. 1 Nr. 2, 3 GO,
- die Erbringung von Gemeindediensten, Art. 24 Abs. 1 Nr. 4 GO, sowie
- außerhalb der GO der Erlass von Bebauungsplänen, § 10 Abs. 1 BauGB und von örtlichen Bauvorschriften (z.B. Baugestaltungssatzung, Stellplatzsatzung), Art. 81 Abs. 1 BayBO.

---

1 *Lissack* § 3 Rn. 1.
2 *Maurer* DÖV 1993, 184 ff.; *Lissack* § 3 Rn. 1.
3 *BVerfG* NVwZ 1982, 306 ff.; *Gern* Rn. 248.

B. Die Verordnung als Rechtsetzungsakt im übertragenen Wirkungskreis

Verordnungen zeichnen sich dadurch aus, dass der Verordnungsgeber aufgrund **spezieller**   **186**
staatlicher Rechtsgrundlage (vgl. Art. 23 S. 2 GO, Art. 55 Nr. 2 S. 3 BV) letztlich eine ursprünglich in die Kompetenz des Staates fallende abstrakt-generelle Regelung trifft. Klassischer
Anwendungsbereich der kommunalen Rechtsverordnung ist die **Gefahrenabwehr**. Gewährung von Sicherheit ist Aufgabe des Staates.[4]

> Gemäß Art. 42 Abs. 1 S. 2 LStVG ist jeglicher Verordnungserlass der Gebietskörperschaft – sei
> es auf Grundlage des LStVG, sei es auf anderweitiger gesetzlicher Ermächtigung (z.B. Natur-
> schutzrecht, Gaststättenrecht) – **Handeln im übertragenen Wirkungskreis**.

Beispiel   Wenn die Gemeinde die Benutzung ihrer Kanalisation oder eines in ihrem Eigentum stehenden Schwimmbades regeln will, muss sie dies in Form einer Satzung tun, da
es sich um eine öffentliche Einrichtung im Sinne von Art. 21 GO handelt. Es ist insoweit
die Organisationshoheit der Gemeinde berührt. Regelt die Gemeinde hingegen ein Bade-
verbot für einen Weiher im Gemeindegebiet, ist thematisch eine Angelegenheit der
Gefahrenabwehr einschlägig (Art. 27 LStVG), so dass die Verordnung das zutreffende
Regelungsinstrumentarium darstellt. Die Gemeinde wird hierbei dann nach Art. 42 Abs. 1
S. 2 LStVG im übertragenen Wirkungskreis tätig. Gefahrenabwehr ist in erster Linie Aufgabe des Staates! ■

> **Hinweis**
>
> Damit kann zwar der Erlass einer Satzung, nicht aber der Erlass bzw. die Aufhebung einer
> Verordnung tauglicher Gegenstand eines Bürgerbegehrens nach Art. 18a Abs. 1 GO sein.

C. Unterschiede zwischen Satzungen und Verordnungen

Die wesentlichen Unterschiede zwischen Satzung und Verordnung liegen abgesehen vom   **187**
Regelungsgegenstand (bei der Satzung Selbstverwaltungsangelegenheit; bei der Verordnung
überwiegend Regelung staatlicher Rechtsmaterie) und der unterschiedlichen Zuordnung zu
den gemeindlichen Wirkungskreisen im Folgenden:

- Das Satzungsverfahren ist in den Art. 23 ff. GO geregelt; für jedwede Rechtsverordnung
  gelten die Art. 42 ff. LStVG – nur ganz vereinzelt erfolgt hier ein Rückverweis auf die GO
  (vgl. Art. 51 Abs. 1 LStVG).
- Satzungen können nur von juristischen Personen des öffentlichen Rechts, denen das
  Recht zur Selbstverwaltung eingeräumt ist, erlassen werden. Die Verordnung kann neben
  den Gebietskörperschaften auch durch eine Staatsbehörde erlassen werden.
- Beim Satzungserlass unterliegt die Gemeinde im eigenen Wirkungskreis unstreitig der
  Rechtsaufsicht aus Art. 110, 109 Abs. 1 GO; für den Verordnungserlass im übertragenen
  Wirkungskreis (Art. 42 Abs. 1 S. 2 LStVG) besteht ein Sonderfall der Aufsicht in Art. 46, 49
  LStVG in der Zuständigkeit der Rechtsaufsichtsbehörde (Art. 110 GO).

---

4 *Lissack* § 3 Rn. 5.

- Eine Rechtspflicht zum Erlass von Satzungen ist gesetzlich nicht vorgesehen. Dies würde auch dem Grundsatz kommunaler Selbstverwaltung zuwider laufen; erlässt die Gemeinde eine Verordnung nicht, zu deren Erlass sie ermächtigt ist, so sieht Art. 46 LStVG hier eine Ersatzvornahme durch die Rechtsaufsichtsbehörde (Art. 110 GO) vor, wenn dies das Wohl der Allgemeinheit zwingend erfordert.

- Wesentlicher Unterschied ist auch das Erfordernis einer gesetzlichen Ermächtigungsgrundlage;[5] eine Rechtsverordnung bedarf **stets** einer rechtsgültigen gesetzlichen Ermächtigung (vgl. Art. 55 Nr. 2 S. 3 BV, Art. 23 S. 2 GO); Satzungen bedürfen zunächst in den Fällen des Art. 23 S. 2 GO einer besonderen Ermächtigungsgrundlage (bewehrte Satzungen; Satzungen im übertragenen Wirkungskreis); Art. 23 S. 1 GO ist aber nur dann Rechtsgrundlage zum Satzungserlass, wenn nicht durch die Satzung selbst oder ihre Anwendung im Einzelfall in subjektive Rechte Dritter (insbesondere Grundrechte) eingegriffen wird.[6] Über den Wortlaut von Art. 23 S. 1 und S. 2 hinaus, bedarf der Satzungserlass immer dann der gesetzlichen Ermächtigung, wenn die Satzung oder deren Vollzug einen Rechtseingriff in Rechte Dritter zulässt.[7] Eine derartige Rechtsgrundlage stellt dann z.B. Art. 24 GO dar.

D. Rechtmäßigkeitsanforderungen an Satzungen

188 Bei Überprüfung einer Satzung wird – vergleichbar der Überprüfung der Rechtmäßigkeit eines Verwaltungsakts – zunächst nach einer Ermächtigungsgrundlage gefragt, im Anschluss eine formelle und materielle Rechtmäßigkeitsüberprüfung vorgenommen.

Im Rahmen der formellen Rechtmäßigkeit wird das Zustandekommen der Satzung gewürdigt, während die Prüfstation „Materielle Rechtmäßigkeit" den Inhalt der Satzung in den Blick nimmt.

> **JURIQ-Klausurtipp**
>
> Denken Sie daran, dass Satzungen und Verordnungen regelmäßig mehrere Regelungsgegenstände beinhalten; in der Klausur empfiehlt es sich in diesen Fällen, die einzelnen Ziffern getrennt auf ihre Wirksamkeit (Ermächtigungsgrundlage etc.) zu überprüfen.
>
> Regelmäßiger Klausurgegenstand ist auch die Überprüfung eines Verwaltungsaktes, der seine Rechtsgrundlage in einer gemeindlichen Satzung findet. In diesen Konstellationen müssen Sie die Rechtmäßigkeit der Satzung im Rahmen der materiellen Rechtmäßigkeit des Verwaltungsakts (!) inzident überprüfen.

I. Formelle Anforderungen

189 Die Prüfung der formellen Rechtmäßigkeit unterteilt man in die Unterpunkte „Zuständigkeit", „Verfahren" und „Form".

---

5 *BayVerfGE* 15, 22 ff.
6 *Lissack* § 3 Rn. 20.
7 *BVerwGE* 6, 247 ff.; *BayVGH* BayVBl 1992, 337 ff.; *BVerwGE* 90, 359 ff.

1. Zuständigkeit

In der **Zuständigkeit** ist bei Gebietskörperschaften zwischen Verbands- und Organkompetenz zu trennen. Die Verbandskompetenz lässt sich im Regelfall mit der Ermächtigungsgrundlage beantworten (vgl. Art. 23 S. 1, Art. 24 Abs. 1 GO, § 2 Abs. 1 BauGB). Die Organkompetenz beim Erlass gemeindlicher Satzungen ergibt sich aus den Art. 29 ff. GO. Regelzuständig ist zum Erlass von Satzungen der Gemeinderat. Eine Zuständigkeit des ersten Bürgermeisters aus Art. 37 GO wird überwiegend abgelehnt. Satzungen erfüllen nicht den Begriff der „laufenden Angelegenheiten" in Art. 37 Abs. 1 Nr. 1 GO, noch liegt eine dringliche Anordnung im Sinne von Art. 37 Abs. 3 GO vor (gilt nach h.M. nur für die Einzelfallanordnung nach Art 35 BayVwVfG[8]). **190**

Beispiel Wenn die Gemeinde eine neue Hundesteuersatzung (Art. 3 KAG) erlassen will, ist hierfür der Gemeinderat zuständig. Dem ersten Bürgermeister kommt insofern keine Entscheidungskompetenz zu. Es liegt weder eine laufende Angelegenheit noch eine dringliche Anordnung vor. Ein eventuell bestehender beschließender Ausschuss ist gleichfalls nicht organkompetent. Dies schließt für Satzungen und Verordnungen die Bestimmung des Art. 32 Abs. 2 S. 2 Nr. 2 GO aus. ■

2. Verfahren

Das **Verfahren** der Beschlussfassung richtet sich nach Art. 45 ff. GO. Hier sind die Punkte „Beschlussfähigkeit", „Beschlussfassung" zu prüfen (Näheres unter Teil 4 C „Der Geschäftsgang der Gemeinde"). **191**

3. Form

Unter dem Oberpunkt **Form** ist zunächst an ein eventuelles **Genehmigungserfordernis** der Satzung zu denken. Ein solches kann sich aus der GO selbst ergeben (vgl. Art. 117 GO) bzw. aus anderen Gesetzen (vgl. Art. 2 Abs. 3 KAG, § 10 Abs. 2 BauGB). **192**

Vor der Bekanntmachung als abschließendem formellem Akt erfolgt die **Ausfertigung** durch den ersten Bürgermeister, Art. 26 Abs. 2 S. 1 GO. **193**

> **Ausfertigung** bedeutet die **handschriftliche Unterzeichnung** der Originalurkunde der Satzung unter Datumsangabe.[9]

Hierdurch bekundet der erste Bürgermeister, dass der Inhalt der Satzungsurkunde mit dem gemeindlichen Willensbildungsakt übereinstimmt (**Authentizitätsfunktion**) und alle für das Verfahren maßgeblichen Verfahrensvorschriften beachtet wurden (**Legalitätsfunktion**).[10]

Die abschließende **Bekanntmachung** verschafft die Publizität der Satzung. Die Bekanntmachung ist in Art. 26 Abs. 2 GO in Verbindung mit den Vorschriften der Bekanntmachungsverordnung (BekV) geregelt. **194**

---

8 *Lissack* § 4 Rn. 25; *Knemeyer* Rn. 244.

9 *Lissack* § 3 Rn. 16; *Knemeyer* Rn. 115.

10 *Bauer/Böhle/Ecker* Art. 26 Rn. 8.

195 Wichtig ist dabei die Einhaltung einer **strengen Chronologie**. Der Ausfertigungsakt nach Art. 26 Abs. 2 S. 1 GO hat zwingend der Bekanntmachung zeitlich vorauszugehen. Erfolgt die Bekanntmachung vor der Ausfertigung der Satzung, so ist diese **nichtig**.[11]

> **Hinweis**
>
> Denken Sie bitte daran, dass dieses Problem gerne in Baurechtsklausuren auftaucht. Prägen Sie sich bitte ein, dass es im Verhältnis von Ausfertigung und Bekanntmachung eine strenge Chronologie zu beachten gilt. Wird die Ausfertigung erst nach der Bekanntmachung vorgenommen, so ist der Rechtsetzungsakt regelmäßig unwirksam, da er an einem Verfahrensfehler nach Landesrecht leidet. Denken Sie hier aber in baurechtlichen Klausuren an eine eventuelle Heilung in einem ergänzenden Verfahren nach § 214 Abs. 4 BauGB.

196 Das Inkrafttreten der Satzung ist schließlich in Art. 26 Abs. 1 GO geregelt.

> **Hinweis**
>
> Rückwirkung von Satzungen
>
> Beim rückwirkenden Inkrafttreten von Satzungen sind zwei Fälle zu unterscheiden:
>
> Die **echte Rückwirkung** betrifft die Fallgestaltung, dass ein in der Vergangenheit liegender abgeschlossener Sachverhalt rückwirkend in eine Rechtsgrundlage einbezogen werden soll.[12] Diese Rückwirkung ist grundsätzlich unzulässig.[13] Ausnahmen sind nur dann denkbar, wenn mit dem Neuerlass der Regelung zu rechnen war und demnach der Betroffene keinen Vertrauensschutz genießt.[14] Diese Konstellation ist insbesondere im Abgabenrecht relativ häufig – da der betroffene Abgabenschuldner mit seiner Heranziehung zu einer Gebühr/Beitrag rechnen musste, ist die echte Rückwirkung hier ausnahmsweise zulässig.
>
> Die **unechte Rückwirkung** (tatbestandliche Rückanknüpfung) betrifft dagegen die Fallgestaltung, dass die Satzung ihre Geltung auf Fälle erstreckt, die in der Vergangenheit begonnen, aber zeitlich noch nicht abgeschlossen sind.[15] Diese Form der Rückwirkung wird als allgemein zulässig erachtet.[16]

Beispiel Stellt die Gemeinde z.B. drei Jahre nach Abschluss von Kanalherstellungsarbeiten fest, dass sie eine Unternehmerrechnung bei der Beitragskalkulation übersehen hat und erlässt sie daraufhin nach Feststellung der Unwirksamkeit ihrer Satzung in einem Normenkontrollverfahren nach § 47 Abs. 1 Nr. 2 VwGO eine erneute Satzung mit Rückwirkung, so liegt darin ein Fall echter Rückwirkung, da die Satzung mit der Möglichkeit der Beitragserhebung an die in der Vergangenheit liegende und bereits abgeschlossene Maßnahme der Kanalherstellung anknüpft. ■

---

11 *BayVGH* BayVBl 1993, 530 ff.
12 *BVerfGE* 13, 261 ff.; *BVerfGE* 22, 241 ff.
13 *Bauer/Böhle/Ecker* Art. 22 Rn. 82.
14 *BVerfGE* 13, 261 ff.
15 *BVerfGE* 11, 139 ff.; *BVerfGE* 22, 241 ff.
16 *Bauer/Böhle/Ecker* Art. 22 Rn. 81, 82; *Lissack* § 3 Rn. 29, 30.

II. Materielle Anforderungen

1. Ermächtigungsgrundlage

Zunächst bedarf es einer rechtsgültigen **Ermächtigungsgrundlage**,[17] deren Voraussetzungen **197** erfüllt sein müssen. Art. 23 S. 1 GO kann nur dann Rechtsgrundlage zum Satzungserlass sein, wenn die Satzung oder deren Vollzugsakt **nicht** in Rechtspositionen (insbesondere Grundrechte) Dritter eingreift. Greift die Satzung selbst oder deren Vollzugsakt in Rechte Dritter ein (rechtseingreifende Satzung), so bedarf es über Art. 23 S. 1, S. 2 GO hinaus einer besonderen gesetzlichen Ermächtigung.[18] Diese kann z.B. in Art. 24 Abs. 1 GO oder auch §§ 2 Abs. 1, 1 Abs. 2 BauGB oder auch Art. 81 Abs. 1 BayBO erblickt werden. Unter Umständen ist an dieser Stelle zu prüfen, ob die Ermächtigungsgrundlage ihrerseits rechtsgültig ist, d.h., ob sie vereinbar ist mit GG, BV oder sonstigem Bundes- oder Landesrecht.

> **Hinweis**
>
> Prägen Sie sich ein, dass Art. 23 S. 1 GO nur ganz ausnahmsweise taugliche Rechtsgrundlage für den Satzungserlass sein kann. Sobald die Satzung – wie regelmäßig – in geschützte Rechtspositionen Dritter eingreifen kann, bedarf es einer spezialgesetzlichen Ermächtigung. An dieser Stelle müssen Sie insbesondere an die in Art. 24 GO geregelten Fälle denken.

2. Vereinbarkeit mit der Ermächtigungsgrundlage und mit höherrangigem Recht

Danach ist zu prüfen, ob die Satzung von der Ermächtigungsgrundlage gedeckt ist.   **198**

Schließlich ist zu prüfen, ob die Satzung selbst gegen höherrangiges Recht (Bundes- oder Landesrecht, BV, GG) verstößt und ob sie die allgemeinen Rechtsgrundsätze, wie das Bestimmtheitsgebot und den Verhältnismäßigkeitsgrundsatz wahrt. Art. 80 Abs. 1 GG ist dabei kein Beurteilungskriterium, da er sich allein an den Erlass von Rechtsverordnungen (auf bundesgesetzlicher Grundlage) wendet.[19]

> **JURIQ-Klausurtipp**
>
> Die Satzungsüberprüfung wird insbesondere in den Rechtsmaterien des kommunalen Abgabenrechts und im Bereich der öffentlichen Einrichtungen, Art. 21 GO relevant. Daher sollte Ihnen das Prüfungsschema einer Satzung geläufig sein.

3. Exkurs: Inhaltliche Anforderungen an den Erlass von Rechtsverordnungen

Auch hier unterteilt man die Prüfung in die beiden Oberpunkte „Formelle Rechtmäßigkeit" **199** und „Materielle Rechtmäßigkeit".

---

17 *Knemeyer* Rn. 92.
18 *Knemeyer* Rn. 93.
19 *Knemeyer* Rn. 94.

In der Prüfstation **„Formelle Rechtmäßigkeit"** ergibt sich die Verbandszuständigkeit regelmäßig aus der Ermächtigungsgrundlage selbst (sofern die Ermächtigungsgrundlage eine Mehrfachkompetenz schafft, ist in Art. 44 LStVG ein Subsidiaritätsprinzip[20] verankert, das allerdings als Sollvorschrift ausgestaltet ist und auf Zweckmäßigkeitsgesichtspunkte abstellt); für die Organkompetenz ist auf Art. 42 Abs. 1 LStVG zu verweisen. Der erste Bürgermeister hat hier anders als bei Satzungen eine Notverordnungskompetenz in Art. 42 Abs. 2 LStVG.

Das Verfahren beurteilt sich auch im Verordnungsbereich ausschließlich nach Art. 45 ff. GO.

Bei der „Form" der Verordnung ist Art. 45 Abs. 2 LStVG zu beachten, wonach die Verordnung ihre Ermächtigungsgrundlage nennen soll. Ein Verstoß hiergegen ist nach h.M. unbeachtlich,[21] da Art. 80 Abs. 1 S. 3 GG weder direkt (gilt nur für bundesrechtliche Verordnungen) noch über Art. 28 Abs. 1 S. 1 GG (Homogenitätsgebot) gilt. Bezüglich der Bewehrung einer Verordnung (Bußgeldtatbestand) gilt es Art. 4 Abs. 1 LStVG (zwingendes Zitiergebot) zu beachten, wonach die Ermächtigungsgrundlage zwingend zu bezeichnen ist. Ein Verstoß hiergegen führt wegen Verstoßes gegen Art. 4 Abs. 1 LStVG und Art. 104 Abs. 1 BV zur Nichtigkeit der Verordnung.

Beispiel   Eine Verordnung über einen Leinenzwang für Kampfhunde enthält neben dem Grundtatbestand der Leinenpflicht auch einen Bußgeldtatbestand. Eine Ermächtigungsgrundlage nennt die Verordnung weder für den Grund- noch für den Bußgeldtatbestand. In derartigen Konstellationen ist hinsichtlich des Grundtatbestands auf Art. 45 Abs. 2 LStVG abzustellen; der Verstoß bleibt damit unbeachtlich. Für den Bußgeldtastbestand gilt es hingegen, Art. 4 Abs. 1 LStVG zu beachten. Bei Nichtnennung der Ermächtigungsnorm ist dieser Teil der Verordnung unwirksam. ■

> **JURIQ-Klausurtipp**
>
> Beachten Sie in Klausuren, dass Sie regelmäßig Grundtatbestand und Bußgeldtatbestand in Verordnungsklausuren zu überprüfen haben. Denken Sie hierbei daran, dass Ihnen das Problem „Benennung der Rechtsgrundlage/Zitiergebot" **zweifach** begegnet. Prägen Sie sich bitte auch ein, dass Sie bei Unwirksamkeit eines Verordnungsteils den Vorrang der Teilnichtigkeit (bei entsprechender Teilbarkeit der Verordnung, die zu prüfen ist) vor der Feststellung der Gesamtnichtigkeit zu beachten haben.

In der Prüfstation **„Materielle Rechtmäßigkeit"** ist darauf zu verweisen, dass die Verordnung stets besonderer gesetzlicher Ermächtigung bedarf (Art. 55 Nr. 2 S. 3 BV, Art. 23 S. 2 GO).[22] Für die Ermächtigungsgrundlage gilt Art. 80 Abs. 1 S. 2 GG analog, das Bestimmtheitsgebot ist auf landesrechtliche Verordnungen anders als das Zitiergebot des Art. 80 Abs. 1 S. 3 GG anzuwenden.[23] Im Übrigen muss auch hier die Ermächtigungsgrundlage rechtsgültig, die Verordnung von dieser gedeckt sein und die Verordnung mit höherrangigem Recht vereinbar sein.

Die Aufhebung einer Rechtsverordnung erfolgt nach Art. 48 S. 1 LStVG ebenfalls im Wege einer Verordnung (actus contrarius).

---

20 *Lissack* § 3 Rn. 33.
21 *Lissack* § 3 Rn. 36.
22 *Knemeyer* Rn. 127.
23 *Lissack* § 3 Rn. 38.

4. Rechtsfolgen bei Verstößen

Sofern eine Satzung/Verordnung an einem Rechtsfehler leidet, ist diese grundsätzlich **nichtig** **200**
und damit unwirksam. Anders als bei Verwaltungsakten, die nur ganz ausnahmsweise nach
Art. 44 BayVwVfG nichtig sind, ist die Nichtigkeit bei abstrakt-generellen Rechtssetzungsakten die
Regel. Die Konstellation, dass der Rechtsakt zwar rechtswidrig, aber wirksam ist, – so der Regelfall
bei Verwaltungsakten – ist hier grundsätzlich nicht bekannt. Zu beachten gilt es schließlich, dass
ein Verwaltungsakt, der aufgrund einer nichtigen Satzung erlassen wurde, grundsätzlich nur rechtswidrig ist.[24] Die Nichtigkeit des Art. 44 BayVwVfG wird hier nur dann ausgelöst, wenn der Verwaltungsakt absolut gesetzlos ist (sein Erlass ist unter keinen Umständen denkbar und dies ist auch für jeder-
mann offensichtlich, z.B. Erlass durch eine Landesbehörde bei bundesgesetzlicher Zuständigkeit[25]).

> **Hinweis**
>
> Wegen dieser zwingenden Nichtigkeit bei Satzungen/Verordnungen gibt es im Baurecht die
> weit reichenden Vorschriften über den Planerhalt in den §§ 214 ff. BauGB.

Rechtmäßigkeitsüberprüfung einer Satzung

I. Ermächtigungsgrundlage
  Spezialgesetz oder Generalklausel Art. 23 GO   Rn. 197

II. Formelle Rechtmäßigkeit
  1. Zuständigkeit
    Trennung von Verbandskompetenz und Organkompetenz   Rn. 190
  2. Verfahren
    Prüfung des Verfahrens zum Satzungserlass am Maßstab von Art. 45 ff. GO
  3. Form
    Schriftform; Ausfertigung (Art. 26 Abs. 2 GO); Bekanntmachung, Art. 26 Abs. 2 GO; Inkrafttreten,
    Art. 26 Abs. 1 GO   Rn. 192 193 194

III. Materielle Rechtmäßigkeit
  1. Voraussetzungen der Ermächtigungsgrundlage
    Rechtsgrundlage nennen, auf die die Satzung gestützt ist   Rn. 197
  2. Rechtsgültigkeit der Ermächtigungsgrundlage
  3. Satzung von der Ermächtigungsgrundlage gedeckt
    Erfüllung der materiellen Vorgaben   Rn. 198
  4. Kein Verstoß gegen höherrangiges Recht
  Verfassungsrechte: Grundrechte (GG, BV)
  Verfassungsprinzipien des Rechtsstaatsprinzips: Verhältnismäßigkeit,
    Bestimmtheit; Landes- und Bundesgesetze
    Prüfungsmaßstab   Rn. 198

IV. Rechtsfolgen bei Rechtsverstößen
  Grundsätzlich Nichtigkeit;
  Ausnahme Heilungsvorschriften wie z.B. §§ 214, 215 BauGB
    Nichtigkeitsdogma bzw. ausnahmsweiser Planerhalt, Teil- oder Gesamtnichtigkeit   Rn. 200

PRÜFUNGSSCHEMA

---

24 *BVerwGE* 19, 284 ff.; *BVerwGE* 27, 141 ff.; *Kopp/Ramsauer* § 44 Rn. 30.
25 *BVerwG* DVBl 1974, 565 ff.; *Kopp/Ramsauer* § 44 Rn. 14.

III. Überprüfung kommunaler Satzungen: Problem der Verwerfungskompetenz

201 Oft stellt sich in der Praxis das Problem, dass ein Verwaltungsakt behördlich (Widerspruchsverfahren) bzw. gerichtlich zur Überprüfung gestellt wird, der auf einer kommunalen Satzung beruht. Es ist dann die Frage aufgeworfen, ob ein Verwaltungsgericht oder eine Verwaltungsbehörde den Verwaltungsakt aufheben kann, wenn die zugrunde liegende Satzung wegen Rechtsfehlern nichtig ist. Man spricht hier von **inzidenter Normverwerfung**.

202 Unstreitig ist, dass ein Gericht eine Norm (Satzung, Verordnung) inzident im Gerichtsverfahren prüfen darf und bei Feststellen der Nichtigkeit der Satzung auch den hierauf beruhenden Verwaltungsakt aufheben darf.[26] Im gerichtlichen Verfahren kommt es an dieser Stelle zur Stufenprüfung, d.h. im Rahmen der Rechtsgrundlage des Verwaltungsaktes (Satzung) ist deren Rechtmäßigkeit zu untersuchen. Ist die Satzung **nichtig**, ist der VA, der auf dieser Grundlage erlassen wurde, regelmäßig **rechtswidrig**.

> **JURIQ-Klausurtipp**
>
> Da unstreitig ist, dass ein Verwaltungsgericht eine untergesetzliche Norm (Satzung bzw. Verordnung) überprüfen und für nichtig erachten darf, müssen Sie auf diese Rechtsfrage in Klausuren nicht zwingend explizit eingehen.

203 Der Verwaltung steht ein solches Normverwerfungsrecht nicht zu.[27] Dies wird als zu weit reichender Eingriff der Exekutive in den gemeindlichen Wirkungsbereich gesehen. Der Exekutive verbleibt hier nur die gesetzlich vorgesehene Möglichkeit einer **behördlichen Normenkontrolle** nach § 47 Abs. 2 VwGO bzw. die Information der Rechtsaufsichtsbehörde. Die Verwaltungsbehörde darf nicht aus eigener Machtvollkommenheit die Satzung der Gemeinde als nichtig behandeln und rechtliche Schlüsse hieraus ziehen.

> **JURIQ-Klausurtipp**
>
> Die Frage der Befugnis zur inzidenten Normverwerfung ist häufiger Prüfungsgegenstand. Denken Sie hieran bitte z.B. auch in Fällen, in denen ein Landratsamt als Bauaufsichtsbehörde einen Bebauungsplan der Gemeinde für nichtig erachtet und infolgedessen nicht anwendet.

IV. Rechtsschutz

1. Prinzipale Normenkontrolle, § 47 VwGO

>> Dieses Problem begegnet Ihnen in gleicher Weise im Bereich der Rechtsverordnungen. <<

204 Diese Möglichkeit besteht gegen Satzungen nach dem BauGB direkt über § 47 Abs. 1 Nr. 1 VwGO; für die übrigen Satzungen und Verordnungen eröffnet Art. 5 AGVwGO, § 47 Abs. 1 Nr. 2 VwGO eine Rechtsschutzmöglichkeit. **Zuständiges Gericht** ist in Bayern über § 184 VwGO, Art. 1 Abs. 1 AGVwGO der Bayerische Verwaltungsgerichtshof (BayVGH). Der Bayerische Verwaltungsgerichtshof entscheidet dabei aber nur „im Rahmen seiner Gerichtsbarkeit", d.h. im Vollzug der angegriffe-

---

26 *Lissack* § 3 Rn. 47 ff.
27 *Lissack* § 3 Rn. 50.

nen Rechtsnorm müssen Rechtsstreitigkeiten entstehen können, für die in der Hauptsache der Verwaltungsrechtsweg nach § 40 Abs. 1 VwGO eröffnet ist. Dies ist beim Grundtatbestand von Satzungen regelmäßig der Fall. Nicht tauglicher Gegenstand ist hingegen eine eventuelle Bußgeldbestimmung in einer bewehrten Satzung. Im Vollzug des Bußgeldgrundtatbestandes der bewehrten Satzung werden Bußgeldbescheide (§ 65 OWiG) erlassen, die rechtschutztechnisch mit dem Einspruch nach § 67 Abs. 1 S. 1 OWiG anzugreifen sind. Damit ist insoweit der ordentliche Rechtsweg zu den Amtsgerichten nach § 68 Abs. 1 S. 1 OWiG eröffnet und damit eine Entscheidungskompetenz des BayVGH im Rahmen der Normenkontrolle ausgeschlossen.

Im Bereich der **Antragsbefugnis** müssen natürliche und juristische Personen die mögliche Verletzung eigener Rechte durch die Rechtsvorschrift darlegen (vergleichbar der Klagebefugnis in § 42 Abs. 2 VwGO).[28]

> **Hinweis**
>
> Beachten Sie, dass es bei der Antragsbefugnis von natürlichen Personen bei Vorgehen mit der Normenkontrolle gegen Bebauungspläne die Präklusionsvorschrift des § 47 Abs. 2a VwGO zu beachten gilt. Wer seine Einwendungen im behördlichen Verfahren vorbringen konnte (§ 3 Abs. 2 BauGB), dies aber unterlassen hat, ist auch für ein späteres gerichtliches Verfahren ausgeschlossen.

Für die **behördliche Normenkontrolle** reicht es, mit der Anwendung der Norm befasst und betroffen zu sein.[29] Letzteres ist Konsequenz aus der fehlenden Normverwerfungskompetenz der Exekutive. Die **Antragsfrist** beträgt mittlerweile ein Jahr nach Bekanntmachung der Norm. Hierbei handelt es sich um eine echte Ausschlussfrist. Bei Versäumnis ist in diese keine Wiedereinsetzung (§ 60 VwGO) möglich.[30]

Der **Prüfungsmaßstab** ist § 47 Abs. 3 VwGO zu entnehmen. Der BayVGH prüft die Vereinbarkeit der Norm umfassend (Bundes- und Landesrecht, GG) mit Ausnahme der **Grundrechte der Bayerischen Verfassung**, da insofern die Popularklage aus Art. 98 S. 4 BV abschließenden Rechtsschutz gewährleistet.

205

> **JURIQ-Klausurtipp**
>
> Achten Sie an dieser Stelle auf eine beliebte Klausurfalle. Der Ausschluss des § 47 Abs. 3 VwGO – Vorrang der Popularklage – bezieht sich ausschließlich auf die Grundrechte der BV. Andere Bestimmungen der BV (z.B. Vereinbarkeit mit Staatszielbestimmungen, allgemeine Rechtsstaatsgrundsätze) dürfen und müssen Sie selbstverständlich im Rahmen der Normenkontrolle ansprechen.

Kommt der BayVGH zum Ergebnis, dass die Norm wegen Rechtsfehlern nichtig ist, so erklärt er sie mit allgemein verbindlicher Wirkung (Wirkung inter omnes) für unwirksam.[31] Auf die Frage der Rechtsverletzung ist dabei nicht einzugehen, da das Normenkontrollverfahren ein **objektives Rechtsbeanstandungsverfahren** darstellt.

---

28 *Lissack* § 3 Rn. 41.
29 *Kopp/Schenke* § 47 Rn. 82, 94.
30 *Kopp/Schenke* § 47 Rn. 83.
31 *Lissack* § 3 Rn. 43; *Kopp/Schenke* § 47 Rn. 120.

> **JURIQ-Klausurtipp**
>
> Die Prüfungsreihenfolge der Normenkontrolle ist beliebter Prüfungsgegenstand. Denken Sie an dieser Stelle daran, dass auch Bebauungspläne nach § 1 ff. BauGB der gerichtlichen Normenkontrolle unterliegen, § 47 Abs. 1 Nr. 1 VwGO. Eines Rückgriffes auf Art. 5 AGVwGO bedarf es dann nicht.

PRÜFUNGSSCHEMA

Normenkontrolle

I. Antragsgegenstand

II. Zulässigkeit

1. Statthaftigkeit[32]

   § 47 Abs. 1 Nr. 1, 2 VwGO, Art. 5 S. 1 AGVwGO

2. Zuständigkeit[33]

   Im Rahmen der Gerichtsbarkeit des VGH (Art. 1 Abs. 1, 5 S. 1 AGVwGO)
   > Prüfungsgegenstand nur Grundtatbestand, nicht Bußgeldbewehrung   Rn. 204

3. Antragsberechtigung[34]

   Natürliche und juristische Personen, jede Behörde

4. Antragsbefugnis[35]

   Bei natürlichen und juristischen Personen: nach § 47 Abs. 2 S. 1 VwGO
   Rechtsverletzung i.S.v. § 42 Abs. 2 VwGO

   → Bei Behörden: ausreichend, wenn mit Vollzug der Norm befasst
   > fehlende inzidente Normverwerfungskompetenz   Rn. 203

5. Form[36]

   Ordnungsgemäße Antragstellung analog §§ 81, 82 VwGO

6. Frist[37]

   Ein Jahr seit Bekanntmachung; Berechnung nach § 57 VwGO
   > echte Ausschlussfrist ohne Wiedereinsetzung   Rn. 204

III. Begründetheit[38]

Obersatz: Die Normenkontrollklage ist begründet, wenn die angegriffene Rechtsvorschrift gegen zwingendes höherrangiges formelles oder materielles Recht verstößt und der richtige Antragsgegner gewählt wurde.

1. Richtiger Antragsgegner: § 47 Abs. 2 S. 2 VwGO

2. Vorbehalt zugunsten der Verfassungsgerichtsbarkeit
   > § 47 Abs. 3 VwGO, keine Prüfung von Grundrechten der BV   Rn. 205

3. Rechtmäßigkeit der Rechtsnorm

   a) formelle Rechtmäßigkeit der Satzung/Verordnung

   b) materielle Rechtmäßigkeit der Satzung/Verordnung
   > Hält der BayVGH die Rechtsnorm für gültig, so weist er den Antrag zurück (Wirkung inter partes); hält er sie für ungültig, erklärt er sie für unwirksam (Wirkung inter omnes), § 47 Abs. 5 S. 2 VwGO.   Rn. 205

---

32 Vgl. *Kopp/Schenke* § 47 Rn. 21 ff.

33 Vgl. *Kopp/Schenke* § 47 Rn. 17 ff.

34 Vgl. *Kopp/Schenke* § 47 Rn. 38.

35 Vgl. *Kopp/Schenke* § 47 Rn. 43 ff.

36 Vgl. *Kopp/Schenke* § 47 Rn. 36.

37 Vgl. *Kopp/Schenke* § 47 Rn. 83 ff.

38 Vgl. *Kopp/Schenke* § 47 Rn. 112.

> **Hinweis**
>
> Gemäß § 47 Abs. 2 S. 4 VwGO ist im Rahmen des Normenkontrollverfahrens eine einfache Beiladung nach § 65 Abs. 1 VwGO möglich. § 47 Abs. 6 VwGO eröffnet eine Möglichkeit der Erlangung einstweiligen Rechtsschutzes (einstweilige Anordnung).

2. Die Popularklage, Art. 98 S. 4 BV, Art. 2 Nr. 7, 55 BayVerfGHG

206 Art. 98 S. 4 BV schafft einen Jedermann-Rechtsbehelf. **Antragsberechtigt** ist jede natürliche wie juristische Person des öffentlichen Rechts/Privatrechts, unabhängig von Fragen wie Staatsangehörigkeit, Wohnsitz und Aufenthalt. Gefordert wird lediglich das substantiierte Bezeichnen der Verletzung eines Grundrechts der Bayerischen Verfassung, das aber nicht dem Antragsteller selbst zustehen muss.[39] **Materieller Prüfungsmaßstab** im Verfahren vor dem Bayerischen Verfassungsgerichtshof (Art. 1 VerfGHG) sind zunächst die Grundrechte der BV, aber auch das objektive Verfassungsrecht, insbesondere die Beachtung des Grundsatzes der Rechtsstaatlichkeit, Art. 3 Abs. 1 BV.[39]

> **Hinweis**
>
> Prägen Sie sich ein, dass in Klausuren, die die Überprüfung einer Satzung/Verordnung zum Gegenstand haben, Sie in Bayern stets sowohl die Normenkontrolle nach der VwGO, als auch die Popularklage nach Art. 98 S. 4 BV anzusprechen und durchzuprüfen haben. Es empfiehlt sich hierbei, mit der Normenkontrolle zu beginnen, da diese den größeren Prüfumfang ermöglicht.

3. Gerichtliche Inzidentkontrolle

207 Sofern Streitgegenstand ein auf einer Satzung/Verordnung basierender Verwaltungsakt ist, kann die Satzung/Verordnung mittels einer gegen den Verwaltungsakt gerichteten verwaltungsgerichtlichen Klage, §§ 40 Abs. 1, 42 Abs. 1 VwGO überprüft werden. Dem Verwaltungsgericht steht insoweit eine inzidente **Normprüfungs- und Normverwerfungskompetenz** zur Seite.[40]

4. Bundesverfassungsbeschwerde, Art. 93 Abs. 1 Nr. 4a GG, §§ 13 Nr. 8a, 90 ff. BVerfGG

208 Eine Bundesverfassungsbeschwerde wird regelmäßig an zwei Punkten scheitern. Erstens ist eine **Rechtsverletzung** durch die Satzung/Verordnung **gegenwärtig, selbst und unmittelbar** problematisch, da Satzungen und Verordnungen regelmäßig eines Vollzugsaktes bedürfen, der seinerseits erst die Rechtsverletzung begründet. Zum anderen bedarf es der **Erschöpfung des Rechtsweges**, d.h. vor Erheben der Verfassungsbeschwerde muss das Ver-

---

39 *Lissack* § 3 Rn. 45.
40 *Lissack* § 3 Rn. 47, 48.

fahren nach § 47 Abs. 1 VwGO durchlaufen werden.[41] Der vorherigen Erhebung einer Popular-klage bedarf es nicht, da diese nur die landesrechtliche Verfassung betrifft (unterschiedliche Verfassungsräume).

5. Bayerische Verfassungsbeschwerde, Art. 120, 66 BV, Art. 2 Nr. 6, 51 ff. VerfGHG

209 Eine Verfassungsbeschwerde nach der BV ist nur zulässig gegen **behördliche und richter-liche Einzelakte**, nicht aber gegen abstrakt-generelle Rechtsetzungsakte, wie sie Satzungen und Verordnungen darstellen.[42]

JURIQ-Klausurtipp

Im Nachgang zu Normenkontrolle und Popularklage sollten Sie kurz in ein, zwei Sätzen dar-legen, dass eine bayerische Verfassungsbeschwerde nach Art. 120 BV in Satzungs-/Verord-nungsklausuren ausscheidet. Damit geben Sie zu erkennen, dass Sie das System von Nor-menkontrolle und bayerischen Verfassungsrechtsbehelfen verstanden haben.

Online-Wissens-Check

Welche Rechtsschutzmöglichkeiten gegen eine gemeindliche Satzung gibt es?

Überprüfen Sie jetzt online Ihr Wissen zu den in diesem Abschnitt erarbeiteten Themen. Unter **www.juracademy.de/skripte/login** steht Ihnen ein Online-Wissens-Check speziell zu diesem Skript zur Verfügung, den Sie kostenlos nutzen können. Den Zugangscode hierzu finden Sie auf der Codeseite.

---

41 *Lissack* § 3 Rn. 52.
42 *Lissack* § 3 Rn. 53.

6. Teil
Die öffentlichen Einrichtungen

A. Begriff der öffentlichen Einrichtung

Die GO setzt in Art. 21 den Begriff der **öffentlichen Einrichtung** voraus, erläutert ihn aber nicht. **210**

> Unter einer **öffentlichen Einrichtung** im Sinne von Art. 21 Abs. 1 S. 1 GO wird allgemein eine Einrichtung der Gemeinde verstanden, die im öffentlichen Interesse unterhalten wird und durch einen gemeindlichen Widmungsakt der allgemeinen Benutzung durch Gemeinde-angehörige (Art. 15 Abs. 1 GO) sowie ortsansässige Vereinigungen zugänglich gemacht wird.

Dabei wird weiter verlangt, dass die Gemeinde die Beherrschungs- oder Verfügungsgewalt über die Einrichtung besitzt.[1] Die Gemeinde muss jederzeit in der Lage sein, den Widmungs-zweck der Einrichtung durchzusetzen. Dies ist insbesondere bedeutsam in den Fällen, in denen die Gemeinde die Einrichtung durch eine selbstständige juristische Person des Privat-rechts oder des öffentlichen Rechts betreibt.[2] **211**

Beispiel Öffentliche Einrichtungen sind Museen, Sportplätze und -hallen, öffentliche Schwimmbäder, Kanalisation, Wertstoffhöfe aber auch einzelne Veranstaltungen wie das Münchner Oktoberfest oder die Oberammergauer Passionsspiele. ∎

Begriffsbestimmende Merkmale sind zum einen das verfolgte **öffentliche Interesse**, das immer dann gegeben ist, wenn die Gemeinde mit der Einrichtung eine öffentliche Aufgabe z.B. nach Art. 57 GO, Art. 83 Abs. 1 BV erfüllt. Kein öffentliches Interesse liegt dagegen vor, wenn die Gemeinde Leistungen wie ein Privater anbietet (z.B. Betreiben einer kommunalen Gaststätte).[3] Zum anderen muss die öffentliche Einrichtung für diesen öffentlichen Zweck **gewidmet** sein. Mit dem Widmungsakt wird die öffentliche Einrichtung der Öffentlichkeit zur Verfügung gestellt. Die Widmung schafft ebenfalls den **Nutzungsrahmen** der öffentlichen Einrichtung.[4] Ein Anspruch auf Benutzung der Einrichtung seitens des Bürgers kann nur im Rahmen der jeweiligen Widmung bestehen. Der Widmungsakt kann dabei ausdrücklich (durch Satzung oder durch VA in Form einer Allgemeinverfügung nach Art. 35 S. 2 BayVwVfG) oder aber auch nur konkludent durch Zurverfügungstellen der Einrichtung erfolgen.[5] Schließ-lich ist die öffentliche Einrichtung darauf gerichtet, für einen bestimmten begünstigten Per-sonenkreis (Gemeindeangehörige nach Art. 15 Abs. 1 GO) einen rechtserheblichen Vorteil zu begründen. Die öffentliche Einrichtung ist auf **externe Nutzung** ausgerichtet (**merke:** eine bloße Verwaltungseinrichtung, die auf lediglich interne Nutzung gerichtet ist, stellt keine öffentliche Einrichtung dar, Art. 56 Abs. 2 GO).[6] **212**

---

1 *Lissack* § 2 Rn. 48.
2 *BayVGH* BayVBl 1960, 102 ff.
3 *Lissack* § 2 Rn. 45, 46.
4 *BayVGH* BayVBl 1982, 657 ff.
5 *BayVGH* BayVBl 1988, 497 ff.; 1989, 148 ff.
6 *Hölzl/Hien/Huber* Art. 21 Anm. 1b.

> **Beispiel**   Verwaltungsgebäude, die nur dem inneren Geschäftsablauf dienen, vgl. Art. 56 Abs. 2 GO oder auch kommunale Gaststätten, in denen Speisen und Getränke zu marktüblichen Preisen veräußert werden, sind keine öffentlichen Einrichtungen im Sinne von Art. 21 GO. ■

213   Abschließend bleibt festzuhalten, dass die Organisationsform (privat oder öffentlich) oder auch die Eigentumsverhältnisse an der Einrichtung keine Relevanz für die Bestimmung der öffentlichen Einrichtung haben.[7]

I.   Organisatorische Möglichkeiten

214   Die Gemeinde hat bezüglich der Organisation einer öffentlichen Einrichtung ein **erstes Wahlrecht** zwischen öffentlicher und privater Form.[8] Dies ist Ausfluss der gemeindlichen **Organisationshoheit** und stellt damit ein Kernelement kommunaler Selbstverwaltung dar.[9] Einstiegsnorm ist insoweit Art. 86 GO, wonach die Gemeinde Unternehmen außerhalb ihrer allgemeinen Verwaltung in den Rechtsformen eines Eigenbetriebs, eines selbstständigen Kommunalunternehmens des öffentlichen Rechts, aber auch in den Rechtsformen des Privatrechts betreiben kann.

Als Möglichkeiten der **Organisation in öffentlich-rechtlicher Form** kommen der **Regiebetrieb** nach Art. 88 Abs. 6 GO, der **Eigenbetrieb** nach Art. 88 Abs. 1 GO aber auch das **selbstständige Kommunalunternehmen** nach Art. 89 GO in Betracht.

215   Der wesentliche Unterschied in diesen Organisationsformen liegt nun darin, dass Regiebetrieb und Eigenbetrieb keine eigenen Rechtspersönlichkeiten darstellen, während das selbstständige Kommunalunternehmen (Anstalt des öffentlichen Rechts) ein neues, neben der Gemeinde selbst bestehendes Rechtssubjekt darstellt. Diese Unterscheidung wird wiederum relevant, wenn es um die Frage des Zugangs zur öffentlichen Einrichtung geht.

> **Beispiel**   Regiebetriebe innerhalb der allgemeinen gemeindlichen Verwaltung sind gemeindliche Bauhöfe oder auch Stadtgärtnereien. Eigenbetriebe sind hingegen oftmals Abfallwirtschaftsbetriebe oder auch kommunale Verkehrsbetriebe. ■

> **Hinweis**
>
> Ebenso kann sich die Gemeinde für eine **privatrechtliche Organisationsform** entscheiden (Art. 86 Nr. 3 GO).[10] Art. 92 GO schafft hierfür die gesetzliche Möglichkeit unter bestimmten weiteren Voraussetzungen. Als privatrechtliche Organisationsformen bieten sich die GmbH, aber z.B. auch die AG an.

---

7 *Lissack* § 2 Rn. 48.
8 *Lissack* § 2 Rn. 58.
9 *Lissack* § 2 Rn. 59.
10 *Lissack* § 2 Rn. 64.

II. Zugang zur öffentlichen Einrichtung

1. Zulassungsanspruch

Gemäß Art. 21 Abs. 1 S. 1 GO sind alle Gemeindeangehörigen (Art. 15 Abs. 1 GO) nach den 216
bestehenden allgemeinen Vorschriften berechtigt, die öffentlichen Einrichtungen zu benutzen. Es besteht also grundsätzlich ein **subjektiv-öffentlicher Anspruch** auf Benutzung der
öffentlichen Einrichtung. Allerdings ist dieser Anspruch **zulassungsabhängig**, d.h. hängt von
einer Entscheidung der zuständigen Stelle über den Zulassungsantrag ab. Dieses subjektiv-
öffentliche Recht auf Zulassung steht zunächst allen Gemeindeangehörigen im Sinne von
Art. 15 Abs. 1 S. 1 GO zu.[11]

Art. 21 Abs. 3 GO erweitert den Zulassungsanspruch auf auswärts wohnende Personen, allerdings nur in Bezug auf Grundbesitz und gewerbliche Niederlassung im Gemeindegebiet.
Art. 21 Abs. 4 GO schafft die Erweiterung des Zulassungsanspruches auch auf juristische Personen und Personenvereinigungen.

Zu denken ist auch an einen Zulassungsanspruch direkt aus der Satzung in Verbindung mit 217
dem Widmungszweck (diese enthält oftmals eine Erweiterung des begünstigten Personen-
kreises auf auswärts wohnende natürliche Personen).[12]

Beispiel Wenn der Gemeindeangehörige A nach Feierabend die Eislaufhalle seiner
Gemeinde nutzen will, ergibt sich für ihn der Zulassungsanspruch direkt aus Art. 21 Abs. 1
GO. Wenn A zwar in der Gemeinde B wohnt, aber in der Gemeinde C einen Gewerbebe-
trieb unterhält, kann er für die Führung des Gewerbebetriebs erforderliche öffentliche
Einrichtungen der Gemeinde C, wie beispielsweise eine Kanalisation, aufgrund von Art. 21
Abs. 3 GO nutzen, obwohl er kein Gemeindeangehöriger von C ist. Wenn er allerdings
nach Feierabend das Schwimmbad der Gemeinde C benutzen will, ergibt sich sein Zulassungsanspruch weder aus Art. 21 Abs. 1 noch aus Art. 21 Abs. 3 GO. Ein Zulassungsanspruch kann sich jetzt nur aus der jeweiligen Benutzungssatzung in Verbindung mit dem
Widmungszweck ergeben. ◼

2. Grenzen des Zulassungsanspruchs

Grenzen des Zulassungsanspruches ergeben sich aus den nachfolgenden Überlegungen: 218

a) Widmung

Natürliche Grenze jedes Zulassungsanspruches ist zunächst die **Widmung** der öffentlichen 219
Einrichtung. Nutzungen, die außerhalb des Widmungszwecks liegen, können keinen
Anspruch auf Zulassung begründen.[13]

---

11 *Hölzl/Hien/Huber* Art. 21 Anm. 5a.
12 Vgl. hierzu *Lissack* § 2 Rn. 75.
13 *Lissack* § 2 Rn. 77.

> **Hinweis**
>
> Denken Sie bitte auch daran, dass sich ein Widmungszweck aus einer ständigen Vergabepraxis der Gemeinde ergeben kann. Rufen Sie sich noch einmal in Erinnerung, dass eine Widmung ausdrücklich, aber auch in konkludenter Weise erfolgen kann.

Beispiel Wenn eine Stadthalle z.B. nicht für politische Veranstaltungen gewidmet ist, ist ein Zulassungsanspruch bereits begrifflich ausgeschlossen, zumal auch kein Anspruch auf Widmungserweiterung anzuerkennen ist. ■

b) Kapazität

220 Weitere natürliche Grenze ist die **Kapazität** der öffentlichen Einrichtung. Im Falle der Kapazitätserschöpfung wandelt sich der gebundene Zulassungsanspruch in einen Anspruch auf ermessensfehlerfreie Entscheidung über den Zulassungsantrag (nach sachgerechten Kriterien). Ein Anspruch auf Kapazitätserweiterung ist in keinem Fall anzuerkennen.[14]

Beispiel Klassisches Beispiel ist hierfür die Vergabe von Standplätzen auf Volksfesten. Bei einer übersteigenden Zahl von Bewerbern, muss die Gemeinde die Auswahlentscheidung anhand sachgerechter Kriterien treffen. Zulässig sind die nachfolgenden Auswahlkriterien: Zunächst ist an die Reihenfolge der Antragstellung **(Prioritätsprinzip)** zu denken. Grundsätzlich kann auch der **Grundsatz „bekannt und bewährt"** herangezogen werden. Dieser darf aber nicht ausschließliches Kriterium sein. Es muss möglich sein, auch neuen Bewerbern den Zugang z.B. zu Volksfesten zu ermöglichen. Denkbar ist ebenfalls auch ein jährlich wechselndes **rollierendes System.** Schließlich kann auch der Grundsatz der Wirtschaftlichkeit eine Rolle spielen. Versagen die vorrangigen Auswahlkriterien sämtlich, ist an eine **Entscheidung im Losverfahren** zu denken.[15] ■

c) Gefahr von Rechtsverstößen

221 Bei **Gefahr von Rechtsverstößen** oder auch Beschädigung, Zerstörung der öffentlichen Einrichtung ist vor Ablehnung des Zulassungsanspruches an sicherheitsrechtliche Maßnahmen als mildere Mittel zu denken. Die Ablehnung eines Anspruches aus Art. 21 GO ist insoweit ultima ratio.[16]

d) Sonderfall: Zulassung politischer Parteien zu öffentlichen Einrichtungen

222 Sofern eine politische Partei Zugang zu einer öffentlichen Einrichtung begehrt, ist bezüglich der in Betracht kommenden Rechtsgrundlagen zu differenzieren. Vorab ist aber zunächst festzustellen, ob die begehrte Räumlichkeit überhaupt für politische Veranstaltungen gewidmet ist. Andernfalls ist ein Zulassungsanspruch bereits tatbestandlich ausgeschlossen.[17]

---

14 *BayVGH* NVwZ-RR 1998, 193 ff.; *BayVGH* NVwZ 1999, 1122 ff.
15 Zu zulässigen Auswahlkriterien vgl. *BayVGH* Urteil vom 11.11.2013, BayVBl 2014, 632 ff.
16 Vgl zu dieser Problematik *VG Augsburg* vom 16.11.2012, Az.: Au 7 E 12.1447; juris.
17 Vgl. *BayVGH* BayVBl 1988, 497 ff.

> **JURIQ-Klausurtipp**
>
> Vorab daher immer zunächst ermitteln, ob die Einrichtung für eine derartige Veranstaltung überhaupt gewidmet ist.

Soweit ein **Ortsverband** einer Partei eine örtliche Einrichtung (z.B. Gemeindesaal) nutzen will, muss nicht auf das Parteiengesetz (PartG) zurückgegriffen werden. Der mögliche Zulassungsanspruch lässt sich dann problemlos aus Art. 21 Abs. 1, Abs. 4 GO ableiten. **223**

Bei übergeordneten Gruppierungen **(z.B. Bundes-Landesverband)** sollte zur Begründung eines möglichen Zulassungsanspruches auf den in § 5 PartG, Art. 21 Abs. 1, 3 Abs. 1 GG zum Ausdruck kommenden **Anspruch auf Gleichbehandlung** abgestellt werden.[18] **224**

Die **Gefahr von Gegendemonstrationen** gegen eine Parteiveranstaltung genügt insoweit nicht per se zur Versagung des Zulassungsanspruches, da es vorrangig sicherheitsrechtliche Aufgabe ist, gegen den Störer (die Gegendemonstration!) vorzugehen. Erst als ultima ratio kommt ein Vorgehen gegen den Nichtstörer (Partei) in Betracht (Fall des polizeilichen Notstands).[19] **225**

> **Hinweis**
>
> Einen sehr anschaulichen Fall zum Zugang zu einer öffentlichen Einrichtung finden Sie in JA 1999, 217 ff. und in *Seiler*, Examensrepetitorium Verwaltungsrecht, Fall 13.

Die **Verfassungsfeindlichkeit einer Partei** kann nur dann zur Versagung des Zulassungsanspruches führen, wenn nach Art. 21 Abs. 2 S. 2 GG durch das Bundesverfassungsgericht die Verfassungsfeindlichkeit positiv festgestellt ist („Parteienprivileg des Bundesverfassungsgerichts").[20]

Die Einstufung als „rechtsextrem" durch den Verfassungsschutz reicht nicht aus.

Beispiel Wird der Antrag einer Partei auf Überlassung der Stadthalle für Ihren Parteitag von der Gemeinde mit der Begründung abgelehnt, die Partei sei vom Verfassungsschutz als rechtsextrem eingestuft worden und die Gemeinde könne eine solche Gesinnung nicht tolerieren, so ist dies rechtswidrig. ■

18 *Lissack* § 2 Rn. 94.
19 *BayVGH* BayVBl 1988, 497 ff.
20 *BayVGH* BayVBl 1988, 497 ff.; *März* BayVBl 1992, 99 ff.

III. Die Ausgestaltung des Benutzungsverhältnisses der öffentlichen Einrichtung

226 Der Gemeinde steht bezüglich der Ausgestaltung der Benutzung der öffentlichen Einrichtung ein **eingeschränktes zweites Wahlrecht** zur Seite. Während das Wahlrecht auf der ersten Stufe hinsichtlich der Organisationsform **uneingeschränkt** ist, ist das zweite Wahlrecht abhängig von der gewählten Organisationsform. Hat sich die Gemeinde auf der ersten Stufe für eine öffentlich-rechtliche Organisationsform entschieden, steht ihr bei der Frage der Ausgestaltung des Benutzungsverhältnisses ein erneutes Wahlrecht zu Seite.

227 Die Gemeinde kann hier wiederum entscheiden zwischen öffentlicher rechtlicher Benutzungsausgestaltung (erkennbar beispielsweise an der Form einer **Benutzungssatzung**, an der **Entscheidung mittels VA (Begriffe Gebühr, Beitrag) und an der Beifügung einer Rechtsbehelfsbelehrung**) oder aber einer privatrechtlichen Benutzungsausgestaltung (erkennbar an Verwendung von AGB, Zahlung eines privaten Entgelts, vgl. Art. 8 Abs. 1 S. 2 KAG).[21]

228 Hinzuweisen ist an dieser Stelle auch darauf, dass die Gemeinde einen **Anschluss- und Benutzungszwang nach Art. 24 Abs. 1 Nr. 2, 3 GO** nur in öffentlich-rechtlicher Form mittels **Satzung** verfügen kann (was dann wiederum indiziert, dass dies nur bei einer öffentlich-rechtlicher Organisationsform denkbar ist).

229 Hat sich die Gemeinde hingegen auf der ersten Stufe für eine **privatrechtliche Organisationsform** nach Art. 92 GO entschieden, steht ihr bei der Ausgestaltung des Benutzungsverhältnisses **kein weiteres Wahlrecht** zur Seite. Die Gemeinde muss in diesen Fällen zwingend eine privatrechtliche Ausgestaltung des Benutzungsverhältnisses vorsehen.[22]

230 **Wesentlicher Vorteil** einer öffentlich-rechtlichen Organisationsform und damit der Möglichkeit der Wahl eines öffentlich-rechtlich ausgestalteten Benutzungsverhältnisses, ist die Option, einen Anschluss- und Benutzungszwang auf der Grundlage von Art. 24 Abs. 1 Nr. 2, 3 GO vorsehen zu können. Darüber hinaus ist ein Gebühren-, Beitragsbescheid kraft Gesetzes, § 80 Abs. 2 Nr. 1 VwGO, sofort vollstreckbar.

---

21 Vgl. zum Ganzen: *Lissack* § 2 Rn. 66 ff.
22 *Lissack* § 2 Rn. 66.

IV. Rechtsschutzmöglichkeiten des Bürgers

> **JURIQ-Klausurtipp** 231
>
> Klausurrelevant ist hier insbesondere die Frage, in welchem Rechtsweg (Verwaltungsrechtsweg, § 40 Abs. 1 S. 1 VwGO bzw. Zivilrechtsweg, § 13 GVG) der Bürger um Rechtsschutz nachsuchen muss, wenn er eine öffentliche Einrichtung nutzen will, d.h. Zugang zu einer öffentlichen Einrichtung begehrt. Da eine öffentlich-rechtliche Klausur zu bearbeiten ist, wird der Verwaltungsrechtsweg regelmäßig eröffnet sein. Weitere sich anschließende Frage ist die nach der statthaften Klageart.

1. Rechtswegfrage

Bei öffentlichen Einrichtungen unterscheidet man – entsprechend den Wahlmöglichkeiten 232 der Gemeinde hinsichtlich Organisation und Ausgestaltung des Benutzungsverhältnisses – zwischen dem **„Ob" der Benutzung** und dem **„Wie" der Benutzung**.

Die Frage des Zugangs zur öffentlichen Einrichtung betrifft das „Ob" der Benutzung. 233

An dieser Stelle kommt nun die **Zwei-Stufen-Theorie**[23] bezüglich der **Rechtswegfrage** zur 234 Anwendung. Wenn der Bürger gegen einen ihm verweigerten Zugang zur öffentlichen Einrichtung klagen will, ist diese 1. Stufe des „Ob" des Zugangs zur Einrichtung stets eine öffentlich-rechtliche Streitigkeit, die im Verwaltungsrechtsweg einzuklagen ist. Dies gilt jedenfalls so lange, wie der Bürger gegen die Gemeinde selbst vorgeht (§ 78 Abs. 1 Nr. 1 VwGO). Es stehen sich dann unabhängig von der gewählten Organisationsform eine natürliche Person und ein öffentlich-rechtlicher Hoheitsträger in einem Über-Unterordnungsverhältnis (Subordination) gegenüber.

Problematisch wird es bei der Rechtswegfrage des Zugangs lediglich in der Konstellation, 235 dass der Bürger bei Vorliegen einer privaten Organisationsform (GmbH, AG) nicht die Gemeinde, sondern das Privatrechtssubjekt selbst verklagt. In diesen Fällen stehen sich nun zwei Privatrechtssubjekte (Bürger einerseits; GmbH, AG andererseits) gegenüber; der Rechtsstreit ist, da zwei Privatrechtssubjekte involviert sind, zwingend vor den Zivilgerichten (§ 13 GVG) auszutragen.

Geht es hingegen um das **„Wie" der Benutzung** – es stehen die Modalitäten der Benutzung 236 in Streit (z.B. Höhe des Entgelts, Dauer der Benutzung) – entscheidet sich die Rechtswegfrage auf der 2. Stufe danach, wie das Benutzungsverhältnis tatsächlich ausgestaltet wurde. Hat die Gemeinde eine öffentlich-rechtliche Form gewählt, ist die Klage im Verwaltungsrechtsweg nach § 40 Abs. 1 S. 1 VwGO zu führen; bei privatrechtlichem Benutzungsverhältnis ist der Rechtsstreit ein zivilrechtlicher, § 13 GVG.

> **JURIQ-Klausurtipp**
>
> An die Zwei-Stufentheorie sollten Sie neben den öffentlichen Einrichtungen auch bei der Subventionsgewährung denken. Die Frage des „Ob" einer Subventionierung ist immer im Verwaltungsrechtsweg zu klären.

---

23 *BVerwG* NJW 1990, 134 ff.; *BayVGH* NVwZ 1999, 1122.

2. Statthafte Klageart

237 **Klausurrelevant** ist hier wiederum die Frage des Zugangs zur öffentlichen Einrichtung bei Verweigerung durch die Gemeinde bzw. die verselbstständigte Organisationsform (Art. 89, 92 GO).

Stets besteht die Möglichkeit, die Gemeinde selbst als Rechtsträger zu verklagen. Bei den Organisationsformen Regiebetrieb (Art. 88 Abs. 6 GO) und Eigenbetrieb (Art. 88 Abs. 1 GO), die keine eigene Rechtspersönlichkeit aufweisen, stellt die Klage gegen die Gemeinde selbst die einzige Rechtsschutzmöglichkeit dar. Da die Gemeinde nun selbst über den Zugang entscheidet, ist die **Verpflichtungsklage in Form der Versagungsgegenklage**, § 42 Abs. 1 Alt. 2 VwGO die statthafte Rechtsschutzform.[24]

238 Bei Wahl eines selbstständigen Kommunalunternehmens, Art. 89 GO, hat der Bürger ein Wahlrecht. Er kann die Gemeinde, oder aber die rechtsfähige Anstalt des öffentlichen Rechts verklagen. Geht der Bürger gegen die Gemeinde vor, verbleibt nur die Option einer **allgemeinen Leistungsklage**, da die Gemeinde jetzt die Einrichtung nicht mehr selbst betreibt, sondern dies in Form einer selbst rechtsfähigen Anstalt des öffentlichen Rechts vornimmt. Einklagbar ist hier nicht mehr der direkte Anspruch auf Zulassung gegenüber der Gemeinde (diesen könnte die Gemeinde gar nicht erfüllen), sondern nur noch deren Einwirkung auf die Anstalt, den Bürger zur Einrichtung zuzulassen (**Verschaffungsanspruch**).[25]

Geht der Bürger dagegen gegen die Anstalt des öffentlichen Rechts unmittelbar vor, verbleibt es bei der Verpflichtungsklage, § 42 Abs. 1 Alt. 2 VwGO, da das selbstständige Kommunalunternehmen die Zugangsentscheidung selbst und unmittelbar treffen kann.

239 In Fällen privatrechtlicher Organisationsform (Art. 92 GO) bietet sich schließlich ebenfalls ein Vorgehen gegen die Gemeinde an. Da auch hier ein verselbstständigtes Rechtssubjekt existiert, das selbstständig über die Zulassung entscheidet, ist auch hier nur die **allgemeine Leistungsklage** auf Einwirkung statthaft.

240 Eine **Sondersituation** liegt in den Fällen der so genannten **Konkurrentenklage** in Form der **Mitbewerberklage** vor, bei welcher sich der Kläger gegen die Begünstigung eines Dritten wendet, da er ohne deren Aufhebung nicht die von ihm selbst angestrebte rechtliche Besserstellung erreichen kann.[26]

> **Beispiel**   Bewerben sich 10 Betreiber einer Würstchenbude um lediglich einen Standplatz auf einem örtlichen Volksfest, so bedingt eine Zulassung der abgelehnten Bewerber begrifflich die Aufhebung der zugunsten des einen Bewerbers getroffenen Zulassungsentscheidung. ■

241 Nach herrschender Meinung ist in diesen Fällen der Rechtsschutz nach Erteilung der Begünstigung des Dritten mittels einer Kombination von Anfechtungs- und Verpflichtungsklage zu bewerkstelligen.[27] Ohne eine Anfechtung der Drittbegünstigung, stehe die mit der Verpflichtungsklage erstrebte Begünstigung nicht mehr zur Disposition der Gemeinde. Die Aufhebung der Drittbegünstigung ist damit der sachlogisch vorrangige Schritt, um begrifflich überhaupt eine Verpflichtung der Gemeinde zur Zulassung des Klägers aussprechen zu können.

---

24 *Lissack* § 2 Rn. 79.
25 *Maurer* § 3 Rn. 26; *BVerwG* BayVBl 1991, 600 f.
26 *BayVGH* Beschluss vom 12.7.2011, Az.: 4 CS 11.1200, KommunalPraxis BY 2011,355 (juris).
27 *BVerfG* NVwZ 2004, 718 ff.; *Kopp/Schenke* § 42 Rn. 48.

Jedenfalls gilt diese Kombination von Anfechtungs- und Verpflichtungsklage dann, wenn der Kläger die Person des ihm in der Auswahl vorgezogenen Bewerbers kennt bzw. die diesen begünstigende Entscheidung ihm gegenüber ausdrücklich bekannt gegeben wurde. In diesen Fällen **muss** der Kläger allein schon deshalb die Anfechtungsklage gegen die getroffene Zulassungsentscheidung führen, um deren formelle Bestandskraft zu verhindern.

Erfolgsaussichten einer Klage auf Benutzung einer öffentlichen Einrichtung

I. Entscheidungskompetenz des Gerichts
1. Eröffnung des Verwaltungsrechtswegs, § 40 Abs. 1 VwGO
   - Zugangsentscheidung („Ob" der Benutzung der Einrichtung) ist grundsätzlich öffentlich-rechtlich, soweit die Klage gegen die Gemeinde gerichtet ist   Rn. 234
2. Zuständiges Gericht, §§ 45, 52 VwGO i.V.m. Art. 1 Abs. 2 AGVwGO

II. Zulässigkeit der Klage
1. Statthafte Klageart
   - Verpflichtungsklage oder allgem. Leistungsklage je nach Organisationsform der Einrichtung   Rn. 237
2. Klagebefugnis, § 42 Abs. 2 VwGO
   - Möglicher Anspruch auf Zulassung aus Art. 21 Abs. 1, Abs. 3, Abs. 4 GO; bei politischen Parteien u.U. aus Art. 21 GG, § 5 Abs. 1 PartG   Rn. 216 217 222
3. Vorverfahren: unstatthaft nach § 68 Abs. 1 S. 2 Hs. 1 VwGO i.V.m. Art. 15 Abs. 2, Abs. 3 AGVwGO
4. Beteiligtenfähigkeit, § 61 VwGO: für Vereinigungen gilt § 61 Nr. 2 VwGO; für natürliche Personen § 61 Nr. 1 VwGO; für den Klagegegner Gemeinde gilt § 61 Nr. 1 Alt. 2 VwGO (Art. 1 GO)
5. Prozessfähigkeit, § 62 VwGO: für den Klagegegner Gemeinde gilt hier § 62 Abs. 3 VwGO in Verbindung mit Art. 38 Abs. 1 GO (Außenvertretung durch ersten Bürgermeister)
6. Allgemeines Rechtsschutzbedürfnis

III. Begründetheit der Klage
1. Obersatz: § 113 Abs. 5 S. 1 VwGO: Klage begründet, wenn Anspruch auf Zulassung besteht und Klage gegen den richtigen Beklagten gerichtet ist (§ 78 Abs. 1 VwGO)
2. Passivlegitimation, § 78 Abs. 1 Nr. 1 VwGO: Gemeinde
3. Prüfung des Anspruchs auf Zulassung zur öffentlichen Einrichtung

PRÜFUNGSSCHEMA

> **Hinweis**
>
> Prägen Sie sich bitte ein, dass Sie bei Klausuren, die öffentliche Einrichtungen zum Gegenstand haben, stets im Klageweg gegen die Gemeinde vorgehen können. Insoweit sollten Sie immer an die Zwei-Stufen-Theorie denken, wonach eine Klage gegen die Gemeinde selbst stets im Verwaltungsrechtsweg, § 40 Abs. 1 VwGO zu verfolgen ist.

B. Der gemeindliche Anschluss- und Benutzungszwang

I.   Begriff, Inhalt, Sinn und Zweck

242 Gemäß Art. 24 Abs. 1 Nr. 2 und 3 GO können die Gemeinden für gewisse gesundheitspolizeiliche Zwecke verfolgende öffentliche Einrichtungen einen so genannten Anschluss- und/oder
Benutzungszwang anordnen. Nach Anordnung des Anschluss- und Benutzungszwangs wird
regelmäßig das Recht, eine öffentliche Einrichtung zu benutzen, zur Pflicht. Gleichzeitig korrespondiert mit der angeordneten Pflicht zur Benutzung der Einrichtung auch das subjektive
Recht des Einzelnen auf Benutzung, ohne dass ein Rückgriff auf die Bestimmung in Art. 21
GO erforderlich wäre.

243 Anschluss- und Benutzungszwang sind nicht identisch.

> Durch den **Anschlusszwang** wird dem Pflichtigen aufgegeben, die Vorkehrungen zu treffen,
> die ihm die jederzeitige Benutzung der gemeindlichen Einrichtungen ermöglichen.

Beispiel Wasserversorgung: Der Hausanschluss muss mit der gemeindlichen Wasserleitung
verbunden werden. ◼

> Der **Benutzungszwang** verpflichtet zur Benutzung der öffentlichen Einrichtung und verbie-
> tet zugleich die Benutzung privater Einrichtungen.

Beispiel Wasserversorgung: Das Wasser ist über die gemeindliche Einrichtung zu beziehen, ein privater Hausbrunnen darf nicht mehr benutzt werden. ◼

Hinweis

Art. 24 Abs. 1 Nr. 2 und 3 GO kann aber nicht die Pflicht entnommen werden, private Einrichtungen nach Anordnung des Anschluss- und Benutzungszwangs stillzulegen bzw. unbrauch-
bar zu machen.[28]

---

28 *Hölzl/Hien/Huber* Art. 24 Anm. I 3.

Gemäß Art. 24 Abs. 1 Nr. 2 GO ist der Anschluss- und Benutzungszwang bei Einrichtungen **244** wie Wasserversorgung, Abwasserbeseitigung, Abfallentsorgung sowie Straßenreinigung aus Gründen des öffentlichen Wohls zulässig. Darüber hinaus ist ein Anschluss- und Benutzungszwang bei „ähnlichen, der Gesundheit dienenden Einrichtungen" möglich.

II. Materielle Voraussetzungen

Die Zulässigkeit eines Anschluss- und Benutzungszwangs setzt zunächst voraus, dass die **245** zwangsweise Verpflichtung **aus Gründen des öffentlichen Wohls** vorgenommen wird. Beim öffentlichen Wohl handelt es sich um einen gerichtlich voll nachprüfbaren unbestimmten Rechtsbegriff, dessen Auslegung vor dem verfassungsrechtlichen Hintergrund von Art. 14 GG zu erfolgen hat.

Weiter muss die öffentliche Einrichtung gesundheitlichen Zwecken dienen.

Die Einführung eines Anschluss- und Benutzungszwangs ist ausschließlich über eine Satzung möglich. Ebenso sind Befreiungen vom Anschluss- und Benutzungszwang nur aufgrund eines in der Satzung festgelegten Befreiungstatbestandes möglich.

III. Räumliche Begrenzung

Ein Anschluss- und Benutzungszwang braucht sich nicht auf das gesamte Gebiet der **246** Gemeinde erstrecken. Er kann auf bestimmte Teile der Gemeinde bzw. auf bestimmte Gruppen von Grundstücken begrenzt werden. Dies erfordert das Vorliegen eines sachlichen Differenzierungsgrundes.

IV. Einschränkung von Grundrechten durch Anschluss- und Benutzungszwang

Da die satzungsmäßige Anordnung von Anschluss- und Benutzungszwang die Freiheitssphäre **247** des Einzelnen tangiert, ist eine Satzung, die den Anschluss- und Benutzungszwang anordnet, an verfassungsrechtlichen Bestimmungen zu messen. Die Anordnung des Anschluss- und Benutzungszwangs stellt einen Eingriff in das in Art. 14 GG, 103 BV geschützte Eigentum dar. Da hierdurch jedoch niemals konkrete Eigentumspositionen entzogen werden, liegt niemals eine Enteignung (insofern würde dann auch in der GO die nach Art. 14 Abs. 3 S. 2 GG erforderliche Entschädigungsregelung fehlen) vor, sondern lediglich eine Inhalts- und Schrankenbestimmung im Sinne von Art. 14 Abs. 1 S. 2 GG.[29] Da Eigentum nach Art. 14 Abs. 2 GG, 103 Abs. 2 BV auch dem Gemeinwohl dienen soll, hat eine verhältnismäßige Abwägung zwischen Privatnützigkeit des Eigentums und Gemeinwohlbindung zu erfolgen. Die Anordnung eines Anschluss- und Benutzungszwangs darf deshalb nur aus Gründen des öffentlichen Wohls vorgesehen werden. Regelmäßig begründen gesundheitspolizeiliche Erwägungen sowie die Sicherstellung der Versorgungssicherheit dieses erforderliche öffentliche Wohl. Rein fiskalische oder wirtschaftliche Erwägungen genügen nicht zur Begründung des öffentlichen Wohls, wohl aber in Kombination mit gesundheitspolizeilichen Erwägungen.[30]

---

29 *BVerfGE* 83, 201 ff.; *Knemeyer* Rn. 325.
30 *Lissack* § 2 Rn. 88.

248 Bei Anordnung des Anschluss- und Benutzungszwangs gilt aber auch im Einzelfall dem **Verhältnismäßigkeitsgrundsatz** besondere Beachtung. Es kann der Fall sein, dass der generell aus Gesundheiterwägungen rechtmäßige Anschluss- und Benutzungszwang im Einzelfall einzelne Betroffene unzumutbar beeinträchtigt.

Beispiel Unzumutbar ist z.B. die Benutzung der gemeindlichen Wassereinrichtung für eine Brauerei oder einen Getränkehersteller, der seine Wasserversorgung aus eigenen Quellen bewerkstelligt, wenn dieses Wasser für die Qualität des angebotenen Produktes maßgeblich ist. Ebenfalls unzumutbar ist der Anschluss an eine gemeindliche Kanalisation, wenn der Betroffene erst kürzlich in eine eigene Abwasserentsorgungsanlage investiert hat und demzufolge seine Aufwendungen gegenstandslos würden. ■

249 Für derartige Härtefälle ist in der Satzung, die den Anschluss- und Benutzungszwang anordnet, zwingend eine **Befreiungsklausel** aufzunehmen.[31] Diese ist als gebundene Entscheidung auszugestalten, da ansonsten der Gemeinde ein Ermessen bei der Beurteilung einer zu gewährenden Befreiung verbliebe. Um Art. 14 GG Rechnung zu tragen, bedarf es bei Unzumutbarkeit des Anschlusses im Einzelfall, einer gerichtlich einklagbaren zwingenden Befreiung.

PRÜFUNGSSCHEMA

Rechtmäßigkeit des gemeindlichen Anschluss- und Benutzungszwangs

  I. Maßgebliche Einrichtung nach Art. 24 Abs. 1 Nr. 2, 3 GO

 II. Gründe des öffentlichen Wohls

III. Rechtmäßige Satzung

IV. Beachtung der verfassungsrechtlichen Vorgaben, insbesondere Art. 14 GG, Art. 103 BV

Online-Wissens-Check

Welche Wesensmerkmale kennzeichnen eine öffentliche Einrichtung?

Überprüfen Sie jetzt online Ihr Wissen zu den in diesem Abschnitt erarbeiteten Themen. Unter **www.juracademy.de/skripte/login** steht Ihnen ein Online-Wissens-Check speziell zu diesem Skript zur Verfügung, den Sie kostenlos nutzen können. Den Zugangscode hierzu finden Sie auf der Codeseite.

---

31 *BayVGH* BayVBl 1995, 273 ff.; *BVerwG* NVwZ 1998, 1080 f.

C. Kommunale Unternehmen

Das Gesetz nimmt in den Art. 86 ff. GO **keine Definition** des Begriffs des gemeindlichen   **250** Unternehmens vor. Art. 86 GO bestimmt lediglich, dass die Gemeinde Unternehmen außerhalb der allgemeinen Verwaltung in den Rechtsformen eines Eigenbetriebs (Nr. 1), eines selbstständigen Kommunalunternehmens (Nr. 2) aber auch in den Rechtsformen des Privatrechts (Nr. 3) betreiben kann.

I. Organisationsformen

Zunächst hat die Gemeinde die Wahl, ob sie Aufgaben organisatorisch verselbstständigt   **251** durch ein eigenes gemeindliches Unternehmen wahrnehmen will („außerhalb der allgemeinen Verwaltung") oder aber die Aufgabenerfüllung rechtlich und organisatorisch im Rahmen der allgemeinen Verwaltungstätigkeit wahrnehmen will.[32] Im letztgenannten Fall besteht die Möglichkeit der Schaffung von **Regiebetrieben**, die nach Art. 86, 88 Abs. 6 GO keine gemeindlichen Unternehmen darstellen und in erster Linie der eigenen Bedarfsdeckung der Gemeinde dienen (z.B. Bauhof, Stadtgärtnerei, Kfz-Reparaturbetrieb).

1. Öffentlich-rechtliche Organisationsformen

Als solche kommt zunächst der rechtlich unselbstständige **Eigenbetrieb** in Betracht, Art. 86   **252** Nr. 1 GO, Art. 88 GO. Eigenbetriebe sind gemeindliche Unternehmen, die außerhalb der allgemeinen Verwaltung als Sondervermögen **ohne eigene Rechtspersönlichkeit** geführt werden. Handlungen des Eigenbetriebs werden daher zwangsläufig der Gemeinde zugerechnet. Eigenbetriebe sind organisatorisch in der Weise verselbstständigt, als der Gemeinderat eine Werkleitung und einen Werkausschuss bestellen muss, Art. 88 Abs. 2 GO. Art. 88 Abs. 3, Abs. 4 GO folgend tritt die Werkleitung an Stelle des ersten Bürgermeisters der Gemeinde, der Werkausschuss an die Stelle des Gemeinderats.[33] Dabei hat der Gemeinderat nach Art. 88 Abs. 4 S. 1 GO das Recht Angelegenheiten des Werkausschusses im Einzelfall an sich zu ziehen.

Öffentlich-rechtlich organisierte Unternehmen können darüber hinaus **mit eigener Rechts-**   **253** **persönlichkeit** ausgestattet werden. Art. 89 GO sieht diese Möglichkeit vor. Nach Art. 89 Abs. 1 GO kann die Gemeinde selbstständige Unternehmen in der Rechtsform einer **Anstalt des öffentlichen Rechts** errichten oder aber bestehende Regie- und Eigenbetriebe in Kommunalunternehmen umwandeln. Mit Einrichtung eines Kommunalunternehmens wird ein neuer Zurechnungsträger von Rechten und Pflichten neben der Gemeinde geschaffen (siehe Rn. 215). Die erforderlichen Organe des Kommunalunternehmens lassen sich Art. 90 GO entnehmen.

2. Privatrechtliche Organisationsformen

Daneben steht es der Gemeinde frei, ein gemeindliches Unternehmen in privatrechtlicher   **254** Rechtsform zu betreiben, Art. 86 Nr. 3 GO. Als Organisationsformen kommen insbesondere GmbH und AG in Betracht.[34] Eine Einschränkung erfährt die Gründung gemeindlicher Unter-

---

32 *Lissack* § 7 Rn. 2.

33 *Hölzl/Hien/Huber* Art. 88 Anm. 4.

34 *Zugmaier* BayVBl 2001, 233 ff.; *Lissack* § 7 Rn. 14.

nehmen in Privatrechtsform durch die Zulässigkeitsvoraussetzungen in Art. 92 Abs. 1 S. 1 GO. Relevant ist hier insbesondere die Nr. 2 von Art. 92 Abs. 1 S. 1 GO, wonach die Gemeinde angemessenen Einfluss im Aufsichtsrat bzw. im entsprechendem Gremium erhalten muss.

II. Zulässigkeitsanforderungen an gemeindliche Unternehmen

255 Neben den besonderen Voraussetzungen zur Schaffung von Eigenbetrieben, Kommunalunternehmen und gemeindlichen Unternehmen in Privatrechtsform, kommen **allgemeine Zulässigkeitsvoraussetzungen**, die in Art. 87 Abs. 1 S. 1 Nr. 1–4 GO aufgeführt sind.[35] Eine Gemeinde darf demnach Unternehmen **nur** errichten bzw. erweitern, wenn

- ein öffentlicher Zweck dieses Unternehmen erfordert, insbesondere die Gemeinde mit dem Unternehmen eine Aufgabe nach Art. 57 GO, Art. 83 Abs. 1 BV erfüllt (Daseinsvorsorge). Hier gilt es Art. 87 Abs. 1 S. 2 GO zu beachten, wonach die **bloße Gewinnerzielung** keinen öffentlichen Zweck darstellt. Ein öffentlicher Zweck kann jedoch dann nicht von vornherein verneint werden, wenn die Gemeinde mit dem Unternehmen **auch** Gewinne erzielen möchte.[36]
- das Unternehmen nach Art und Umfang in einem angemessenen Verhältnis zur Leistungsfähigkeit der Gemeinde und zum voraussichtlichen Bedarf steht.
- die dem Unternehmen zu übertragenden Aufgaben für eine Erfüllung außerhalb der Gemeindeverwaltung geeignet sind.
- der Zweck nicht ebenso gut und wirtschaftlich durch einen Privaten erfüllt wird bzw. werden kann (**Subsidiaritätsklausel**). Diese Voraussetzung ist aber nur zu verlangen, wenn die Gemeinde ein Unternehmen **außerhalb des Bereiches der Daseinsvorsorge** schafft.[37]

256 Daneben gilt es als allgemeine Vorschrift des Art. 95 Abs. 2 GO zu beachten, wonach gemeindliche Unternehmen keine wesentliche Schädigung und keine Aufsaugung selbstständiger Betriebe in Landwirtschaft, Handwerk, Handel und Gewerbe und Industrie bewirken dürfen.

III. Rechtsschutz Dritter gegen gemeindliche Unternehmen (Konkurrentenklage)

257 Die Schaffung eines gemeindlichen Unternehmens nach Art. 86 GO unterliegt den strengen Zulässigkeitsvoraussetzungen in Art. 87 Abs. 1 GO, sowie der gesetzlichen Einschränkung des Art. 95 Abs. 2 GO. Es stellt sich damit die Frage, ob ein durch Einrichtung eines gemeindlichen Unternehmens betroffener Privater (Konkurrent), verwaltungsgerichtlichen Rechtsschutz gegen die kommunale Unternehmenstätigkeit („Ob" der wirtschaftlichen Betätigung der Gemeinde betroffen, daher jedenfalls Verwaltungsrechtsweg, § 40 Abs. 1 S. 1 VwGO, eröffnet) in Form einer **allgemeinen Leistungsklage als Unterlassungsklage** (gerichtet auf Einstellung der gemeindlichen Konkurrenz) geltend machen kann.

258 Da auch die allgemeine Leistungsklage, um Popularklagen auszuschließen, eine Klagebefugnis in Analogie zu § 42 Abs. 2 VwGO verlangt, stellt sich die zentrale Frage, ob die Vorschriften des Art. 87 Abs. 1 Nr. 4, 95 Abs. 2 GO **Drittschutz** vermitteln, d.h. ob es sich hierbei um drittschützende Normen handelt.

---

35 Vgl. zum Ganzen: *Köhler* BayVBl 2000, 1 ff.
36 *Köhler* BayVBl 2000, 1 ff.; *Ehlers* DVBl 1998, 497 ff.
37 *Lissack* § 7 Rn. 19.

Beispiel Die Gemeinde beschließt ein kommunales Wellness-Center mit Schwimmbad, Sauna und Gastronomiebetrieb in der Form einer Wellness-Center GmbH zu errichten, um das Angebot für Einheimische und Touristen attraktiver zu gestalten. In der Gemeinde existiert aber bereits ein privater Schwimmbadbetreiber, der durch die gemeindliche Konkurrenz Umsatzeinbußen befürchtet. Er beruft sich darauf, dass die Schaffung der gemeindlichen Konkurrenz ungesetzlich sei. Rechtlich muss er im Wege der Unterlassungsklage (Unterfall der allgemeinen Leistungsklage) gegen das gemeindliche Konkurrenzunternehmen vorgehen. Die Zulässigkeit einer solchen Klage hängt vom Bejahen einer entsprechenden Klagebefugnis, § 42 Abs. 2 VwGO analog, ab. Wenn man die Zulässigkeit einer solchen Klage vertretbar bejaht, ist letztlich entscheidend, ob die Konkurrenzsituation für den privaten Betreiber ruinös ist. ■

> ### Hinweis
>
> Erinnern Sie sich in diesem Zusammenhang daran, dass auch für eine allgemeine Leistungsklage eine Klagebefugnis entsprechend § 42 Abs. 2 VwGO zu verlangen ist. Dies gilt selbstverständlich auch für die Unterlassungsklage als Unterform der allgemeinen Leistungsklage.

Die **Rechtsprechung** verneint diesen Drittschutz aus Art. 87 Abs. 1 Nr. 4, 95 Abs. 2 GO, mit dem Argument, dass die Art. 86 ff. GO ausschließlich der Wahrung des öffentlichen Wohls dienten, nicht aber dem Schutz privater Individualinteressen einzelner Konkurrenten.[38] Normzweck der Art. 86 ff. GO sei zu gewährleisten, dass sich die Gemeinde in erster Linie ihren eigenen kommunalen Aufgaben der Daseinsvorsorge (Art. 7, 57 GO, Art. 83 Abs. 1 BV) widme und die Wahrnehmung „fachfremder" Aufgaben nicht die Oberhand gewinne. Zwar besage Art. 95 Abs. 2 GO darüber hinaus, dass durch gemeindliche Unternehmen generell keine Vernichtung bzw. wesentliche Schädigung privater Betriebe einher gehen dürfe, doch handele es sich hierbei um einen bloßen Rechtsreflex für den einzelnen Betroffenen.[39]

259

Auch aus Art. 12, 14 GG lässt sich kein Drittschutz ableiten, da insbesondere Art. 12 GG weder vor Konkurrenz, noch bloße Gewinnchancen schützt.

260

---

38 *BayVGH* BayVBl 1976, 628 ff.; *BVerwG* BayVBl 1978, 375; *Bauer/Böhle/Ecker* Art. 87 Rn. 7; *Hölzl/Hien/Huber* Art. 87 Anm. 4; *Köhler* BayVBl 2000, 1 ff.

39 *Bauer/Böhle/Ecker* Art. 87 Rn. 7 ff.; *VG Ansbach* vom 7.7.2005, AN 4 K 04.03378; juris; *Jungkamp*, NVwZ 2010, 546 ff.

261 An dieser Stelle ist es jedoch ebenso vertretbar in der **Privatschutzklausel** des Art. 95 Abs. 2 GO eine drittschützende Norm zu sehen, die insbesondere dann verletzt sein dürfte, wenn die **Konkurrenzsituation ruinös** ist.

Online-Wissens-Check

Unter welchen Voraussetzungen darf sich die Gemeinde einer privatrechtlichen Organisationsform bedienen?

Überprüfen Sie jetzt online Ihr Wissen zu den in diesem Abschnitt erarbeiteten Themen. Unter **www.juracademy.de/skripte/login** steht Ihnen ein Online-Wissens-Check speziell zu diesem Skript zur Verfügung, den Sie kostenlos nutzen können. Den Zugangscode hierzu finden Sie auf der Codeseite.

7. Teil
Die Staatsaufsicht über die Gemeinde

A. Prinzip der staatlichen Aufsicht über kommunale Gebietskörperschaften

262 Art. 83 Abs. 4, Abs. 6 BV, Art. 108 GO, Art. 37 Abs. 1 S. 2 LKrO qualifizieren die Aufsicht über kommunale Gebietskörperschaften als **staatliche Aufgabe. Kommunalaufsicht ist demnach Staatsaufsicht.**

263 Art. 108 GO umschreibt das Prinzip der Staatsaufsicht nur teilweise. Zwar sollen die Aufsichtsbehörden die Gemeinden bei deren Aufgabenerfüllung verständnisvoll beraten und deren Entschlusskraft stärken. Ein Schwerpunkt liegt aber nicht nur in dieser **präventiven Aufsicht vor Wirksamwerden des gemeindlichen Handelns**, sondern gerade in der **nachträglichen Rechtskontrolle (repressive Aufsicht)** gemeindlichen Handelns (vgl. insoweit insbesondere Art. 112, 113, 116 GO).[1]

264 Die Staatsaufsicht hat demnach eine **Beratungs- und Kontrollfunktion** und stellt daneben ein unerlässliches **Korrelat zur gemeindlichen Selbstverwaltung** dar.[2] Je stärker ausgeprägt diese kommunale Selbstverwaltung mit einer freien Ermessensausübung seitens der Gemeinde ist, umso eher bedarf es eines gesetzlichen Korrektivs bei rechtswidrigem Handeln der Gemeinde.

B. Die Unterscheidung zwischen Rechts- und Fachaufsicht

265 Die in der GO (wie auch in der LKrO und BezO) vorgenommene Differenzierung der Aufsicht in Rechts- und Fachaufsicht beurteilt sich ausschließlich nach den **gemeindlichen Wirkungskreisen** (dualistische Aufgabenstruktur).[3]

> Von einer **Rechtsaufsicht** spricht man, wenn eine gemeindliche Aufgabe im eigenen Wirkungskreis (Selbstverwaltungsangelegenheit) betroffen ist. Von einer **Fachaufsicht** wird gesprochen, wenn gemeindliches Handeln im übertragenen Wirkungskreis in Streit steht.[3]

Beispiel Folglich unterfällt die Gemeinde bei Erlass eines Gebühren- oder Beitragsbescheides (Finanzhoheit!) der Rechtsaufsicht aus Art. 109 Abs. 1 GO. Erteilt die Gemeinde einen Personalausweis, wird sie nach Art. 3 AGPaßAuswG[4] im übertragenen Wirkungskreis tätig. Sie unterfällt folglich einer Fachaufsicht aus Art. 109 Abs. 2 GO. ■

266 Korrespondierend mit Art. 7 Abs. 2 S. 1 und Art. 8 Abs. 2 GO unterscheidet sich der Umfang der jeweiligen Aufsicht.

---

1 Vgl. zum Ganzen: *Lissack* § 8 Rn. 2.

2 *BVerfGE* 6, 104 ff.; *BVerfGE* 78, 331 ff.

3 *Lissack* § 8 Rn. 5.

4 *Ziegler/Tremel* Nr. 550.

267 Die Rechtsaufsicht im eigenen Wirkungskreis stellt sich nach Art. 109 Abs. 1 GO als **reine Rechtmäßigkeitskontrolle** dar.[5] Rechtmäßigkeitskontrolle heißt dabei Überprüfung der formellen und materiellen Rechtmäßigkeit des gemeindlichen Handelns, sowie der Überprüfung von Ermessensfehlern[5] und der Beachtung des Grundsatzes der Verhältnismäßigkeit.[6]

268 Eingriffe ins Verwaltungsermessen (Zweckmäßigkeitserwägungen) dürfen seitens der Aufsichtsbehörde **nicht vorgenommen werden**.[5] Der Aufsichtsbehörde ist es untersagt, ihr Ermessen an die Stelle des gemeindlichen Ermessens zu setzen.

269 Die **Fachaufsicht im übertragenen Wirkungskreis** geht über den Umfang der Rechtsaufsicht hinaus („auch" in Art. 109 Abs. 2 GO). In dem lediglich durch Art. 109 Abs. 2 S. 2 GO eingeschränkten Rahmen sind bei der Fachaufsicht auch **Eingriffe in das Verwaltungsermessen der Gemeinde möglich**.[7] Für die Aufsichtsbehörde besteht hier – anders als bei der Rechtsaufsicht – die Möglichkeit, der Gemeinde Vorgaben für das im Einzelfall gebotene Verwaltungshandeln zu machen.[8] Dies folgt daraus, dass materiell-rechtlich eine Staatsaufgabe im übertragenen Wirkungskreis inmitten steht.

> **Hinweis**
>
> Prägen Sie sich an dieser Stelle aber bereits ein, dass auch im Bereich der Fachaufsicht die Zweckmäßigkeitskontrolle der Fachaufsichtsbehörde nicht umfassend ist. Das Gesetz nimmt hier in Art. 109 Abs. 2 S. 2 GO umgehend eine Einschränkung vor.

C. Rechtsaufsicht

270 Soweit die Gemeinde eine Aufgabe im eigenen Wirkungskreis erfüllt unterfällt sie der staatlichen Rechtsaufsicht.

I. Die Rechtsaufsichtsbehörden

271 Die **Rechtsaufsichtsbehörden** bestimmen sich über Art. 110 GO. Rechtsaufsichtsbehörde über die **kreisangehörige Gemeinde** ist nach Art. 110 S. 1 GO das Landratsamt als Staatsbehörde (Kreisverwaltungsbehörde). Da auch die **Große Kreisstadt** eine dem Grunde nach kreisangehörige Gemeinde ist, ist auch insoweit das Landratsamt Rechtsaufsichtsbehörde, als die Große Kreisstadt im eigenen Wirkungskreis handelt.[9]

272 Rechtsaufsichtsbehörde über die **kreisfreie Gemeinde** ist nach Art. 110 S. 2 GO die Regierung (mittlere Staatsbehörde).

---

5 *Bauer/Böhle/Ecker* Art. 109 Rn. 10.

6 *Lissack* § 8 Rn. 10.

7 *Bauer/Böhle/Ecker* Art. 109 Rn. 14.

8 *Bauer/Böhle/Ecker* Art. 109 Rn. 17.

9 *Bauer/Böhle/Ecker* Art. 110 Rn. 6.

II. Die rechtsaufsichtlichen Aufsichtsmittel

Die **rechtsaufsichtlichen Aufsichtsmittel** finden sich in den Art. 111–114 GO: **273**

1. Informationsrecht, Art. 111 GO

Dieses ermächtigt die Rechtsaufsichtsbehörde, sich über **alle** Angelegenheiten der Gemeinde   **274**
zu informieren. Die Besonderheit von Art. 111 GO liegt darin, dass er nach seiner Wortwahl
„alle" sowohl für gemeindliche Angelegenheiten des eigenen wie des übertragenen Wirkungskreises gilt.[10]

2. Beanstandungs- und Aufhebungsverlangen, Art. 112 S. 1 GO

Die Rechtsaufsichtsbehörde kann **rechtswidriges** Handeln der Gemeinde zum Anlass neh-   **275**
men, dieses gemeindliche Tun zu beanstanden **und** dessen Aufhebung zu verlangen; in
Art. 112 GO besteht zum einen das Verbot isolierter Beanstandung („und"), sowie das Verbot
präventiver Beanstandung;[11] Art. 112 GO greift stets nur bei bereits erfolgtem gemeindlichen
Handeln (repressive Aufsicht). Daneben hat die Rechtsaufsichtsbehörde nach Art. 112 S. 2 GO
die Befugnis, die jeweilige Gemeinde zur Erfüllung öffentlich-rechtlicher Aufgaben und Verpflichtungen aufzufordern. Relevant wird dies insbesondere im Rahmen der Erfüllung
gemeindlicher Pflichtaufgaben nach Art. 57 Abs. 2 GO.

> **Beispiel** Wenn die Rechtsaufsichtsbehörde gegenüber der Gemeinde lediglich einen
> Gebühren- bzw. Beitragsbescheid beanstandet, ohne dessen Aufhebung zu verlangen, so
> ist diese Maßnahme bereits deshalb rechtswidrig, weil Art. 112 GO stets die Verbindung
> von Beanstandung mit einem Aufhebungsverlangen fordert. ◾

3. Ersatzvornahme, Art. 113 GO

Die Ersatzvornahme ist ultima ratio, sofern die Gemeinde dem mit einer angemessenen Frist   **276**
versehenen Aufhebungsverlangen nach Art. 112 S. 1 GO nicht nachkommt; sie stellt quasi die
Vollstreckung der Grundmaßnahme nach Art. 112 GO dar. Damit sind Voraussetzung einer
rechtmäßigen Ersatzvornahme:[12] wirksamer Grund-VA nach Art. 112 GO mit angemessener
Fristsetzung; Vollziehbarkeit des Grund-VA (§ 80 Abs. 2 Nr. 4 VwGO); Nichterfüllung innerhalb
der gesetzten Frist durch die Gemeinde und Androhung der Ersatzvornahme (Letzteres str.).
Die Rechtsgrundlage der Ersatzvornahme liegt dabei in Art. 113 GO, nicht im BayVwZVG.

> **Beispiel** Im oben genannten Fall wird es der Regel entsprechen, dass die Rechtsaufsichts-
> behörde den gemeindlichen Gebührenbescheid beanstandet und dessen Aufhebung
> innerhalb angemessener Frist verlangt. Für den Fall der Untätigkeit der Gemeinde wird
> die Ersatzvornahme durch die Rechtsaufsichtsbehörde als staatliche Behörde ange-
> droht. ◾

---

10 *Bauer/Böhle/Ecker* Art. 111 Rn. 4.
11 *Lissack* § 8 Rn. 27; *Bauer/Böhle/Ecker* Art. 112 Rn. 28, 39.
12 Vgl. zum Ganzen: *Bauer/Böhle/Ecker* Art. 113 Rn. 4 ff.

4. Bestellung eines Beauftragten, Art. 114 GO

277   Art. 114 GO ist ein **Notstandsaufsichtsmittel**,[13] das nur zur Anwendung gelangen kann, wenn die sonstigen aufsichtlichen Mittel keinen Erfolg versprechen und die gemeindliche Beschlussunfähigkeit (Art. 47 Abs. 2 GO) auch nicht anderweitig behebbar erscheint (in der Praxis äußerst selten).

III. Rechtsschutz der Gemeinde gegen rechtsaufsichtliche Maßnahmen

278   Der Rechtsschutz gegen Maßnahmen, die im Bereich der Rechtsaufsicht getroffen werden, hängt von der Rechtsnatur derartiger Maßnahmen ab.

1. Rechtsnatur der Maßnahmen

279   Da im Rahmen der Rechtsaufsicht **gemeindliches Handeln im eigenen Wirkungskreis** Anlass zur Rechtskontrolle ist, liegen bei allen rechtsaufsichtlichen Maßnahmen **unstreitig Verwaltungsakte** im Sinne von Art. 35 S. 1 BayVwVfG vor. Die Maßnahmen der Rechtsaufsichtsbehörde haben zweifellos **Außenwirkung**, da die Gemeinde als Rechtssubjekt außerhalb des Freistaates Bayern betroffen ist.[14]

Die rechtsaufsichtliche Maßnahme hat nach allen vertretenen Ansichten den Charakter eines **Verwaltungsakts** im Sinne von Art. 35 BayVwVfG. Ein Rechtsstreit ist hier nicht zu erörtern.

2. Statthafte Klageart und Klagebefugnis

280   Statthafte Klageart ist daher in allen Fällen der Rechtsaufsicht die **Anfechtungsklage**, § 42 Abs. 1 Alt. 1 VwGO.

> **JURIQ-Klausurtipp**
>
> Halten Sie sich bei der Verwaltungsaktsqualität der rechtsaufsichtlichen Maßnahme zeitlich nicht auf. Nach Feststellung der Angelegenheit des eigenen Wirkungskreises genügt hier die Feststellung des Verwaltungsaktscharakters aufgrund der Außenwirkung im Verhältnis Freistaat Bayern-Gemeinde. Streitig ist die Rechtsnatur einer aufsichtlichen Maßnahme nur im Rahmen der Fachaufsicht.

281   Die **Klagebefugnis**, § 42 Abs. 2 VwGO, lässt sich unschwer aus einer möglichen Verletzung der gemeindlichen Selbstverwaltung aus Art. 28 Abs. 2 GG, Art. 11 Abs. 2 BV herleiten.

---

13 *Bauer/Böhle/Ecker* Art. 114 Rn. 2.
14 *Bauer/Böhle/Ecker* Art. 112, Rn. 29; *Lissack* § 8 Rn. 43.

> **JURIQ-Klausurtipp**
>
> **Tenorierung eines rechtsaufsichtlichen Bescheides**
>
> Nach Feststellung der rechtswidrigen Handlung (Beschluss oder Verwaltungsakt) der Gemeinde ist im Rahmen von Art. 112, 113 GO wie folgt vorzugehen:
> 1. Der Beschluss/Die Verfügung der Gemeinde X wird rechtsaufsichtlich beanstandet und dessen/deren Aufhebung bis zum (bzw. innerhalb eines Monats nach Unanfechtbarkeit der Entscheidung) verlangt.
> 2. Für Ziffer 1 wird die sofortige Vollziehung angeordnet.
> 3. Falls die Gemeinde der Aufforderung in Ziffer 1 nicht fristgerecht nachkommt, wird das Landratsamt im Wege der Ersatzvornahme anstelle der Gemeinde den Beschluss/die Verfügung des Gemeinderats vom …. aufheben.
> 4. Für Ziffer 3 wird die sofortige Vollziehung angeordnet.
> 5. Für diesen Bescheid werden keine Kosten erhoben (Art. 3 Abs. 1 Nr. 1 KG[15]).

D. Fachaufsicht

Soweit die Gemeinde Aufgaben des übertragenen Wirkungskreises erfüllt, unterliegt sie der staatlichen Fachaufsicht. **282**

I. Die Fachaufsichtsbehörden

Maßgebliche Norm zur Bestimmung der Fachaufsichtsbehörde ist Art. 115 GO. **283**

Dabei ist zu beachten, dass sofern keine Sonderbestimmungen (selten, z.B. klausurrelevant Art. 53 Abs. 1 BayBO[16]) bestehen, gemäß Art. 115 Abs. 1 S. 2 GO der Rechtsaufsichtsbehörde (Art. 110 GO) auch die Führung der Fachaufsicht obliegt.

Einen **Sonderfall** schafft Art. 115 Abs. 2 GO für die **Große Kreisstadt**. Allerdings gilt dies nur für die Fälle, in denen die Große Kreisstadt im übertragenen Wirkungskreis eine Aufgabe erfüllt, die ihr durch Art. 9 Abs. 2 GO, GrKrV (vom an sich zuständigen Landratsamt als unterer staatlicher Verwaltungsbehörde) zugewiesen ist (wichtigster Anwendungsfall in der Praxis ist die Funktion als untere Bauaufsichtsbehörde nach Art. 9 Abs. 2 GO, § 1 Abs. 1 Nr. 1 GrKrV, Art. 54 BayBO). In diesen Fällen bestimmt sich die Fachaufsichtsbehörde nach den für kreisfreie Gemeinden geltenden Regelungen und man gelangt so über Art. 115 Abs. 1 S. 2 GO wiederum zu Art. 110 S. 2 GO; Fachaufsichtsbehörde ist dann die **Regierung**. **284**

> **JURIQ-Klausurtipp**
>
> Denken Sie daran, dass diese Sonderkonstellation im Bereich der Aufsicht über die Große Kreisstadt nur im übertragenen Wirkungskreis bei der Fachaufsicht relevant wird!

---

15 *Ziegler/Tremel* Nr. 380.
16 Vgl. *Bauer/Böhle/Ecker* Art. 115 Rn. 1.

285 Sofern die Große Kreisstadt eine Aufgabe im übertragenen Wirkungskreis erfüllt, die ihr **nicht** durch Art. 9 Abs. 2 GO, GrKrV zugewiesen ist, wird sie wie eine gewöhnliche kreisangehörige Gemeinde behandelt (die sie ja auch ist); für die Fachaufsicht verbleibt es hier bei Art. 115 Abs. 1 S. 2, 110 S. 1 GO; das **Landratsamt** ist in einer derartigen Konstellation Fachaufsichtsbehörde.

286 Diese durch Art. 115 Abs. 2 GO im übertragenen Wirkungskreis vorgenommene Differenzierung nach übertragenen Aufgaben, wird als so genannte **gespaltene Fachaufsicht**[17] bezeichnet. Sie tritt nur bei der Großen Kreisstadt auf.

II.   Die fachaufsichtlichen Aufsichtsmittel

287 Die Befugnisse der Fachaufsichtsbehörden lassen sich Art. 116 GO entnehmen. Die Besonderheit liegt dabei im Folgenden: Während Art. 116 Abs. 1 S. 1 und S. 2 GO mit der rechtsaufsichtlichen Ebene korrespondieren (vgl. Art. 111, 112 GO), bestimmt Art. 116 Abs. 1 S. 3 GO, dass den Fachaufsichtsbehörden über das Informations- und Weisungsrecht hinausgehend keine weitergehenden Befugnisse zukommen. Art. 116 Abs. 2 GO bestimmt weiter, dass die Rechtsaufsichtsbehörden (Art. 110 GO) die Fachaufsichtsbehörden unter Anwendung der Befugnisse aus Art. 113, 114 GO zu unterstützen haben.

288 Es ergibt sich damit folgendes Bild der **fachaufsichtlichen Befugnisse**:

1.   Informationsrecht, Art. 116 Abs. 1 S. 1 GO

289 Hier aber nur bezogen auf Angelegenheiten des übertragenen Wirkungskreises; der Passus „in gleicher Weise" bezieht sich allein auf die Aufsichtsmittel in Art. 111 S. 2 GO.

2.   Weisungsrecht, Art. 116 Abs. 1 S. 2 GO

290 Der Begriff der Weisung umfasst im Wesentlichen die Befugnisse aus Art. 112 GO; als Minus zum Begriff der Weisung ist im übertragenen Wirkungskreis auch eine isolierte Beanstandung zulässig;[18] eine Weisung kann wegen Art. 8 Abs. 2 GO auch präventiv erfolgen.

> **Beispiel** Die Fachaufsichtsbehörde verlangt von der kreisfreien Stadt Augsburg die Aufhebung einer Baugenehmigung. Da die Stadt Augsburg im übertragenen Wirkungskreis tätig geworden ist (Art. 9 Abs. 1 GO, Art. 54 Abs. 1 BayBO) liegt eine fachaufsichtliche Weisung im Sinne von Art. 116 Abs. 1 S. 2 GO vor. ■

3.   Ersatzvornahme, Art. 116 Abs. 1 S. 3, 116 Abs. 2 S. 1 GO

291 Keine Kompetenz der Fachaufsichtsbehörde; Durchführung durch die Rechtsaufsichtsbehörde nach Art. 113 GO;[19] Letztere muss auch prüfen, ob die Voraussetzungen der Ersatzvornahme erfüllt sind; damit liegt in der Durchführung der Ersatzvornahme (Vollstreckung) im Ergebnis eine Maßnahme der Rechtsaufsichtsbehörde vor (str.).[20]

---

17 *Bauer/Böhle/Ecker* Art. 115 Rn. 5.
18 *Bauer/Böhle/Ecker* Art. 116 Rn. 2.
19 *Bauer/Böhle/Ecker* Art. 116 Rn. 10, 11.
20 So *Bauer/Böhle/Ecker* Art. 116 Rn. 11.

Beispiel Wenn im oben genannten *Beispiel* die Stadt Augsburg dem Aufhebungsverlangen (Weisung) der Fachaufsichtsbehörde Regierung von Schwaben (Art. 115 Abs. 1 GO, Art. 53 Abs. 1 BayBO) nicht nachkommt, muss die Rechtsaufsichtsbehörde (Art. 110 S. 2 GO) den rechtswidrigen Akt der Stadt Augsburg aufheben, soweit diese Maßnahme von Art. 109 Abs. 2 GO gedeckt ist. ◼

III. Rechtsschutz der Gemeinde gegen fachaufsichtliche Maßnahmen

Wie bei der Rechtsaufsicht bestimmt sich der gerichtliche Rechtsschutz der Gemeinde im Bereich der Fachaufsicht nach der Rechtsnatur der getroffenen Maßnahmen. **292**

1. Rechtsnatur der fachaufsichtlichen Weisung

> **Hinweis** **293**
>
> Die Rechtsnatur der fachaufsichtlichen Weisung im Sinne von Art. 116 Abs. 1 S. 2 GO ist **umstritten**.

Die **Rechtsprechung** sieht in einer Weisung der Fachaufsichtsbehörde auf dem Gebiet des übertragenen Wirkungskreises nur dann einen Verwaltungsakt mit **Außenwirkung** im Sinne von Art. 35 S. 1 BayVwVfG, wenn die fachaufsichtliche Weisung in **Rechte der Gemeinde eingreift bzw. eingreifen kann.**[21] Grundüberlegung dieser Sichtweise ist, dass die Gemeinde im übertragenen Wirkungskreis materiell-inhaltlich eine **Staatsaufgabe** wahrnimmt, so dass die von Art. 35 S. 1 BayVwVfG geforderte **Außenwirkung** zum Problem wird. Sieht man die Gemeinden im übertragenen Wirkungskreis als verlängerten Arm des Staates, d.h. wie eine staatliche Unterbehörde, so wären die Gemeinden in den Rechtskreis des Staates eingebettet, mit der Folge dass sie in Ermangelung einer Außenwirkung im Sinne von Art. 35 BayVwVfG und eines vom Staat unabhängigen Rechtskreises keinen Rechtsschutz gegen fachaufsichtliche Maßnahmen im übertragenen Wirkungskreis geltend machen könnten, es sei denn, eine fachaufsichtliche Maßnahme würde gleichzeitig in Selbstverwaltungsangelegenheiten (Art. 28 Abs. 2 GG, 11 Abs. 2 BV; Angelegenheiten des eigenen Wirkungskreises) oder in eine sonstige geschützte Rechtsstellung der Gemeinde eingreifen. Da die Gemeinde sich im übertragenen Wirkungskreis regelmäßig aber gerade nicht auf die Selbstverwaltungsgarantie aus Art. 28 Abs. 2 GG, 11 Abs. 2 BV berufen kann, bleibt hier nach der Rechtsprechung nur der Rückgriff auf **Art. 109 Abs. 2 S. 2 GO** möglich, um eine Verletzung eigener Rechte und damit einen Verwaltungsakt anzunehmen. Nach Art. 109 Abs. 2 S. 2 GO ist ein Eingriff in das Verwaltungsermessen nur in den dort aufgeführten zwei Fallgruppen denkbar. Wenn ein Eingriff in das Verwaltungsermessen der Gemeinde durch die Weisung möglich erscheint (einen solchen erlaubt Art. 109 Abs. 2 S. 2 GO nur unter besonderen Voraussetzungen), wird von der Rechtsprechung ein Verwaltungsakt angenommen und der Gemeinde Rechtsschutz über die Anfechtungsklage des § 42 Abs. 1 Alt. 1 VwGO gewährt. Wenn man hier nun an dieser Stelle darauf abstellt, dass die Weisung mit ihrem Verlangen von der Gemeinde, den beanstandeten Verwaltungsakt oder Beschluss aufzuheben, in das **Rücknahmeermessen der Gemeinde aus Art. 48 Abs. 1 BayVwVfG** eingreift bzw. zumindest eingreifen kann bzw. ein Verwaltungsakt in Streit steht, der ohnehin im gemeindlichen Ermessen steht, ist es nach der anzuwendenden **Möglichkeitsthe-**

---

21 *BVerwG* DVBl 1995, 744 ff.; *BVerwG* NVwZ 1983, 610 ff.; *BayVGH* BayVBl 1977, 152 ff.

orie niemals ausgeschlossen, dass die Gemeinde in ihrem Recht, von sachlich nicht durch Art. 109 Abs. 2 S. 2 GO gerechtfertigten Weisungen verschont zu bleiben (weisungsfreier Raum außerhalb von Art. 109 Abs. 2 S. 2 GO), verletzt sein kann. Ein Verwaltungsakt lässt sich dann mit der Rechtsprechung nicht bestreiten.

> **JURIQ-Klausurtipp**
>
> Denken Sie an dieser Stelle klausurtaktisch. Sie sollten auch bei der Anfechtung einer fachaufsichtlichen Weisung im übertragenen Wirkungskreis zu einer Klagemöglichkeit mittels Anfechtungsklage und Klagebefugnis der Gemeinde gelangen. Nur dann „öffnet" sich die Klausur für die weiteren Prüfschritte.

294 Die **Literatur**[22] sieht auch in der fachaufsichtlichen Weisung stets einen Verwaltungsakt im Sinne von Art. 35 S. 1 BayVwVfG. Die Annahme der Rechtsprechung, die Gemeinde sei im übertragenen Wirkungskreis Teil des Staates ist verfehlt. Auch die übertragenen Aufgaben sind gemeindliche Aufgaben. Ausdrücklich bestimmt Art. 6 Abs. 2 GO, dass die Gemeindeaufgaben eigene oder **übertragene** sind. Die Aufgaben des übertragenen Wirkungskreises gehören damit ebenfalls zum Rechtskreis der Gebietskörperschaft und nicht des Freistaates Bayern. Die ursprünglich materiell-inhaltlichen Staatsaufgaben sind mit der gesetzlichen Übertragung zu Angelegenheiten der Gemeinde geworden, die diese im eigenen Namen mit eigenem Personal und mit eigenen Mitteln verwaltet.[23] Die Rechtsfolgen treffen damit auch im Bereich der übertragenen Angelegenheiten die Gemeinden und nicht den Staat. Weiter lässt sich für die dargestellte Sichtweise der Literatur anführen, dass der dargestellten Auffassung der Rechtsprechung der gedankliche Fehler anhaftet, die Frage der Statthaftigkeit der Klage mit der Frage nach einer Klagebefugnis aus § 42 Abs. 2 VwGO zu vermischen. Wenn man für das Vorliegen eines Verwaltungsaktes danach fragt, ob dieser Rechtspositionen der Gemeinde verletzt bzw. verletzen kann, verlässt man unter Anwendung der Möglichkeitstheorie den Prüfungspunkt der „Statthaftigkeit" und begibt sich auf das Terrain der nachgelagerten Klagebefugnis, § 42 Abs. 2 VwGO.

295 Wenn die Gemeinde im übertragenen Wirkungskreis tatsächlich Teil der staatlichen Verwaltung würde, müsste man konsequenterweise bei Handeln der Gemeinde in übertragenen (materiell-inhaltlich staatlichen) Angelegenheiten den Freistaat Bayern verklagen. Es ist nun aber so, dass die Frage der Wirkungskreise für die Frage der Passivlegitimation (§ 78 Abs. 1 VwGO) irrelevant ist, da die Gemeinde stets ihr eigener Rechtsträger bleibt.

> **Hinweis**
>
> Prägen Sie sich die jeweiligen Argumentationen zur Rechtsnatur der fachaufsichtlichen Weisung gut ein. Wenn beide Ansichten zum selben Ergebnis kommen, lassen Sie den Streit am besten in der Klausur dahinstehen. Und bitte denken Sie daran, dass nur die Rechtsnatur der fachaufsichtlichen Weisung strittig ist. Bei der Rechtsaufsicht besteht Einigkeit über die Rechtsnatur als Verwaltungsakt. Ein Eingehen auf einen nicht existierenden Meinungsstreit wäre hier grob fehlerhaft.

---

22 *Knemeyer* Rn. 431; *Lissack* § 8 Rn. 44; ebenfalls *Bauer/Böhle/Ecker* Art. 116 Rn. 4.
23 *Knemeyer* Rn. 431.

Schließlich lässt sich mit der Literatur auch auf Art. 120 GO verweisen, der – wenngleich mittlerweile das Vorverfahren in aufsichtlichen Angelegenheiten durch Art. 15 Abs. 2, Abs. 3 AGVwGO entfallen ist – von einem „aufsichtlichen Verwaltungsakt" spricht, ohne zwischen Rechts- und Fachaufsicht zu differenzieren.

296

2. Statthafte Klageart und Klagebefugnis

Sofern man mit der **Rechtsprechung** zum Vorliegen eines Verwaltungsaktes gelangt, weil ein Rechtseingriff in eine geschützte Rechtsstellung der Gemeinde (Art. 109 Abs. 2 S. 2 GO bzw. Durchgriff auf das gemeindliche Selbstverwaltungsrecht in Art. 28 Abs. 2 GG, Art. 11 Abs. 2 BV) möglich erscheint, ist ausgehend vom Klageziel der Gemeinde – Aufhebung der fachaufsichtlichen Weisung – eine **Anfechtungsklage**, § 42 Abs. 1 Alt. 1 VwGO statthaft. Sofern allerdings ein derartiger Eingriff in subjektive Rechte der Gemeinde begrifflich ausgeschlossen ist, scheitert auch eine **allgemeine Leistungsklage** der Gemeinde auf Aufhebung der fachaufsichtlichen Weisung jedenfalls an der zu verneinender Klagebefugnis, die in Analogie zu § 42 Abs. 2 VwGO auch bei der allgemeinen Leistungsklage zur Vermeidung von Popularrechtsbehelfen gefordert wird.

297

Mit der **Literatur**, die in jeder fachaufsichtlichen Weisung einen Verwaltungsakt erblickt, gelangt man unproblematisch zur **Anfechtungsklage** als **statthafter Klageart**.

298

> **JURIQ-Klausurtipp**
>
> Sofern ein Eingriff der fachaufsichtlichen Weisung in den weisungsfreien Raum des Art. 109 Abs. 2 GO möglich erscheint, können Sie nach Darstellung des Meinungsstandes die Frage der Verwaltungsaktsqualität im Ergebnis offen lassen.

Die Klagebefugnis, § 42 Abs. 2 VwGO, ist auch nach Auffassung der Literatur nicht aus Art. 28 Abs. 2 GG, Art. 11 Abs. 2 BV zu folgern, sondern einer möglichen Verletzung in Art. 109 Abs. 2 S. 2 GO zu entnehmen (weisungsfreier Raum der Gemeinde im übertragenen Wirkungskreis).[24] Die Gemeinde kann geltend machen, dass sie von Weisungen verschont zu bleiben hat, die nicht von der Bestimmung in Art. 109 Abs. 2 S. 2 GO gedeckt sind. Dies stellt eine die Gemeinden schützende Rechtsstellung im Bereich der übertragenen Angelegenheiten dar.

299

> **JURIQ-Klausurtipp**
>
> Bitte beachten, dass Sie sich im Bereich der Fachaufsicht im übertragenen Wirkungskreis befinden. Der Gemeinde ist, da sie inhaltlich eine Staatsaufgabe wahrnimmt, das Berufen auf Art. 28 Abs. 2 GG, 11 Abs. 2 BV regelmäßig verwehrt.

3. Begründetheit einer Klage gegen einen aufsichtlichen Rechtsakt

Unabhängig, ob eine Maßnahme der Rechts- oder Fachaufsicht in Streit steht, ist diese Klage der Gemeinde gegen den Freistaat Bayern zu richten (§ 78 Abs. 1 Nr. 1 VwGO). Rechtsträger der Rechts- und Fachaufsichtsbehörde ist wie Art. 83 Abs. 4 S. 1 BV und Art. 37 Abs. 1 S. 2 LKrO klarstellen, der Freistaat Bayern. Aufsichtliches Handeln ist Tätigwerden des Freistaates Bayern gegenüber der Gemeinde.

300

---

24 *Bauer/Böhle/Ecker* Art. 116 Rn. 6.

301 Im Anschluss ist zu fragen, ob die aufsichtliche Maßnahme gegenüber der Gemeinde rechtmäßig erfolgt ist und zwar in formeller wie materieller Hinsicht.

Materiell-rechtlich ist ein zwingendes Aufhebungsverlangen nur dann rechtmäßig, wenn der gemeindliche Rechtsakt der beanstandet wird, überhaupt rechtswidrig ist. Die Rechtsaufsichtsbehörde darf nur rechtswidriges Handeln der Gemeinde zum Anlass der Aufsicht nehmen. Weiter muss der gemeindliche Rechtsakt überhaupt noch einer Aufhebung fähig sein, da die Rechtsaufsichtsbehörde nichts rechtlich Unmögliches von der Gemeinde fordern darf. Hier gilt es bei beanstandeten Verwaltungsakten, deren Aufhebung verlangt wird, insbesondere die Rücknahmefrist aus Art. 48 Abs. 4 BayVwVfG zu beachten.

 302 Schließlich gilt es bei der Rechtsaufsicht die Bestimmung des Art. 109 Abs. 1 GO zu beachten, dass durch die rechtsaufsichtliche Maßnahme weder in ein tatbestandliches noch in das durch Art. 48 Abs. 1 BayVwVfG eröffnete Rücknahmeermessen eingegriffen werden darf. In der Praxis ist dies regelmäßig nur dann der Fall, wenn hinsichtlich der geforderten Aufhebung eine Ermessensreduktion zu Lasten der Gemeinde gegeben ist.

 303 Im Rahmen der Fachaufsicht (außerhalb der Weisung lediglich aus Zweckmäßigkeitsgesichtspunkten) gilt es über die vorgestellten Grundsätze hinaus lediglich zu beachten, dass Art. 109 Abs. 2 S. 2 GO zusätzlich eine allerdings eingeschränkte Eingriffsmöglichkeit in das gemeindliche Ermessen gestattet.

E. Exkurs: Rechtsschutz des Bürgers bei aufsichtlichem Handeln

304 Zunächst ist festzustellen, dass sofern der Bürger ein Einschreiten der Aufsichtsbehörde begehrt, er keinen verwaltungsgerichtlichen Rechtsschutz in Anspruch nehmen kann. Die Art. 108 ff. GO folgen dem Opportunitätsprinzip („kann"), so dass der Bürger keinen Anspruch auf aufsichtliches Einschreiten besitzt.[25] Ebenfalls nicht anzuerkennen ist ein bloßer Anspruch auf ermessensfehlerfreie Entscheidung des Bürgers, da die aufsichtlichen Normen im ausschließlich öffentlichen Interesse bestehen. Ein Individualanspruch des Einzelnen ist hieraus nicht ableitbar. Der Bürger hat demnach lediglich ein **Anregungsrecht** in Bezug auf aufsichtliches Handeln nach Art. 108 ff. GO.

305 Eine Klagemöglichkeit des Bürgers eröffnet sich dagegen in den Fällen, in denen er unmittelbar von einer aufsichtlichen Ersatzvornahme (Art. 113 GO) betroffen ist (Rechtsaufsichtsbehörde hebt z.B. eine dem Bürger gewährte Gebührenrückerstattung auf, nachdem Gemeinde untätig blieb); hier stellt sich die Frage, gegen wen der Bürger seine Klage zu richten hat (§ 78 Abs. 1 VwGO). Sachgerecht erscheint es hier auf den Rechtsträger der Aufsichtsbehörde (Freistaat Bayern) abzustellen, da dieser dem Bürger gegenüber tritt (Art. 19 Abs. 4 GG) und ansonsten die Gemeinde prozessual ein Handeln zu verteidigen hätte, das sie (siehe Untätigkeit) so nicht gewollt hat (vertretbar an dieser Stelle aber auch ausgehend vom Wortlaut in Art. 113 GO („anstelle der Gemeinde") eine Zurechnung an die kommunale Gebietskörperschaft vorzunehmen).

---

25 *Bauer/Böhle/Ecker* Art. 112 Rn. 2, 4.

Kommunale Aufsicht		
Art	Rechtsaufsicht Art. 109 Abs. 1 GO	Fachaufsicht Art. 109 Abs. 2 GO

Kommunale Aufsicht		
Art	Rechtsaufsicht Art. 109 Abs. 1 GO	Fachaufsicht Art. 109 Abs. 2 GO
Umfang	Im eigenen Wirkungskreis – **Rechtmäßigkeitskontrolle**	Im übertragenen Wirkungskreis – **Recht- und eingeschränkte Zweckmäßigkeitskontrolle**
Zuständige Behörde	• Bei kreisangehöriger Gemeinde (grdsl. auch Große Kreisstadt): **LRA**, Art. 110 S. 1 GO • Bei kreisfreier Gemeinde: **Regierung**, Art. 110 S. 2 GO	• Grdsl. die **Fachaufsichtsbehörde**, Art. 115 Abs. 1 S. 1 GO, z. B. Art. 53 Abs. 1 S. 1 BayBO • Soweit keine Regelung: Art. 115 Abs. 1 S. 2 GO, Rechtsaufsichtsbehörde • **Sonderfall Große Kreisstadt**: grdsl. wie kreisangehörige Gemeinde, aber bei Wahrnehmung staatlicher Aufgaben des LRA (Art. 9 Abs. 2 GO) wie kreisfreie Gemeinde zu behandeln, Art. 115 Abs. 2 GO
Mittel	• **Informationsrecht**, Art. 111 GO • **Beanstandung** mit **Aufhebungs- oder Änderungsverlangen** Art. 112 GO • **Ersatzvornahme**, Art. 113 GO • **Bestellung eines Beauftragten**, Art. 114 GO (praktisch selten)	• **Informationsrecht**, Art. 116 Abs. 1 S. 1 GO • **Weisungsrecht**, Art. 116 Abs. 1 S. 2 i.V.m. 109 Abs. 2 S. 2 GO (präventiv und repressiv = Aufhebung von Maßnahmen; umfasst auch **Beanstandungsrecht** als minus) • Zwangsweise Durchsetzung nur durch Rechtsaufsichtsbehörde, Art. 116 Abs. 1 S. 3 i.V.m. Abs. 2 GO
Rechtsnatur	Verwaltungakt	**Rspr.: kein Verwaltungsakt** mangels Außenwirkung, es sei denn Gemeinde in eigener Rechtsposition betroffen = Art. 109 Abs. 2 S. 2 GO oder Weisung schlägt auf Selbstverwaltungsrecht durch; **a.A. Lit. immer VA**
Rechtsschutz	• **Widerspruch** §§ 68 ff. VwGO entfällt generell nach Art. 15 Abs. 2 AGVwGO; • **Anfechtungsklage**, § 42 Abs. 1 Alt. 1 VwGO; • **Klagebefugnis** ergibt sich aus Art. 28 Abs. 2 GG, 11 Abs. 2 BV	• **Widerspruch** §§ 68 ff. VwGO (sofern VA) entfällt generell nach Art. 15 Abs. 2 AGVwGO; • **Anfechtungsklage**, § 42 Abs. 1 Alt. 1 VwGO; soweit VA angenommen • **Klagebefugnis** ergibt sich aus Art. 109 Abs. 2 S. 2 GO

PRÜFUNGSSCHEMA

Erfolgsaussichten einer Klage der Gemeinde gegen einen aufsichtlichen Rechtsakt (RA, FA)

I. Entscheidungskompetenz des Gerichts
1. Eröffnung Verwaltungsrechtsweg, § 40 Abs. 1 VwGO:
2. Zuständigkeit Gericht, §§ 45, 52 Nr. 3 VwGO, Art. 1 Abs. 2 AGVwGO

II. Zulässigkeit der Klage
1. Statthaftigkeit
   🔹 Anfechtungsklage (Klageziel: Aufhebung der aufsichtlichen Maßnahme); RA: VA-Qualität der Maßnahmen unstreitig, da Außenwirkung; FA: VA-Qualität strittig   Rn. 279 293
2. Klagebefugnis, § 42 Abs. 2 VwGO
   🔹 RA: Art. 28 Abs. 2 GG, 11 Abs. 2 BV (Selbstverwaltung); FA: Art. 109 Abs. 2 S. 2 GO (Eingriff in den weisungsfreien Raum)   Rn. 281 299
3. Vorverfahren, § 68 Abs. 1 S. 2 VwGO in Verbindung mit Art. 15 Abs. 2, Abs. 3 AGVwGO (entfällt)
4. Klagefrist, § 74 Abs. 1 S. 2 VwGO
5. Beteiligten-Prozessfähigkeit, §§ 61, 62 VwGO
6. Allgemeines Rechtsschutzbedürfnis

III. Begründetheit der Klage
1. Obersatz: Klage begründet, wenn VA rechtswidrig und Verletzung in eigenen Rechten, § 113 Abs. 1 S. 1 VwGO
2. richtiger Beklagter (Passivlegitimation, § 78 Abs. 1 Nr. 1 VwGO);
   🔹 Freistaat Bayern   Rn. 300
3. Prüfung der Rechtmäßigkeit der jeweiligen aufsichtlichen Maßnahme
   🔹 getrennt nach formeller und materieller Rechtmäßigkeit   Rn. 301

Wichtig!

Materielle Rechtmäßigkeitsvoraussetzungen eines (zwingenden) Aufhebungsverlangens im Bereich der Kommunalaufsicht (RA, FA)[26]

I. Rechtsaufsicht (RA)

1. Rechtsgrundlage für Aufhebungsverlangen, Art. 112 GO

2. Aufhebungsverlangen: ist nur rechtmäßig, wenn
   - gemeindliches Handeln rechtswidrig   Rn. 301
   - gemeindlicher Rechtsakt (Beschluss/VA) noch aufhebbar   Rn. 301
   - Beachtung von Art. 109 Abs. 1 GO, Art. 7 Abs. 2 GO kein Eingriff in gemeindliches Verwaltungsermessen verlangt Ermessensreduktion auf Null   Rn. 302

II. Fachaufsicht (FA)

1. Rechtsgrundlage für Aufhebungsverlangen: Weisungsrecht in Art. 116 Abs. 1 S. 2 GO

2. Weisung, die zwingend die Aufhebung von der Gemeinde fordert, nur rechtmäßig, wenn:

   Fall 1:
   - gemeindliches Handeln rechtswidrig   Rn. 301 303
   - gemeindliches Handeln noch aufhebbar   Rn. 301 303
   - Beachtung von Art. 109 Abs. 2 GO, Art. 8 Abs. 2 GO; entweder bezüglich Rücknahme/Aufhebung wiederum Ermessensreduktion auf Null (dann kein Eingriff in Verwaltungsermessen), oder aber Rücknahme/Aufhebung durch Art. 109 Abs. 2 S. 2 GO gedeckt.   Rn. 303

   Fall 2:
   a) Handeln der Gemeinde nur zweckwidrig
   b) Handeln der Gemeinde noch korrigierbar
   c) Beachtung von Art. 109 Abs. 2 S. 2 GO; Zweckmäßigkeitsweisung muss durch Art. 109 Abs. 2 S. 2 GO gedeckt sein.

Hinweis

Die letztgenannte Fallgestaltung (Fall 2) der Zweckmäßigkeitsweisung im übertragenen Wirkungskreis ist wenig klausurrelevant!

---

26 Lesenswert zum Ganzen: *Mögele* BayVBl 1985, 519 ff.

F. Übungsfall Nr. 5

306   „Atomare Waffen – Nein danke"

Die bayerische Landeshauptstadt München fasste durch ihre zuständigen Organe den Beschluss „gegenüber der Bundeswehr und den US-Streitkräften den Standpunkt zum Ausdruck zu bringen, dass eventuelle Absichten, ABC-Waffen in München zu lagern, auf entschiedene Ablehnung stoße". Dies gelte auch für den Transport von ABC-Waffen über das Münchner Stadtgebiet. Deshalb erklärte sich die Stadt München zur „atomwaffenfreien Zone". Mit Bescheid vom 11.5.2015 beanstandete die Regierung von Oberbayern nach vorheriger Anhörung der Stadt München diesen Beschluss rechtsaufsichtlich und verlangte dessen Aufhebung innerhalb eines Monats nach Unanfechtbarkeit des Bescheids. Die Stadt München möchte sich diese Behandlung seitens der Regierung von Oberbayern nicht gefallen lassen und möchte hiergegen gerichtlich vorgehen. Hat ein gerichtliches Vorgehen Aussicht auf Erfolg?

307   ## Lösung

Eine Klage der Stadt München gegen den Bescheid der Regierung von Oberbayern vom 11.5.2015 hätte Aussicht auf Erfolg, wenn diese zulässig und begründet wäre.

I.   Entscheidungskompetenz des Gerichts

1.   Eröffnung des Verwaltungsrechtswegs

Zunächst müsste der Verwaltungsrechtsweg eröffnet sein. Dies beurteilt sich nach § 40 Abs. 1 VwGO. Die Streitigkeit ist hier als öffentlich-rechtliche zu qualifizieren, da streitentscheidende Normen solche der Bayerischen Gemeindeordnung sind (Art. 108 ff. GO). Nach der Sonderrechtstheorie beurteilt sich der Streit damit nach Vorschriften, die ausschließlich einen Hoheitsträger berechtigen und verpflichten. Da auch nicht unmittelbar am Verfassungsleben Beteiligte über die Auslegung von Verfassungsrecht streiten, ist die Streitigkeit **in Ermangelung einer doppelten Verfassungsunmittelbarkeit** auch nicht verfassungsrechtlicher Art. Der Verwaltungsrechtsweg ist damit eröffnet.

2.   Zuständiges Gericht, §§ 45, 52 VwGO i.V.m. Art. 1 Abs. 2 AGVwGO

Sachlich zuständiges Gericht ist hier nach § 45 VwGO das Verwaltungsgericht. Die örtliche Zuständigkeit beurteilt sich aufgrund der Entscheidung der Regierung von Oberbayern nach § 52 Nr. 3 VwGO, Art. 1 Abs. 2 Nr. 1 AGVwGO. Das VG München ist zur Entscheidung berufen.

II.   Zulässigkeit der Klage

1.   Statthaftigkeit der Klage

Die statthafte Klageart beurteilt sich nach dem jeweiligen Klägerbegehren, § 88 VwGO. Hier begehrt die Stadt München die Aufhebung des Bescheides der Regierung von Oberbayern vom 11.5.2015, in welchem diese von der Stadt München die Aufhebung des Beschlusses der Erklärung zur „atomwaffenfreien Zone" gefordert hat. Statthafte Klageart ist von dieser Zielsetzung ausgehend eine Anfechtungsklage, § 42 Abs. 1 Alt. 1 VwGO. Der rechtsaufsichtliche Bescheid der Regierung von Oberbayern ist unstreitig ein Verwaltungsakt im Sinne von Art. 35 S. 1 BayVwVfG. Er ergeht im Verhältnis zweier personenverschiedener Körperschaften, nämlich zwischen der Aufsichtsbehörde als Behörde des Freistaates Bayern (vgl. Art. 110 GO) und der Stadt München als selbstständiger Gebietskörperschaft. Die von Art. 35 S. 1 BayVwVfG geforderte Außenwirkung liegt damit vor.

2. Klagebefugnis, § 42 Abs. 2 VwGO

Die Stadt München müsste klagebefugt sein, § 42 Abs. 2 VwGO. Dazu müsste sie geltend machen können, dass der Bescheid der Regierung von Oberbayern sie möglicherweise in einer geschützten Rechtsstellung berührt. Die Stadt München kann sich darauf berufen, möglicherweise in ihrem Recht auf kommunale Selbstverwaltung verletzt zu sein, Art. 28 Abs. 2 GG, Art. 11 Abs. 2 BV, da der Bescheid eine Entscheidung eines Organs der Stadt München betrifft, die sich zudem zunächst auf das Gebiet der Stadt München bezieht.

3. Vorverfahren

Fraglich ist, ob die Stadt München vor Klageerhebung ein Vorverfahren nach § 68 Abs. 1 VwGO erfolglos durchlaufen haben muss. Dies ist zu verneinen. Die Durchführung eines Vorverfahrens entfällt mittlerweile nach § 68 Abs. 1 S. 2 Hs. 1 VwGO in Verbindung mit Art. 15 Abs. 2, Abs. 3 AGVwGO. Ein Fall des Art. 15 Abs. 1 AGVwGO, bei dem das Vorverfahren fakultativ möglich bliebe, liegt hier nicht vor. Eine direkte Klagerhebung ist daher zulässig.

4. Klagefrist

Fraglich ist, welche Frist die Klägerin für ihre Anfechtungsklage zu wahren hat. Mangels Ergehen eines Widerspruchsbescheides gilt für die Wahrung der Klagefrist die Bestimmung des § 74 Abs. 1 S. 2 VwGO. Demnach ist innerhalb eines Monats nach Bekanntgabe des angegriffenen Bescheides Klage zu erheben. Diese Frist gilt es für die Stadt München zu wahren.

5. Beteiligten- und Prozessfähigkeit, §§ 61, 62 VwGO

Für den Freistaat Bayern auf der Beklagtenseite gilt hier § 61 Nr. 1 Alt. 2 (juristische Person!) und § 62 Abs. 3 VwGO in Verbindung mit Art. 16 AGVwGO, § 3 Abs. 1 Nr. 1, Abs. 2 LABV.[27] Der Freistaat Bayern wird in Passivprozessen vor den Gerichten erster Instanz regelmäßig durch die Ausgangsbehörde vertreten. Für die Stadt München als Klägerin gilt in Bezug auf die Beteiligtenfähigkeit ebenfalls § 61 Nr. 1 Alt. 2 VwGO; für die Prozessfähigkeit ist auf § 62 Abs. 3 VwGO i.V.m. Art. 38 Abs. 1 GO abzustellen. Die Vertretung erfolgt grundsätzlich durch den Oberbürgermeister, Art. 34 Abs. 1 S. 2 GO.

6. Zwischenergebnis

Bei Wahrung der Klagefrist aus § 74 Abs. 1 S. 2 VwGO ist die Klage der Stadt München gegen den Bescheid der Regierung von Oberbayern vom 11.5.2015 zulässig.

III. Begründetheit der Klage

1. Obersatz

Die Klage der Stadt München ist begründet, wenn sie gegen den richtigen Beklagten i.S.d. § 78 Abs. 1 Nr. 1 VwGO gerichtet ist, der angefochtene Bescheid der Regierung von Oberbayern rechtswidrig ist und die Stadt München als Klägerin in ihren Rechten verletzt, § 113 Abs. 1 S. 1 VwGO.

2. Passivlegitimation, § 78 Abs. 1 Nr. 1 VwGO

Die Klage muss gegen den richtigen Beklagten gerichtet sein. Die Klage ist vorliegend gegen den Freistaat Bayern zu richten, da Rechtsträger der handelnden Regierung von Oberbayern der Freistaat Bayern ist (vgl. Art. 110 GO). Die Regierung ist anders als das Landratsamt ausschließlich Staatsbehörde und hat folglich keine Doppelfunktion.

3. Rechtmäßigkeit des Bescheides der Regierung von Oberbayern

Der Bescheid der Regierung von Oberbayern müsste, um einen Erfolg der Klage herbeizuführen, rechtswidrig sein. Im Folgenden ist daher seine Rechtmäßigkeit – getrennt nach formeller und materieller Rechtmäßigkeit – zu untersuchen.

a) Formelle Rechtmäßigkeit des Bescheids

aa) Zuständigkeit zum Bescheiderlass

Zunächst müsste die Regierung von Oberbayern zum Erlass des Bescheids sachlich und örtlich zuständig gewesen sein. Die Regierung von Oberbayern ist vorliegend die sachlich zuständige Rechtsaufsichtsbehörde für die kreisfreie Stadt München, Art. 110 S. 2 GO. Die

---

27 *Ziegler/Tremel* Nr. 903.

örtliche Zuständigkeit ergibt sich aus der Lage der Stadt München im Regierungsbezirk Oberbayern.

bb) Anhörung, Art. 28 Abs. 1 BayVwVfG

Die Stadt München wurde gemäß der Sachverhaltsangabe vor Erlass des Bescheides ordnungsgemäß nach Art. 28 Abs. 1 BayVwVfG angehört.

cc) Zwischenergebnis

Der Bescheid der Regierung von Oberbayern ist formell rechtmäßig.

b) Materielle Rechtmäßigkeit des Bescheids

aa) Rechtsgrundlage für die getroffene Verfügung

Zunächst bedarf der Bescheid als die Stadt München belastende Maßnahme nach dem Prinzip vom Vorbehalt des Gesetzes einer Rechtsgrundlage. Der Bescheid lässt sich hier auf Art. 112 S. 1 GO stützen, wonach die Rechtsaufsichtsbehörde rechtswidrige Beschlüsse und Verfügungen der Gemeinde beanstanden und deren Aufhebung verlangen kann.

bb) Rechtswidrigkeit des Beschlusses der Stadt München

Damit der Bescheid sich auf Art. 112 S. 1 GO stützen lässt, müssten die tatbestandsmäßigen Voraussetzungen von Art. 112 S. 1 GO erfüllt sein. Dazu müsste der städtische Beschluss, sich zur „atomwaffenfreien Zone" zu erklären, rechtswidrig sein. Diese Voraussetzung ist wiederum nur dann gegeben, wenn der Beschluss nicht von den gemeindlichen Kompetenzen aus Art. 28 Abs. 2 GG, Art. 11 Abs. 2 BV bzw. Art. 1 GO gedeckt ist. Art. 28 Abs. 2 GG, Art. 11 Abs. 2 BV, Art. 1 S. 1 GO bestimmen übereinstimmend, dass den Gemeinden die Befugnis eingeräumt ist, alle Angelegenheiten der örtlichen Gemeinschaft im Rahmen der Gesetze zu ordnen und zu verwalten. Damit ist ihre Befugnis, unabhängig vom Staat zu handeln, d.h. der Bereich kommunaler Selbstverwaltung nur eingeschränkt „im Rahmen der gesetzlichen Vorschriften" eröffnet. Gemeinden sind – abgese-

hen von den ihnen kraft Gesetzes zugewiesenen staatlichen Auftragsangelegenheiten – darauf beschränkt, sich mit Angelegenheiten des örtlichen Wirkungskreises zu befassen. Angelegenheiten des örtlichen Wirkungskreises sind nun wiederum nur solche, die in der örtlichen Gemeinschaft wurzeln oder auf diese Gemeinschaft einen spezifischen Bezug haben.[28] Von diesen Grundsätzen ausgehend, überschreitet die Gemeinde ihre Grenzen, wenn sie zu allgemeinen, überörtlichen, insbesondere politischen Fragen Beschlüsse und Resolutionen fasst, die nicht nur sie als einzelne, spezifisch tangierte Gemeinde berühren, sondern die Allgemeinheit betreffen.

Eine Kompetenz der Gemeinde, sich mit allgemeinen verteidigungspolitischen Angelegenheiten zu befassen, kann sich ausnahmsweise dann ergeben, wenn die im Kernbereich garantierte Planungshoheit der Gemeinde durch ein militärisches Vorhaben berührt wird. Dies ergibt sich daraus, dass die Gemeinde gemäß § 1 Abs. 6 Nr. 10 BauGB bei der Aufstellung von Bauleitplänen die Belange der Verteidigung zu berücksichtigen hat. Damit die Gemeinde aber bei der Aufstellung von Flächennutzungs- und Bebauungsplänen auf entsprechende militärische Absichten Rücksicht nehmen muss, ist es erforderlich, dass in der Gemeinde ein konkretes militärisches Vorhaben verwirklicht werden soll. Hieran fehlt es im zu entscheidenden Fall. Es ist von Seiten der Stadt München weder vorgetragen noch sonst ersichtlich, dass derzeit konkrete Stationierungsabsichten von ABC-Waffen auf dem Stadtgebiet München bestünden.

Eine Befassungskompetenz könnte sich eventuell darüber hinaus aus der Überlegung ergeben, dass andere Belange, die dem eigenen Wirkungskreis der Gemeinde zuzurechnen sind, unmittelbar betroffen werden. So könnte die Gemeinde im Falle der Stationierung oder Lagerung von ABC-Waffen möglicherweise zu Schutzmaßnahmen im Hinblick auf die Trinkwasserversorgung der Bevölkerung (Pflichtaufgabe der Gemeinde nach Art. 57 Abs. 2 GO) gezwungen sein. Aber auch dies setzt wie-

---

28 *BVerfGE* 8, 122 ff.

derum voraus, dass eine hinreichend konkrete Stationierungsmaßnahme im Raum steht, woran es vorliegend mangelt.

Ebenfalls keine Befassungskompetenz der Gemeinde in allgemeinen verteidigungspolitischen Angelegenheiten schafft Art. 57 Abs. 1 GO mit der Zielsetzung der Gemeinde, den Schutz der Bevölkerung zu sichern. Die allgemeine Aufgabenbeschreibung in Art. 57 Abs. 1 GO stellt keine Befugnisnorm dar, sich zu jedweden politischen Themenkomplexen zu äußern, die in irgendeiner Weise die Belange der Gemeindebürger berühren könnten.

Schließlich begründet auch der Umstand, dass die Stadt München mit der Erklärung zur „atomwaffenfreien Zone" ersichtlich nur auf ihr Stadtgebiet bezogen handeln wollte, keine Befassungskompetenz. Dies allein genügt nicht, um die Angelegenheit als örtliche zu qualifizieren. Örtlichkeit im Sinne von Art. 28 Abs. 2 GG, Art. 11 Abs. 2 BV, Art. 1 GO ist nicht geographisch, sondern rechtlich-funktional zu verstehen.

Damit handelt es sich bei dem beanstandeten Beschluss der Stadt München um einen so genannten **Vorratsbeschluss** ohne konkreten örtlichen Bezug. Der Beschluss ist daher mangels Befassungskompetenz der Stadt München rechtswidrig. Die Regierung von Oberbayern konnte ihn folglich beanstanden und seine Aufhebung verlangen, Art. 112 S. 1 GO, zumal der Beschluss auch noch aufhebbar ist und das Rücknahmeermessen aufgrund der offenkundigen Rechtswidrigkeit auf Null reduziert ist (Art. 109 Abs. 1 GO).

Da der Bescheid der Regierung von Oberbayern damit **materiell rechtmäßig** ist, ist auf eine Rechtsverletzung der Stadt München nicht mehr einzugehen. Die Klage der Stadt München ist damit zwar zulässig, aber unbegründet.

IV. Ergebnis

Eine Klage der Stadt München gegen den Bescheid der Regierung von Oberbayern vom 11.5.2015 hat keine Aussicht auf Erfolg.

Online-Wissens-Check

Wann spricht man von einer Rechtsaufsicht, wann von einer Fachaufsicht?

Überprüfen Sie jetzt online Ihr Wissen zu den in diesem Abschnitt erarbeiteten Themen. Unter **www.juracademy.de/skripte/login** steht Ihnen ein Online-Wissens-Check speziell zu diesem Skript zur Verfügung, den Sie kostenlos nutzen können. Den Zugangscode hierzu finden Sie auf der Codeseite.

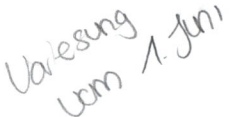

8. Teil
Bürgerbegehren und Bürgerentscheid

A. Elemente unmittelbarer Demokratie in Bayern

308 Im Gegensatz zum Grundgesetz (GG), das kaum Elemente unmittelbarer Demokratie enthält (lediglich Art. 29, 118a GG), finden sich in der Bayerischen Verfassung (BV) ausgeprägte Elemente unmittelbarer Demokratie. Hinzuweisen ist an dieser Stelle auf die Art. 18 Abs. 3 BV, Art. 75 Abs. 2 S. 2 BV (Verfassungsänderung) und insbesondere das Verfahren zur Volksgesetzgebung durch **Volksbegehren und Volksentscheid (Art. 71–74 BV)**. In Bayern hat das Volk ein Recht zur Gesetzesinitiative (Art. 71 BV) mittels Volksbegehren bzw. kann das Volk ein Gesetz qua Volksentscheid (Art. 72, 74 BV) beschließen.[1]

309 Auf **kommunaler Ebene** (GO) sind drei Elemente der Mitbestimmung und Mitberatung der Gemeindebürger (Art. 15 Abs. 2 GO) gesetzlich vorgesehen. Die **Bürgerversammlung** in Art. 18 GO, die eine **Erörterung** gemeindlicher Angelegenheiten vorsieht und nach Art. 18 Abs. 4 GO **Empfehlungen** aussprechen kann. Es handelt sich hierbei um eine bloße **Mitberatung** der Gemeindebürger, die jedoch eine Entscheidung der zuständigen Gemeindeorgane nicht ersetzen kann.[2]

310 Daneben sieht Art. 18b GO einen **Bürgerantrag** zur Ergänzung der Bürgerversammlung vor. Auch hier haben die Gemeindebürger das Recht, mittels eines Antrages zu erreichen, dass das zuständige Gemeindeorgan eine **gemeindliche Angelegenheit behandelt**. Der Bürgerantrag ist dabei an gewisse formale Voraussetzungen wie Vertreterbenennung und Quorum (Art. 18b Abs. 2, Abs. 3 GO) geknüpft. Es handelt sich hierbei aber auch um eine Form der **Mitberatung**, nicht aber um echte Mitbestimmung des Bürgers.[3] Die Entscheidungszuständigkeit innerhalb der Gemeinde bleibt durch Art. 18b GO unberührt.

311 Schließlich sieht Art. 18a GO, Art. 7 Abs. 2, 12 Abs. 3 BV mit **Bürgerbegehren** und **Bürgerentscheid** ein Element der gemeindlichen **Mitbestimmung** vor.

312 Bürgerantrag und Bürgerbegehren sind für die überörtliche Ebene des Landkreises in Art. 12a, 12b LKrO vorgesehen.

B. Formelle Voraussetzungen für die Zulassung eines Bürgerentscheids

313 Um einen **Bürgerentscheid** nach Art. 18a Abs. 10 GO, der im Ergebnis die Wirkungen eines Gemeinderatsbeschlusses nach Art. 18a Abs. 13 S. 1 GO hat, durchzuführen, bedarf es zunächst der ordnungsgemäßen Durchführung eines Bürgerbegehrens.

> **Bürgerbegehren** ist der Antrag auf Durchführung eines Bürgerentscheids.

---

1 Vgl. zum Ganzen: *Lissack* § 4 Rn. 116.
2 *Bauer/Böhle/Ecker* Art. 18 Rn. 1, 25, 26.
3 Vgl. *Bauer/Böhle/Ecker* Art. 18b Rn. 1, 10.

I. Antrag, Bestimmtheit der Fragen, Begründung

Initiativberechtigt zur Stellung eines Bürgerbegehrens sind nach Art. 18a Abs. 1 GO sowohl **314** die Gemeindebürger (Art. 15 Abs. 2 GO), als auch der Gemeinderat nach Art. 18a Abs. 2 GO. Im letzten Fall spricht man von einem so genannten **Ratsbegehren**.[4]

Die **formellen Voraussetzungen** für die Durchführung eines Bürgerbegehrens/Bürgerent- **315** scheides, welches von Seiten der Gemeindebürger initiiert wird, sind in den Art. 18a Abs. 4–6 GO enthalten.[5]

Zunächst bedarf es eines **schriftlichen** (wird aus dem Erfordernis der Begründung geschlos- **316** sen) **Antrags**, der bei der Gemeinde einzureichen ist. Die persönliche Einreichung ist dabei nicht erforderlich.

Weiter muss das Begehren eine **inhaltlich bestimmte, mit Ja oder Nein zu entscheidende** **317** **Frage** aufwerfen,[6] wobei es auch zulässig ist, **mehrere Fragen in einem Begehren** zu verbin- den (Huckepackverfahren), sofern diese Fragen eine innere sachliche Verbindung aufweisen, d.h. thematisch dieselbe Angelegenheit betreffen.[7] Sofern es **zweckmäßig** erscheint, meh- rere Fragen zu koppeln, weil eine innere Verbindung besteht, begegnet es auch keinen rechtlichen Bedenken, wenn der Bürger durch diese Koppelung vor eine Entscheidungsalter- native gestellt wird.

Beispiel So ist es regelmäßig nicht zu beanstanden, wenn mit einer Angelegenheit der Erteilung des Einvernehmens zu einem strittigen Bauvorhaben (§ 36 Abs. 1 BauGB) die weitere Frage des Erlasses eines Aufstellungsbeschlusses für einen Bebauungsplan für die betreffende Fläche (§ 2 Abs. 1 BauGB) verbunden wird. Ein sachlicher Zusammenhang wird hier über die Bebauung der jeweiligen Grundstücke hergestellt. ■

Entscheidend ist bei Art. 18a Abs. 4 GO, dass der Bürger in der Fragestellung erkennt, für oder **318** gegen was er seine Stimme abgibt.[6]

Ebenfalls keine hohen Anforderungen sind an die erforderliche **Begründung** des Bürgerbe- **319** gehrens zu stellen. Da es sich regelmäßig um einen Laienantrag handeln dürfte, muss ledig- lich erkennbar sein, aus welchen Gründen sich die Unterzeichner für oder gegen ein bestimmtes Vorhaben wenden.[8] Ein Finanzierungsvorschlag für das Begehren ist in Bayern nicht verlangt.[8]

II. Unterzeichner, Vertreter des Begehrens, Quorum

Schließlich muss das Bürgerbegehren **bis zu drei Personen** benennen, die die Unterzeichner **320** im Verfahren auf Zulassung und Durchführung eines Bürgerentscheides **vertreten** können. Nach dem eindeutigen Wortlaut von Art. 18a Abs. 4 GO müssen die Vertreter keine Gemein- debürger sein.[9]

---

4 *Bauer/Böhle/Ecker* Art. 18a Rn. 27.
5 *Bauer/Böhle/Ecker* Art. 18a Rn. 9.
6 *Bauer/Böhle/Ecker* Art. 18a Rn. 11.
7 *BayVGH* BayVBl 1998, 242 ff.; *BayVerfGH* BayVBl 2000, 306 ff.; *VG Augsburg* BayVBl 2003, 91 ff.; *Bauer/Böhle/ Ecker* Art. 18a Rn. 11.
8 *Bauer/Böhle/Ecker* Art. 18a Rn. 12.
9 *BayVGH* Urteil vom 25.7.2007, Az.: 4 BV 06.1438.

> **JURIQ-Klausurtipp**
>
> Dies ist eine beliebte Klausurfalle: Bitte beachten Sie, dass nur die Unterzeichner des Bürgerbegehrens Gemeindebürger im Sinne von Art. 15 Abs. 2 GO sein müssen. An die Vertreter des Begehrens stellt das Gesetz keine Anforderungen. Diese müssen daher auch nicht Bürger der Gemeinde sein, in der der Bürgerentscheid stattfinden soll.

321 Gemäß Art. 18a Abs. 5 GO sind alle **Gemeindebürger** im Sinne von Art. 15 Abs. 2 GO berechtigt, das Bürgerbegehren zu unterzeichnen. Gemeindebürger sind damit alle Deutschen im Sinne von Art. 116 GG und alle Unionsbürger, die volljährig sind und seit mindestens drei Monaten ihre Hauptwohnung in der Gemeinde haben (Art. 1 Abs. 1, Abs. 2 GLKrWG). Maßgeblich für die Gültigkeit der Unterschrift ist das Bürgerverzeichnis, Art. 18a Abs. 5 S. 2 GO.

> **Beispiel** Damit sind die Unterschriften französischer, spanischer oder italienischer Gemeindebürger bei Berechnung der erforderlichen Zahl der Unterschriften mitzuzählen, nicht aber die Stimme z. B. eines amerikanischen Staatsangehörigen. ■

322 Als gültige Unterschriften können weiter nur solche gewertet werden, die auf gültigen Unterschriftslisten geleistet wurden. Hierzu ist zu fordern, dass die Unterschrift auf Listen geleistet wird, aus denen unzweideutig zu erkennen ist, dass die Unterschrift für ein Bürgerbegehren dieses Inhalts geleistet wurde. Für jede einzelne Unterschriftsliste ist damit zu fordern, dass die Fragestellung und auch die vertretungsberechtigten Personen (Verleihung der Befugnis, das Bürgerbegehren auch gerichtlich vertreten zu können; Vertretungsmacht) genannt sind.[10]

Im Übrigen können die Unterschriften frei gesammelt werden; es bestehen keine räumlichen und zeitlichen Vorgaben, vgl. Art. 18a Abs. 17 S. 2 GO.[11]

> **JURIQ-Klausurtipp**
>
> Achten Sie darauf, dass nur Unterschriften gezählt werden dürfen, die auf gültigen Listen geleistet wurden. Beliebt ist das Klausurproblem, dass nur auf einer Unterschriftsliste das Begehren selbst bezeichnet ist. Weitere Listen ohne Begehrensbezeichnung sind mit einer Heftklammer an die erste Liste angefügt. Hier können nur die Unterschriften auf der ersten Liste bei der Berechnung des Quorums berücksichtigt werden, da bei den weiteren Unterschriften nicht erkennbar ist, dass sie für das Begehren „XY…" geleistet wurden.

323 Schließlich muss das Bürgerbegehren ein bestimmtes **Quorum** nach Art. 18a Abs. 6 GO erreichen. Dabei ist zunächst für die Bestimmung der maßgeblichen Prozentzahl auf die Zahl der Gemeindeeinwohner (Art. 15 Abs. 1 S. 1 GO) abzustellen. Die erforderliche Unterschriftenzahl ermittelt sich dann aus der Zahl der Gemeindebürger im Sinne von Art. 15 Abs. 2 GO.[12]

> **Beispiel** Bei einer Gemeinde mit 2500 Einwohnern (Art. 15 Abs. 1 S. 1 GO) beträgt die erforderliche Unterschriftenzahl 10 % der Gemeindebürger (Art. 15 Abs. 2 GO). Wenn nun diese Gemeinde 2000 Gemeindebürger zählt, bedarf es der Zahl von 200 gültigen Stimmen. ■

---

10 Vgl. *BayVGH* BayVBl 1996, 181; *BayVGH* BayVBl 1997, 87 ff.; *Bauer/Böhle/Ecker* Art. 18a Rn. 9.

11 *Bauer/Böhle/Ecker* Art. 18a Rn. 16; *BayVGH* vom 28.7.2005 FSt 2006/1.

12 Vgl. zum Ganzen: *Bauer/Böhle/Ecker* a.a.O.; Art. 18a Rn. 17.

> **Hinweis**
>
> Beachten Sie bitte bei Art. 18a Abs. 6 GO, dass Sie zunächst zur Ermittlung der erforderlichen Prozentzahl auf die Zahl der Einwohner der jeweiligen Gemeinde im Ganzen abstellen müssen. Erst im zweiten Schritt bezieht sich die ermittelte Prozentzahl dann auf die Zahl der Gemeindebürger im Sinne von Art. 15 Abs. 2 GO.

C. Materielle Voraussetzungen für die Zulassung eines Bürgerbegehrens/Bürgerentscheides

Die materiellen Anforderungen für die **Zulassung eines Bürgerbegehrens** finden sich in Art. 18a Abs. 1 und Art. 18a Abs. 3 GO.[13] Daneben bestehen ungeschriebene materielle Voraussetzungen. **324**

Zunächst können die Gemeindebürger nach Art. 18a Abs. 1 GO nur über **Angelegenheiten des eigenen Wirkungskreises** (Art. 7, 57 GO, Art. 83 Abs. 1 BV) ein Bürgerbegehren initiieren. Damit beschränkt sich die Mitbestimmung des Bürgers auf Angelegenheiten kommunaler Selbstverwaltung.[14] Beispielsweise kann eine Rechtsverordnung wegen der Regelung in Art. 42 Abs. 1 S. 2 LStVG kein tauglicher Gegenstand eines Bürgerbegehrens sein. **325**

Beispiel Tauglicher Gegenstand eines Bürgerbegehrens ist dagegen die Erteilung/Verweigerung des gemeindlichen Einvernehmens, § 36 Abs. 1 BauGB. Dabei handelt es sich um einen Ausdruck gemeindlicher Planungshoheit und damit um eine Angelegenheit des eigenen Wirkungskreises. Gegenstand ist hier gerade nicht die Erteilung der Baugenehmigung selbst! Die Erteilung der Baugenehmigung selbst wäre Angelegenheit des übertragenen Wirkungskreises (Art. 54 Abs. 1 Hs. 2 BayBO) und damit einem Bürgerbegehren gerade nicht zugänglich. ◼

Weiter gilt es den **Negativkatalog** des Art. 18a Abs. 3 GO zu beachten. Damit sind insbesondere Bürgerbegehren ausgeschlossen in Angelegenheiten, die dem ersten Bürgermeister kraft Gesetzes obliegen (Art. 37 Abs. 1, Abs. 3 GO),[15] über Fragen der inneren Organisation der Gemeinde und über die Haushaltssatzung (Art. 63 GO). Dass nahezu jedes Bürgerbegehren Auswirkungen auf den gemeindlichen Haushalt zeitigt, genügt für die Feststellung der Unzulässigkeit nicht. Nur das Bürgerbegehren, welches unmittelbar gegen die Haushaltssatzung gerichtet ist, ist unzulässig.[16] **326**

---

13 *Bauer/Böhle/Ecker* Art. 18a Rn. 2 ff.

14 *Bauer/Böhle/Ecker* Art. 18a Rn. 2.

15 *Bauer/Böhle/Ecker* Art. 18a Rn. 4.

16 *Bauer/Böhle/Ecker* Art. 18a Rn. 7.

327   Daneben sind **weitere Gegenstände** für ein Bürgerbegehren **ausgeschlossen**.

An dieser Stelle ist auf folgende Fallgruppen zu verweisen:

- Ein **gänzlich unverbindliches Bürgerbegehren** ist unzulässig. So z.B. der Antrag, ob die Gemeinde immer gut und rechtmäßig handeln soll – Ja oder Nein.
- Ein Bürgerbegehren ist unzulässig, das ein gesetzlich vorgesehenes mehrstufiges Verfahren wie z.B. die Bauleitplanung, §§ 2 ff. BauGB oder ein Planfeststellungsverfahren ersetzen soll. Auch kann ein Bürgerbegehren keine gesetzlich vorgesehene Abwägungsentscheidung, wie z.B. die in § 1 Abs. 7 BauGB ersetzen.[17]

Beispiel   So ist regelmäßig nur der Beschluss über die Aufstellung eines Bebauungsplans tauglicher Gegenstand eines Bürgerbegehrens. Inhaltliche Vorgaben, die detailliert bestimmen, welche Planung auf der betroffenen Fläche ausschließlich vorgenommen werden dürfen, umgehen die gesetzlich vorgesehene Abwägungsentscheidung der Gemeinde und sind folglich unzulässig. ◾

- Schließlich darf ein Bürgerbegehren nicht auf ein **rechts- oder gesetzwidriges Ziel** gerichtet sein.[18] Problematisch ist an dieser Stelle, ob ein Bürgerbegehren mit der Begründung zurückgewiesen werden kann, es verletze die Haushaltsgrundsätze des Art. 61 Abs. 2 GO (Sparsamkeit und Wirtschaftlichkeit der Haushaltsführung). Da die Gemeinde ein weites Haushaltsermessen hat, muss dieses auch dem Bürgerbegehren zugestanden werden (dieses hat im Erfolgsfall die Wirkung eines Gemeinderatsbeschlusses, Art. 18a Abs. 13 GO). Ein Bürgerbegehren ist demnach erst dann auf ein rechtswidriges Ziel gerichtet, wenn es mit den Grundsätzen vernünftigen Wirtschaftens überhaupt nicht mehr in Einklang zu bringen ist.[19]

> **JURIQ-Klausurtipp**
>
> Denken Sie an dieser Stelle daran, dass Art. 18a GO Schnittstelle zu anderen Rechtsmaterien wie z.B. Baurecht oder Straßen- und Wegerecht sein kann. Häufiger Prüfungsgegenstand ist ein Bürgerbegehren zur Aufstellung von Bebauungsplänen.

D.   Umfang der gemeindlichen Prüfung nach Art. 18a Abs. 8 GO

328   Gemäß Art. 18a Abs. 8 S. 1 GO hat der Gemeinderat unverzüglich, spätestens innerhalb eines Monats nach Einreichung bei der Gemeinde (Art. 18a Abs. 4 GO) über die Zulassung des Bürgerbegehrens zu entscheiden.

329   Diese von Art. 18a Abs. 8 S. 1 GO geforderte Prüfung des Bürgerbegehrens ist eine umfassende. Die Prüfungskompetenz umfasst neben den formellen Voraussetzungen in Art. 18a Abs. 4–6 GO auch die materiellen Anforderungen in Art. 18a Abs. 1, Abs. 3 GO. Hierdurch wird letztlich sichergestellt, dass der Bürgerentscheid nach Art. 18a Abs. 10 GO nicht mit erhebli-

17 *VG Augsburg* BayVBl 2003, 91 ff.; *VG Würzburg* BayVBl 2003, 87 ff.

18 *Bauer/Böhle/Ecker* Art. 18a, Rn. 8; *BayVGH* BayVBl 2004, 54 ff.; *BayVGH* BayVBl 2006, 534 ff.

19 B*ayVGH* BayVBl 1998, 209 ff.; *BayVGH* BayVBl 1998, 402 ff.

chem politischen Engagement der Bürger und hohem Verwaltungsaufwand seitens der Gemeinde durchgeführt wird, obwohl sich bereits im frühen Stadium der Prüfung nach Art. 18a Abs. 8 GO abzeichnet, dass ein erfolgreicher Bürgerentscheid rechtlich keinen Bestand haben kann.[20]

Die Prüfung nach Art. 18a Abs. 8 S. 1 GO ist weiter eine **gebundene Entscheidung**. Ermessen **330** bei der Beurteilung der Zulässigkeit kommt der Gemeinde nicht zu.

E. Rechtsfolgen eines zulässigen Bürgerbegehrens

Ist die Zulässigkeit des Bürgerbegehrens positiv nach Art. 18a Abs. 8 S. 1 GO festgestellt, darf **331** gemäß Art. 18a Abs. 9 GO bis zur Durchführung des Bürgerentscheides (Art. 18a Abs. 10 GO) keine dem Bürgerbegehren entgegenstehende Entscheidung seitens der Gemeinde mehr getroffen werden **(Sperrwirkung)**. Wird das Bürgerbegehren nach Art. 18a Abs. 8 S. 1 GO seitens des Gemeinderats abgelehnt, entsteht keine Sperrwirkung. Dem Bürgerbegehren bzw. seinen vertretungsberechtigten Personen steht dann allerdings der Klageweg offen.

Beispiel So ist es der Gemeinde untersagt, nach Zulassung eines Bürgerbegehrens zum Erhalt einer Baumallee entlang einer gemeindlichen Ortsstraße, Aufträge zur Baumfällung dieser Alleebäume zu vergeben. Damit würde dem zugelassenen Bürgerbegehren die Entscheidungsgrundlage entzogen. Steht die Auftragserteilung der Gemeinde unmittelbar bevor, müssen die Vertreter des Begehrens einen Antrag im Verfahren nach § 123 Abs. 1 VwGO stellen, um die Schaffung vollendeter Tatsachen zu verhindern (Sicherungsanordnung zur Wahrung des status quo, § 123 Abs. 1 S. 1 VwGO). ◼

Nach Feststellung der Zulässigkeit und Eintritt der Sperrwirkung ist der Bürgerentscheid **332** innerhalb von drei Monaten an einem Sonntag durchzuführen. Nach Art. 18a Abs. 12 GO bedarf es zum Zustandekommen eines Bürgerentscheides eines **Zustimmungsquorums**.

Ist dieses erreicht, so hat der Bürgerentscheid die Wirkung eines Gemeinderatsbeschlusses, **333** Art. 18a Abs. 13 S. 1 GO mit erhöhter Bestands- und Bindungswirkung, Art. 18a Abs. 13 S. 2 GO.[21]

F. Der Rechtsschutz auf Zulassung eines abgelehnten Antrages auf Bürgerbegehren/Bürgerentscheid

I. Allgemeines

In der typischen Klausurkonstellation zu Art. 18a GO lehnt es der Gemeinderat bei Prüfung **334** von Art. 18a Abs. 8 GO ab, dem Bürgerbegehren Rechnung zu tragen und einen Bürgerentscheid zuzulassen. Die Initiatoren des Begehrens bzw. deren Vertreter wenden sich an das Verwaltungsgericht, um unter Aufhebung der ablehnenden Entscheidung des Gemeinderats die Zulassung des Begehrens gerichtlich zu erstreiten.

Eine derartige Klage wirft eine Reihe **prozessualer Fragestellungen** auf.

---

20 *BayVGH* BayVBl 1998, 209 ff.; *BayVGH* BayVBl 1998, 242 ff.
21 *BayVGH* BayVBl 1998, 308 ff.

335   Zunächst ist fraglich, welche Klageart in einer derartigen Situation seitens des Bürgerbegehens zu erheben ist. Die **statthafte Klageart** beurteilt sich nach dem Klägerbegehren, § 88 VwGO. Da Klageziel nunmehr die Zulassung des abgelehnten Begehrens ist, kommen vorliegend in erster Linie eine Verpflichtungs- bzw. allgemeine Leistungs- oder Feststellungsklage in Betracht. Sofern es sich bei der abgelehnten Entscheidung nach Art. 18a Abs. 8 GO um einen Verwaltungsakt im Sinne von Art. 35 BayVwVfG handelt, so wäre die Verpflichtungsklage in Form der Versagungsgegenklage, § 42 Abs. 1 Alt. 2 VwGO die statthafte Klageart. Von den Merkmalen des Verwaltungsakts in Art. 35 BayVwVfG ist hierbei allein die Außenwirkung problematisch. Zu fragen ist, ob es sich bei der Ablehnung des Bürgerbegehrens um eine Regelung handelt, die über den gemeindlichen Bereich hinaus greift, oder ob lediglich eine verwaltungsinterne Regelung angestrebt wird. Wäre letzteres zutreffend, läge eine **Kommunalverfassungsstreitigkeit** vor, die prozessual zu allgemeiner Leistungs- bzw. Feststellungsklage führen würde. Problematisch ist insoweit die Bestimmung in Art. 18a Abs. 13 S. 1 GO, wonach der Bürgerentscheid die Wirkung eines Gemeinderatsbeschlusses besitzt. Teilweise wird daraus gefolgt, dass „Bürgerbegehren" und „Bürgerentscheid" dem Gemeindeorgan „Gemeinderat" gleichgestellt seien. Da es sich beim Bürgerbegehren damit um einen im Konkurrenzverhältnis zum Gemeinderat stehenden Entscheidungsträger handele, sei die Entscheidung im Rahmen der Vorschrift des Art. 18a Abs. 8 GO eine rein verwaltungsinterne.

336   Die h.M. gelangt bei Art. 18a Abs. 8 GO jedoch zu einer Maßnahme mit **Außenwirkung** im Sinne von Art. 35 BayVwVfG.[22] Wenn der erfolgreiche Bürgerentscheid die Wirkung eines Gemeinderatsbeschlusses habe, (Art. 18a Abs. 13 S. 1 GO) bedeutet dies noch nicht, dass die GO damit ein neues Verwaltungsorgan schafft. Auch in Fällen, in denen die Aufsichtsbehörde anstelle der Gemeinde tätig wird, wird sie nicht zu einem weiteren kommunalen Organ. Die Bürgerschaft trifft in Art. 18a GO ihre Entscheidung nicht als kommunales Organ oder als sonstiger im Innenrechtskreis der Gemeinde stehender Entscheidungsträger, sondern als Zusammenfassung der Bürger als natürliche Personen. Auch die Wortwahl „Bürgerbegehren und Bürgerentscheid" indiziert, dass die Zulassungsentscheidung des Gemeinderats ausschließlich Personen betrifft, die außerhalb der Gemeinde stehen. Art. 29 und 32 GO bestimmen die Gemeindeorgane daher abschließend. Statthafte Klageart ist aufgrund der dargestellten Außenwirkung mithin die Verpflichtungsklage als Versagungsgegenklage, § 42 Abs. 1 Alt. 2 VwGO.

337   Gemäß § 42 Abs. 2 VwGO ist Voraussetzung für eine Verpflichtungsklage die Möglichkeit einer subjektiven Rechtsverletzung. Eine derartige **Klagebefugnis** liegt dann vor, wenn das Bürgerbegehren ein Anspruch auf Durchführung eines Bürgerentscheides zur Seite steht. Dieser Anspruch folgt nach allgemeiner Ansicht aus Art. 18a Abs. 8 i.V.m. Abs. 10 GO, Art. 7 Abs. 2, 12 Abs. 3 BV. Strittig ist allein, wem dieser gesetzliche Anspruch zusteht. Nach herrschender Ansicht regelt Art. 18a Abs. 8 S. 2 GO die Klagebefugnis in dem Sinne, dass nur die vertretungsberechtigten Personen klagebefugt sind.[23] Das Gesetz räumt den Vertretern insoweit ein eigenes Recht auf Zulassung ein, welches gerichtlich einklagbar ist.

Ebenfalls lässt es sich an dieser Stelle gut vertreten, dass Art. 18a Abs. 8 S. 2 GO ausschließlich die Beteiligungs- und Prozessfähigkeit (§§ 61, 62 VwGO) betreffen. Folglich steht der Anspruch auf Zulassung des abgelehnten Begehrens dann der Gesamtheit der Unterzeichner

---

22   *Bauer/Böhle/Ecker* Art. 18a, Rn. 19; *Hölzl/Hien/Huber* Art. 18a Anm. 8; *BayVGH* vom 30.5.1997, Az.: 4 B 96.3351; juris.

23   *BayVGH* BayVBl 1996, 597; *Hölzl/Hien/Huber* Art. 18a Anm. 8.

zu, soweit diese Gemeindebürger sind und darlegen können, dass das Quorum des Art. 18a Abs. 6 GO erreicht ist.[24]

Das grundsätzlich nach § 68 Abs. 2 VwGO bei der Verpflichtungsklage erforderliche **Vorverfahren** entfällt gemäß § 68 Abs. 1 S. 2 VwGO aufgrund gesetzlicher Bestimmung. Einerseits kann man hier auf Art. 18a Abs. 8 S. 2 GO („ohne Vorverfahren") verweisen; zum anderen greift Art. 15 Abs. 2 und 3 AGVwGO, da eine Entscheidung der Gemeinde (bzw. deren Organs Gemeinderat) in Streit steht. **338**

Die Fähigkeit des Bürgerbegehrens, an einem Gerichtsverfahren beteiligt zu sein, folgt aus § 61 Nr. 2 VwGO. Sofern man davon ausgeht, dass Art. 18a Abs. 8 S. 2 GO die **Beteiligten- und Prozessfähigkeit** regelt, sind die gewählten Vertreter kraft gesetzlicher Regelung befähigt, Beteiligte in einem verwaltungsgerichtlichen Verfahren zu sein. **339**

Für die zu verklagende Gemeinde gilt unstreitig § 61 Nr. 1 Alt. 2 VwGO, Art. 1 GO.

Gemäß Art. 18a Abs. 8 S. 2 GO können die vertretungsberechtigten Personen des Bürgerbegehrens Klage erheben. Diese Vertretungsregelung wird im Rahmen der Prozessfähigkeit mit Blick auf den Regelfall bei Vereinigungen von natürlichen Personen ohne eigene Rechtspersönlichkeit und die Normen der §§ 54, 709 BGB als **Gesamtvertretung** verstanden. Danach müssen die Vertreter des Bürgerbegehrens stets gemeinschaftlich auftreten.[25] **340**

Für die Prozessfähigkeit der Gemeinde gilt § 62 Abs. 3 VwGO, Art. 38 Abs. 1 GO.

Da eine ablehnende Entscheidung eines Organs der Gemeinde in Streit steht, ist die Klage auf Zulassung eines Bürgerbegehrens/Durchführung eines Bürgerentscheides gegen die Gemeinde zu richten (§ 78 Abs. 1 Nr. 1 VwGO). **341**

---

24 *Bauer/Böhle/Ecker* Art. 18a, Rn. 19; *Jaroschek* BayVBl 1997, 39 ff.
25 *VG Ansbach* BayVBl 1996, 411; *BayVGH* BayVBl 1999, 408.

Erfolgsaussichten einer Klage auf Zulassung eines Bürgerbegehrens/Bürgerentscheides

I. Entscheidungskompetenz des Gerichts
1. Eröffnung Verwaltungsrechtsweg, § 40 Abs. 1 S. 1 VwGO:
2. Zuständigkeit Gericht, §§ 45, 52 Nr. 3 S. 5 VwGO, Art. 1 Abs. 2 AGVwGO

II. Zulässigkeit der Klage
1. Statthafte Klageart
   > Problem der VA-Qualität der ablehnenden Entscheidung des Gemeinderates nach Art. 18a Abs. 8 GO
   > Verpflichtungsklage in Form der Versagungsgegenklage, § 42 Abs. 1 Alt. 2 VwGO   Rn. 335
2. Klagebefugnis, § 42 Abs. 2 VwGO
   > möglicher Anspruch. aus Art. 18a Abs. 8 S. 1 i.V. mit Art. 18a Abs. 10 GO,
   > Art. 7 Abs. 2, 12 Abs. 3 BV   Rn. 337
3. Erforderlichkeit eines Vorverfahrens, § 68 Abs. 2, Abs. 1 VwGO **unstatthaft**
   § 68 Abs. 1 S. 2 Hs. 1 VwGO in Verbindung mit Art. 18a Abs. 8 S. 2 GO bzw. Art. 15 Abs. 2, Abs. 3 AGVwGO
4. Beteiligungsfähigkeit, § 61 Nr. 2 VwGO für Bürgerbegehren
5. Prozessfähigkeit, § 62 VwGO
   > Gesamtvertretung   Rn. 340

III. Begründetheit der Klage
1. Obersatz, § 113 Abs. 5 S. 1 VwGO
   Klage begründet, wenn Anspruch auf Zulassung des Bürgerbegehrens besteht und Klage gegen den richtigen Beklagten gerichtet ist (§ 78 Abs. 1 VwGO)
2. Passivlegitimation, § 78 Abs. 1 Nr. 1 VwGO (Gemeinde)
3. Anspruch auf Zulassung des Bürgerbegehrens und Bürgerentscheides, Art. 18a Abs. 8 S. 1 i.V.m. Art. 18a Abs. 10 GO, Art. 7 Abs. 2, 12 Abs. 3 BV gegeben, wenn sämtliche formellen und materiellen Zulässigkeitsanforderungen erfüllt sind
   a) Formelle Anforderungen: Rn. 313 ff.
      aa) in schriftlicher Form bei Gemeinde eingereicht, Art. 18a Abs. 4 GO
      bb) Fragestellung Ja/Nein, Art. 18a Abs. 4 GO
      cc) Begründung Art. 18a Abs. 4 GO
      dd) Benennung von vertretungsberechtigten Personen (bis zu 3);
      ee) Art. 18a Abs. 5 GO; Unterzeichnungsberechtigung
      ff) Quorum, Art. 18a Abs. 6 GO
   b) Materielle Anforderungen: Rn. 324 ff.
      aa) Art. 18a Abs. 1 GO; Angelegenheit des eigenen Wirkungskreises, Art. 7, 57 GO, Art. 83 Abs. 1 BV
      bb) kein Fall des Negativkatalogs in Art. 18a Abs. 3 GO
      cc) ungeschriebene materielle Anforderung: kein rechtswidriges Ziel mit dem Bürgerbegehren verfolgt
4. Subjektive Rechtsverletzung, § 113 Abs. 5 S. 1 VwGO
   Wenn Bürgerbegehren sämtliche formellen und materiellen Voraussetzungen erfüllt, besteht ein gesetzlicher Anspruch auf Zulassung nach Art. 18a Abs. 8 S. 1, 18a Abs. 10 GO, Art. 7 Abs. 2, 12 Abs. 3 BV.

II. Übungsfall Nr. 6

„Kulturschock auf dem Land"   342

Der Islamische Kirchenverein e.V. Friedberg (Landkreis Aichach-Friedberg; Regierungsbezirk Schwaben) beabsichtigt auf einem ihm gehörenden Grundstück innerhalb des Stadtgebiets Friedberg (20 000 Einwohner; kreisangehörig) eine Moschee mit Minarett zu errichten und reicht hierzu am 12.5.2015 einen entsprechenden Bauantrag bei der Stadt Friedberg ein. Die Stadt Friedberg ist zunächst unschlüssig, wie sie sich zu dem Bauvorhaben verhalten soll.

Der Ort, der eine innere Spaltung befürchtet, ist aufgebracht. Noch in der darauffolgenden Woche bildet sich eine Bürgerinitiative mit dem Ziel, die Moschee zu verhindern. Ein Bürgerbegehren wird initiiert. Für das Begehren werden 2000 Unterschriften gesammelt. Am 26.5.2015 wird bei der Stadt Friedberg unter Vorlage der Unterschriftslisten und Benennung zweier Vertreter des Begehrens (wohnhaft in der Stadt Augsburg) ein Antrag auf Durchführung eines Bürgerentscheids mit folgender **Fragestellung** eingereicht:

1. Sind Sie dafür, dass die Stadt Friedberg für das Grundstück Flur-Nr. ... einen Bebauungsplan beschließt, der eine kirchliche Nutzung generell ausschließt und

2. dass die Stadt Friedberg das gemeindliche Einvernehmen zum Bauantrag des Islamischen Kirchenvereins e.V. verweigert (Ja/Nein).

In seiner Sitzung vom 9.6.2015 berät der Stadtrat über das eingereichte Bürgerbegehren. Der erste Bürgermeister stellt dabei fest, dass die Stadt Friedberg 15 000 Gemeindebürger zählt. Im Anschluss an eine heftige Debatte wird die Unzulässigkeit des Begehrens mittels Beschlusses festgestellt und die Entscheidung den Vertretern des Bürgerbegehrens mit Bescheid vom 16.6.2015 bekannt gegeben.

Aufgabe: Es ist darzustellen, in welcher Form das Bürgerbegehren bzw. deren Vertreter Rechtsschutz gegen die Entscheidung des Stadtrates Friedberg erlangen können. Hat ein derartiges Rechtsschutzbegehren Aussicht auf Erfolg? Angenommen der Baubeginn der Moschee stünde unmittelbar bevor; was wäre hier im Rechtsschutz zusätzlich zu erwägen?

Lösung   343

Zu erwägen wäre vorliegend die Erhebung einer verwaltungsgerichtlichen Klage. Diese hätte Aussicht auf Erfolg, wenn sie zulässig und begründet ist.

I. Entscheidungskompetenz des Gerichts

1. Eröffnung des Verwaltungsrechtswegs, § 40 Abs. 1 S. 1 VwGO

Zunächst müsste der Verwaltungsrechtsweg eröffnet sein. Dazu müsste es sich um eine öffentlich-rechtliche Streitigkeit nicht-verfassungsrechtlicher Art handeln, § 40 Abs. 1 S. 1 VwGO. Dies ist hier unproblematisch gegeben; die Streit entscheidenden Normen sind solche aus der GO (insbesondere Art. 18a GO). Damit beurteilt sich der Streit nach Normen, die ausschließlich einen Hoheitsträger berechtigen und verpflichten. Der Streit ist auch nicht verfassungsrechtlicher Art, da es offensichtlich an einer doppelten Verfassungsunmittelbarkeit fehlt. Es streiten vorliegend keine Verfassungsorgane unmittelbar über die Auslegung von Verfassungsrecht.

2. Zuständiges Gericht, §§ 45, 52 VwGO i.V.m. Art. 1 Abs. 2 Nr. 6 AGVwGO

Sachlich zuständig ist hier das Verwaltungsgericht nach § 45 VwGO. Die örtliche Zuständigkeit beurteilt sich nach § 52 Nr. 3 S. 5 VwGO. Da der Fall im Regierungsbezirk Schwaben angesiedelt ist, ist nach Art. 1 Abs. 2 Nr. 6 AGVwGO das VG Augsburg zuständig.

II. Zulässigkeit der Klage

1. Statthafte Klageart

Diese beurteilt sich nach dem klägerischen Begehren, § 88 VwGO. Das Bürgerbegehren bzw. deren Vertreter wenden sich gegen die ablehnende Entscheidung des Stadtrates Friedberg vom 9.6.2015 (Bescheid vom 16.6.2015), mit der das Bürgerbegehren zurückgewiesen wurde. Handelt es sich bei dieser ablehnenden Entscheidung, die ihre Rechtsgrundlage in Art. 18a Abs. 8 S. 1 GO findet, um einen Verwaltungsakt im Sinne von Art. 35 S. 1 BayVwVfG, so wäre das Klageziel der Erlass einer entsprechenden positiven Zulassung des Bürgerbegehrens und eine Verpflichtungsklage in Gestalt der Versagungsgegenklage, § 42 Abs. 1 Alt. 2 VwGO statthaft. Da die Zurückweisung nach Art. 18a Abs. 8 S. 1 GO im Verhältnis zwischen Gemeinderat (Stadtrat) und den Unterzeichnern des Begehrens bzw. deren Vertretern gegenüber erfolgt, liegt nach h.M. eine Außenwirkung der Entscheidung nach Art. 18a Abs. 8 GO vor. Das Bürgerbegehren ist auch kein weiteres Organ der Gemeindeverwaltung. Aus der Regelung in Art. 18a Abs. 13 S. 1 GO, wonach der Bürgerentscheid die Wirkungen eines Gemeinderatsbeschlusses hat, lässt sich dies nicht entnehmen. Die Organe der GO finden sich abschließend in Art. 29, 32 GO. Auch die Bezeichnung „Bürgerbegehren, Bürgerentscheid" legen unzweideutig nahe, dass das Bürgerbegehren bzw. deren Vertreter außerhalb der Gemeindeverwaltung stehen. Da zudem nur Anfechtungs- und Verpflichtungsklage ein Vorverfahren im Sinne von § 68 VwGO kennen, spricht auch der Wortlaut in Art. 18a Abs. 8 S. 2 GO, der eine Klageerhebung ohne Vorverfahren vorsieht, für die Statthaftigkeit einer Verpflichtungsklage. Eine Außenwirkung und damit ein Verwaltungsakt liegen vor. Die Verpflichtungsklage ist statthaft.

2. Klagebefugnis, § 42 Abs. 2 VwGO

Anders als bei der Anfechtungsklage muss bei der Verpflichtungsklage auf einen möglichen Anspruch der Kläger abgestellt werden. Die mögliche anspruchsbegründende Norm ist vor-

liegend Art. 18a Abs. 8 S. 1 GO in Verbindung mit Art. 18a Abs. 10 GO, Art. 7 Abs. 2, 12 Abs. 3 BV. Streitig ist an dieser Stelle lediglich, wem dieser Anspruch zur Seite steht. Vertretbar ist es hier sowohl auf die Gesamtheit der Unterzeichner des Begehrens abzustellen, als auch mit der Rechtsprechung ausgehend vom Wortlaut in Art. 18a Abs. 8 S. 2 GO den Anspruch nur den vertretungsberechtigten Personen zuzuerkennen (Rechtsprechung des BayVGH).

3. Vorverfahren, § 68 VwGO

Ein solches entfällt sowohl nach § 68 Abs. 1 S. 2 Hs. 1 VwGO in Verbindung mit Art. 18a Abs. 8 S. 2 GO als auch in Verbindung mit Art. 15 Abs. 2, Abs. 3 AGVwGO.

4. Klagefrist, § 74 VwGO

Bei der Verpflichtungsklage gilt es die Klagefrist aus §§ 74 Abs. 2, Abs. 1 S. 2 VwGO zu wahren.

5. Beteiligtenfähigkeit/Prozessfähigkeit, §§ 61, 62 VwGO

Für die Kläger gilt hinsichtlich der Beteiligten- und Prozessfähigkeit Folgendes: Bei der Beteiligtenfähigkeit kann wiederum entweder auf die Gesamtheit der Unterzeichner des Begehrens oder aber auf die vertretungsberechtigten Personen abgestellt werden (hier bitte nur darauf achten, dass man eine einheitliche Lösung konsequent weiterverfolgt! Wer oben auf die Gesamtheit der Unterzeichner abstellt, muss dies auch bei § 61 VwGO tun!). In beiden Fällen ergibt sich die Beteiligtenfähigkeit aus § 61 Nr. 2 VwGO.

Für die Gemeinde als Beklagte gilt § 61 Nr. 1 Alt. 2 VwGO (juristische Person, Art. 1 GO).

Für die Prozessfähigkeit gilt es beim Bürgerbegehren auf § 62 Abs. 3 VwGO in Verbindung mit Art. 18a Abs. 8 S. 2 GO abzustellen. Prozessfähig sind nur die Vertreter des Begehrens. Insoweit liegt eine Gesamtvertretung vor. Die Gemeinde wird im Prozess durch ihren ersten Bürgermeister vertreten, § 62 Abs. 3 VwGO, Art. 38 Abs. 1 GO.

6. Zwischenergebnis

Unter Wahrung der Klagefrist aus §§ 74 Abs. 2, Abs. 1 S. 2 VwGO ist eine Klage auf Zulassung des Bürgerbegehrens zulässig.

III. Begründetheit der Klage

Die Verpflichtungsklage ist dann begründet, wenn sie gegen den richtigen Beklagten gerichtet ist und die Kläger durch die Ablehnung des Bürgerbegehrens mit Bescheid vom 16.6.2015 in ihren Rechten verletzt sind, § 113 Abs. 5 S. 1 VwGO. Dies ist dann der Fall, wenn ein Anspruch auf Zulassung des Bürgerbegehrens besteht.

1. Passivlegitimation, § 78 Abs. 1 Nr. 1 VwGO

Die Klage muss gegen den richtigen Beklagten gerichtet sein, § 78 Abs. 1 VwGO. Die Klage ist gegen denjenigen zu richten, der die ablehnende Entscheidung getroffen hat. Dies war nach Art. 18a Abs. 8 S. 1 GO der Stadtrat. Rechtsträger dieses Organs ist die Stadt Friedberg, die damit richtige Beklagte nach § 78 Abs. 1 Nr. 1 VwGO ist.

2. Anspruch auf Zulassung des Bürgerbegehrens

Ein Anspruch (gebundene Entscheidung!) auf Zulassung des Bürgerbegehrens besteht nur dann, wenn sämtliche formellen und materiellen Voraussetzungen des Bürgerbegehrens erfüllt sind.

3. Vorliegen der formellen Voraussetzungen

Diese finden sich in den Art. 18a Abs. 4–6 GO. Im Einzelnen sind dies: Ein **schriftlicher Antrag** auf Durchführung eines Bürgerentscheides (Art. 18a Abs. 10 GO) liegt vor. Dieser wurde auch **bei der Gemeinde** eingereicht (Art. 18a Abs. 4 S. 1 GO). Eine **Fragestellung mit Ja/Nein** liegt ebenfalls vor. Das Problem besteht hier nur darin, dass zwei Fragen zu einem Bürgerbegehren verknüpft werden, das dann auch nur einheitlich mit Ja/Nein beantwortet werden kann. Die Rechtsprechung sieht dies in den Fällen als unproblematisch an, in denen die verbundenen Gegenstände einen inneren Bezug zueinander aufweisen, so dass es zweckmäßig erscheint, diese in einem Bürgerentscheid klären zu lassen. So liegt die Konstellation hier. Die Themenkomplexe „Regelung Bebauung Grundstück Flur-Nr. … mittels Bebauungsplan und Einvernehmenserteilung zum Bauantrag des Islamischen Kirchenvereins e.V." weisen einen inneren Bezug zueinander auf und können damit zweckmäßigerweise in einem Bürgerbegehren verfolgt werden. Dass der Bürger in diesen Fäl-

len einheitlich abstimmen muss, wird von der Rechtsprechung hingenommen.

Eine **Begründung** liegt ebenfalls vor. Ein Finanzierungsvorschlag wird von Art. 18a GO nicht gefordert. Die **Benennung von zwei Vertretern** begegnet keinen rechtlichen Bedenken, da das Gesetz in Art. 18a Abs. 4 S. 1 GO nur eine Höchstzahlbegrenzung (bis zu drei Vertretern) schafft. Die Vertreter des Begehrens müssen überdies anders als die Unterzeichner keine Gemeindebürger sein. Die gesammelten 2000 **Unterschriften** genügen weiter den Anforderungen in Art. 18a Abs. 5, Abs. 6 GO. Bei einer Gemeindeeinwohnerzahl (Art. 15 Abs. 1 GO) von 20 000 müssen 9 % der Gemeindebürger das Begehren mit ihrer Unterschrift unterstützen, um das von Art. 18a Abs. 6 GO verlangte **Quorum** zu erfüllen. Bei einer Zahl von 15 000 Gemeindebürgern (Art. 15 Abs. 2 GO) bedeutet dies eine erforderliche Zahl von 1350 Unterschriften. Mit der vorgelegten Zahl von 2000 Unterschriften, wird dieses Quorum erreicht.

4. Materielle Voraussetzungen

Diese finden sich im Wesentlichen in Art. 18a Abs. 1 und Abs. 3 GO. Dabei ist zunächst festzustellen, dass das zuständige Gemeindeorgan im Rahmen von Art. 18a Abs. 8 S. 1 GO eine umfassende formelle wie materielle Prüfung der Zulassungskriterien des Bürgerbegehrens vorzunehmen hat. Es soll nicht ohne erheblichen finanziellen und organisatorischen Aufwand ein Bürgerentscheid nach Art. 18a Abs. 10 GO durchgeführt werden, bei dem bereits im Stadium der Vorprüfung in Art. 18a Abs. 8 GO erkennbar ist, dass er materiell mit der Rechtsordnung nicht in Einklang steht.

5. Angelegenheit des eigenen Wirkungskreises, Art. 7, 57 GO, Art. 83 Abs. 1 BV

Zunächst muss es sich beim beantragten Gegenstand um eine **Angelegenheit des eigenen Wirkungskreises, Art. 7, 57 GO, Art. 83 Abs. 1 BV** handeln. Dies ist vorliegend der Fall, da sowohl die Aufstellung eines Bebauungsplans als auch die erforderliche Erteilung des Einvernehmens nach § 36 BauGB Ausdruck der gemeindlichen Planungshoheit als Kernelement gemeindlicher Selbstverwaltung ist. Es handelt sich hierbei gerade nicht um die Erteilung der Baugenehmigung selbst, die für die Stadt Friedberg (untere

Bauaufsichtsbehörde nach Art. 53 Abs. 2 BayBO, § 5 Abs. 1 ZustVBau[26] – Fall der so genannten Großen Delegation) nach Art. 54 Abs. 1 Hs. 2 BayBO Angelegenheit des übertragenen Wirkungskreises wäre.

a) Der **Verbotskatalog des Art. 18a Abs. 3 GO** steht hier ersichtlich dem Bürgerbegehren nicht entgegen.

b) Problematisch ist im hier zu entscheidenden Fall, dass das Bürgerbegehren über Art. 18a Abs. 1, Abs. 3 GO hinaus, nicht auf ein rechts- oder gesetzwidriges Ziel gerichtet sein darf. Dies ergibt sich auch aus Art. 18a Abs. 13 GO, da ein entsprechender Gemeinderatsbeschluss gleichfalls rechtswidrig wäre und von Seiten der Rechtsaufsichtsbehörde (Art. 110 GO) aufgehoben werden könnte. Vorliegend ist das Ziel der Fragestellung 1 – Aufstellung eines Bebauungsplanes des Inhalts, kirchliche Nutzungen auf dem Grundstück Flur-Nr. ... vollständig auszuschließen gesetzwidrig. Zum einen umgeht die konkrete inhaltliche Vorgabe des Bebauungsplanes das in den §§ 2 ff. BauGB detailliert gefasste Verfahren zur Aufstellung eines Bebauungsplanes. Zum anderen ersetzt das Bürgerbegehren in unzulässiger Weise die nach § 1 Abs. 7 BauGB erforderliche Abwägungsentscheidung der Gemeinde. Da kirchliche Nutzungen auf der ins Auge gefassten Fläche gänzlich ausgeschlossen werden, bleibt insoweit kein Raum für eine abwägende Entscheidung. Überdies wäre der Bebauungsplan wohl auch wegen Verstoßes gegen das Gebot der Erforderlichkeit aus § 1 Abs. 3 BauGB inhaltlich unwirksam. Da nur ein Grundstück überplant werden soll und offensichtlich wird, das ausschließliches Ziel der Planung die Verhinderung der geplanten Moschee ist, liegt eine unzulässige Negativplanung vor.

---

26 *Ziegler/Tremel* Nr. 63.

c) Auch in Bezug auf Fragestellung 2 ist das Bürgerbegehren inhaltlich unzulässig bzw. geht insoweit ins Leere. Da eine Erteilung des Einvernehmens nach § 36 BauGB zwingend die Personenverschiedenheit von Bauaufsichtsbehörde und Gemeinde erfordert, bedarf es hier gar keiner förmlichen Erteilung des Einvernehmens. Bauaufsichtsbehörde und Gemeinde/Stadt sind hier nämlich identisch. Die Stadt Friedberg ist nach Art. 53 Abs. 2 BayBO, § 5 Abs. 1 ZustVBau in umfassendem Umfang Bauaufsichtsbehörde (Große Delegation). Eine Einvernehmenserteilung nach § 36 BauGB entfällt folglich. Das Bürgerbegehren geht insoweit ins Leere.

6. Ergebnis

Da das Bürgerbegehren teilweise auf ein rechtswidriges Ziel gerichtet ist und zum Teil ins Leere geht, besteht kein Anspruch auf Zulassung. Die Ablehnung im Bescheid der Stadt Friedberg vom 16.6.2015 erfolgte zu Recht. Eine entsprechende Klage ist zwar zulässig, in der Sache aber unbegründet.

IV. Zusatzfrage

Sofern der Baubeginn der Moschee unmittelbar bevorstünde, wäre ein Antrag auf Gewährung einstweiligen Rechtsschutzes nach § 123 VwGO zu erwägen. Um hierbei nicht die Hauptsache vorwegzunehmen, müsste dieser auf ein vorläufiges Unterlassen der Bautätigkeit gerichtet sein, damit dergestalt das Bürgerbegehren/der Bürgerentscheid nicht unterlaufen werden kann (Sicherungsanordnung nach § 123 Abs. 1 S. 1 VwGO). Für den Erfolg eines derartigen Antrages müsste ein Anordnungsanspruch nach Art. 18a Abs. 8 GO in Verbindung mit Art. 18a Abs. 10 GO, Art. 7 Abs. 2, 12 Abs. 3 BV und ein Anordnungsgrund (besondere Dringlichkeit/Eilbedürftigkeit) glaubhaft gemacht werden (§§ 123 Abs. 3 VwGO, 920 Abs. 2, 294 ZPO entsprechend).

Online-Wissens-Check

Was versteht man unter einem Bürgerbegehren?

Überprüfen Sie jetzt online Ihr Wissen zu den in diesem Abschnitt erarbeiteten Themen. Unter **www.juracademy.de/skripte/login** steht Ihnen ein Online-Wissens-Check speziell zu diesem Skript zur Verfügung, den Sie kostenlos nutzen können. Den Zugangscode hierzu finden Sie auf der Codeseite.

9. Teil
Kommunale Zusammenarbeit

A. Gesetzliche Möglichkeiten kommunaler Zusammenarbeit nach dem KommZG und der VGemO

Einstiegsnorm in den Rechtsbereich der kommunalen Zusammenarbeit ist Art. 57 Abs. 3 **344** GO. Dort ist bestimmt, dass sofern eine Pflichtaufgabe (Art. 57 Abs. 2 GO) die Leistungsfähigkeit der Gemeinde übersteigt, diese Aufgabe zwingend in kommunaler Zusammenarbeit zu erfüllen ist.

Das KommZG sieht in Art. 2 Abs. 1 KommZG mehrere Formen für die kommunale Zusammen- **345** menarbeit vor. So können u.a. Arbeitsgemeinschaften gebildet, Zweckvereinbarungen geschlossen oder auch Zweckverbände gegründet werden.[1]

B. Arbeitsgemeinschaften, Zweckvereinbarungen, Zweckverbände

Die **Arbeitsgemeinschaft** nach Art. 4, 5 KommZG ist die loseste Form der kommunalen **346** Zusammenarbeit. Mit ihr entsteht nach Art. 2 Abs. 2 KommZG keine neue Rechtspersönlichkeit. Sie hat folglich auch keine Organe und es gibt keine Form der Staatsaufsicht über die Arbeitsgemeinschaft. Ziel der Arbeitsgemeinschaft ist nach Art. 4 Abs. 2 S. 2 KommZG insbesondere die Planungsabstimmung im nachbarlichen Gebiet. Sie wird durch öffentlich-rechtlichen Vertrag in freiwilliger Form gebildet und tritt nach außen grundsätzlich nicht in Erscheinung. Nach 4 Abs. 3 KommZG gehen Aufgaben und Befugnisse nicht auf Arbeitsgemeinschaften über.

Beispiel Die Gemeinden A und B bilden eine Arbeitsgemeinschaft, um ihre Flächennutzungspläne aufeinander abzustimmen und so auch frühzeitig dem Erfordernis aus § 2 Abs. 2 BauGB Rechnung zu tragen. ■

Mit der **Zweckvereinbarung** nach Art. 7 ff. KommZG entsteht zwar wiederum keine neue **347** Rechtspersönlichkeit nach Art. 2 Abs. 2 KommZG, mit ihr können jedoch Aufgaben und Befugnisse von einer Gebietskörperschaft auf eine andere übertragen werden (vgl. Art. 7 Abs. 2, 8 Abs. 1 KommZG oder auch Art. 11 Abs. 1 KommZG – Satzungs- und Verordnungserlass). Eine Zweckvereinbarung hat wegen der fehlenden Rechtssubjektsqualität wiederum keine Organe; die Staatsaufsicht erfolgt nicht über die Zweckvereinbarung, sondern über die jeweilige Gebietskörperschaft. Art. 51 Abs. 2 S. 1 KommZG stellt dies klar. Sie wird grundsätzlich freiwillig durch öffentlich-rechtlichen Vertrag gebildet (Art. 7 Abs. 1 KommZG); das Gesetz sieht aber für die Erfüllung von Pflichtaufgaben die Möglichkeit einer Pflichtvereinbarung, Art. 16 Abs. 1 KommZG, vor.

---

1 *Lissack* § 9 Rn. 31.

Beispiel Wenn die Gemeinde A für den Weiler X im Gemeindegebiet über keine ausreichende Abwasserbeseitigung verfügt, dieser aber aufgrund seiner Nähe zur Gemeinde B problemlos an dessen Kanalisation angeschlossen werden könnte, ist es möglich, dass A und B eine Zweckvereinbarung des Inhalts treffen, dass der Weiler X an die Kanalisation der Gemeinde B angeschlossen wird. A wird insofern von der Aufgabe der Abwasserbeseitigung im Weiler X frei. ◼

348 **Zweckverbände** (Art. 17 ff. KommZG) sind anders als Arbeitsgemeinschaften und Zweckvereinbarungen nach Art. 2 Abs. 3 S. 1 KommZG **Körperschaften des öffentlichen Rechts**. Sie können als solche verklagt werden (§ 78 VwGO) und handeln über Organe (Art. 29 KommZG; Verbandsvorsitzender und Verbandsversammlung). Für den Übergang von Aufgaben und Befugnissen von den beteiligten Gebietskörperschaften auf den Zweckverband gilt Art. 22 KommZG. Gebildet wird der Zweckverband durch eine zu genehmigende Verbandssatzung (Art. 18, 20 KommZG) und eine zugrunde liegende Gründungsvereinbarung (öffentlich-rechtlicher Vertrag, Art. 54 ff. BayVwVfG).[2] Der Zweckverband unterliegt schließlich als Körperschaft des öffentlichen Rechts der Staatsaufsicht, Art. 51 Abs. 1 S. 1, 52 Abs. 1, Abs. 4 KommZG (je nach Wirkungskreis der nach Art. 22 KommZG auf den Zweckverband übertragenen Aufgabe).

Beispiel Klassische Zweckverbände in der Praxis sind der Betrieb von Krankenhäusern, Müllverbrennungsanlagen, Kanalisationen oder aber auch Tourismusverbände. ◼

C. Die Verwaltungsgemeinschaft

349 In der VGemO ist für die kommunale Zusammenarbeit die Bildung einer Verwaltungsgemeinschaft vorgesehen.

I. Allgemeines

> Nach Art. 1 Abs. 1 S. 1 VGemO ist die **Verwaltungsgemeinschaft** ein Zusammenschluss **benachbarter** (räumlicher Bezug reicht aus![3]) **kreisangehöriger Gemeinden** unter Aufrechterhaltung des Bestands der Gemeinden.

350 Die Verwaltungsgemeinschaft ist nach Art. 1 Abs. 2 S. 1 VGemO eine Körperschaft des öffentlichen Rechts. Sie handelt damit über Organe (vgl. Art. 6 VGemO) und sie untersteht **staatlicher Aufsicht** (vgl. Art. 10 Abs. 2 VGemO, Art. 51, 52 KommZG).

351 Die Verwaltungsgemeinschaft kann nach Art. 2 Abs. 1 VGemO freiwillig (Nr. 1) oder zwangsweise (Nr. 2) gebildet werden. Art. 2 Abs. 2 VGemO regelt die Erweiterung der Verwaltungsgemeinschaft entsprechend.

---

2 *Hauth/Hillermeier/Bonengel/Kitzeder* a.a.O., Kennzahl 20.18 Anm. 1.
3 *Hauth/Hillermeier/Bonengel/Kitzeder* a.a.O., Kennzahl 10.01 Anm. 2; *Hölzl/Hien/Huber* Art. 1 VGemO Anm. 2.

Die Bildung oder Erweiterung der Verwaltungsgemeinschaft erfolgt dabei über ein **for- 352 melles Landesgesetz**. Rechtsschutz erlangt die betroffene Gemeinde, die sich gegen die Eingliederung in eine Verwaltungsgemeinschaft wendet, damit ausschließlich über die **Popularklage** in Art. 98 S. 4 BV unter Berufung auf das Recht zur gemeindlichen Selbstverwaltung, Art. 11 Abs. 2 BV.[4]

II. Aufgabendifferenzierung bei der Verwaltungsgemeinschaft

Anders als bei Zweckverbänden, wo nach Art. 22 KommZG die Aufgabenübertragung immer **353** nur für spezielle Einzelaufgaben erfolgt, schlägt die VGemO in Art. 4 VGemO für die Verwaltungsgemeinschaft einen anderen Weg ein. Die Übertragung von Aufgaben erfolgt bei der Verwaltungsgemeinschaft differenziert nach den **jeweiligen Wirkungskreisen**.

Die Aufgaben des **übertragenen Wirkungskreises** der Mitgliedsgemeinde werden nach **354** Art. 4 Abs. 1 S. 1 VGemO grundsätzlich durch die Verwaltungsgemeinschaft wahrgenommen mit Ausnahme des Erlasses von Verordnungen (vgl. Art. 42 Abs. 1 S. 2 LStVG). In diesen Fällen ist die **Verwaltungsgemeinschaft** der nach außen berechtigte Verwaltungsträger, dem die **Willensbildung und der technische Vollzug der Aufgabe** obliegt;[5] die Verwaltungsgemeinschaft ist in Fällen des Art. 4 Abs. 1 S. 1 VGemO selbst zu verklagen; die Mitgliedsgemeinde ist lediglich nach Art. 4 Abs. 1 S. 2 VGemO zu informieren.

Nach Art. 4 Abs. 1 S. 3 VGemO verbleiben ausnahmsweise Angelegenheiten des **übertrage- 355 nen Wirkungskreises** bei der **Mitgliedsgemeinde**, sofern eine staatliche Rechtsverordnung dies bestimmt. Diese Verordnung ist die AVO VGemMGem.[6] In diesen Fällen obliegt die Willensbildung (Entscheidungsfindung) der Mitgliedsgemeinde; der bloße technische Vollzug fällt nach Art. 4 Abs. 2 S. 4 VGemO in die Zuständigkeit der Verwaltungsgemeinschaft. Diese wird hiermit zum „Büro" bzw. verlängerten Arm der Mitgliedsgemeinde. Verklagt werden muss in Fällen des Art. 4 Abs. 1 S. 3 VGemO die Mitgliedsgemeinde als der nach außen berechtigte und verpflichtete Rechtsträger.

Die **Angelegenheiten des eigenen Wirkungskreises** verbleiben nach Art. 4 Abs. 2 VGemO **356** bei der Mitgliedsgemeinde. Ihr obliegt die Willensbildung/Entscheidungsfindung (Frage des „Ob"); die Verwaltungsgemeinschaft hat in den Angelegenheiten des eigenen Wirkungskreises nur unterstützende Funktion; ihr obliegt die Vorbereitung der Angelegenheiten und der technische Vollzug, Art. 4 Abs. 2 S. 3 VGemO (Frage des „Wie").[7] Daneben ist die Verwaltungsgemeinschaft befugt, die laufenden Verwaltungsangelegenheiten wahrzunehmen. Da die Verwaltungsgemeinschaft im Rahmen von Art. 4 Abs. 2 VGemO **nach Weisung** der Mitgliedsgemeinde handelt, Art. 4 Abs. 2 S. 2 VGemO, ist die Mitgliedsgemeinde der nach außen berechtigte und verpflichtete Hoheitsträger; die jeweilige Mitgliedsgemeinde ist nach § 78 Abs. 1 VwGO zu verklagen.

---

4 *Lissack* § 9 Rn. 9.
5 *Lissack* § 9 Rn. 16; *Hauth/Hillermeier/Bonengel/Kitzeder* a.a.O., Kennzahl 10.04 Anm. 1a.
6 *Ziegler/Tremel* Nr. 286.
7 *BayVerfGH* BayVBl 1978, 426 ff.; *Lissack* § 9 Rn. 11.

> ### Hinweis
>
> Achten Sie also bei einer Verwaltungsgemeinschaft bitte stets darauf, welche Art der Aufgabe im Mittelpunkt steht. Davon hängen die Fragen der Passivlegitimation, der Zuständigkeit und der jeweiligen Organkompetenz ab.

Beispiele

Gemeinderat Willensbildung	Verwaltungsgemeinschaft technischer Vollzug „Büro"
• Erlass von Satzungen	• Vollzug der Satzung durch Erlass von Bescheiden
• Befreiung vom Anschluss- und Benutzungszwang	• Vollzug der Entscheidung durch Bescheid
• Entscheidung über Stundung bzw. Erlass von Gebühren	• Erlass eines entsprechenden Bescheides
• Entscheidung über eingelegte Widersprüche	• Erlass eines Änderungs- bzw. Aufhebungsbescheides
• Entscheidung über Klageerhebung	• Beratung und gerichtliche Vertretung

357   Schließlich eröffnet Art. 4 Abs. 3 VGemO der Mitgliedsgemeinde die Möglichkeit, einzelne Aufgaben und Befugnisse des **eigenen Wirkungskreises** komplett auf die Verwaltungsgemeinschaft zu übertragen. Dies geschieht durch eine Zweckvereinbarung im Sinne der Art. 7 ff. KommZG. Damit wird die Gemeinde von der übertragenen Aufgabe frei und der Verwaltungsgemeinschaft obliegen Willensbildung und technischer Vollzug. Die Verwaltungsgemeinschaft ist in Fällen des Art. 4 Abs. 3 VGemO als selbstständiger Rechtsträger zu verklagen. Bei rechtmäßig erfolgter Übertragung wird die Gemeinde von der Aufgabe in Willensbildung und Vollzug frei.

> ### Hinweis
>
> Bitte beachten Sie aber, dass die Gemeinde nicht sämtliche Aufgaben des eigenen Wirkungskreises auf die Verwaltungsgemeinschaft übertragen kann. Der Kerngehalt der Selbstverwaltungsaufgaben muss bei der Mitgliedsgemeinde verbleiben.

> ### JURIQ-Klausurtipp
>
> An dieser Stelle müssen Sie sauber herausarbeiten, welche Fallvariante von Art. 4 VGemO einschlägig ist. Davon hängt nämlich wiederum maßgeblich die Verbands- und Organkompetenz ab.

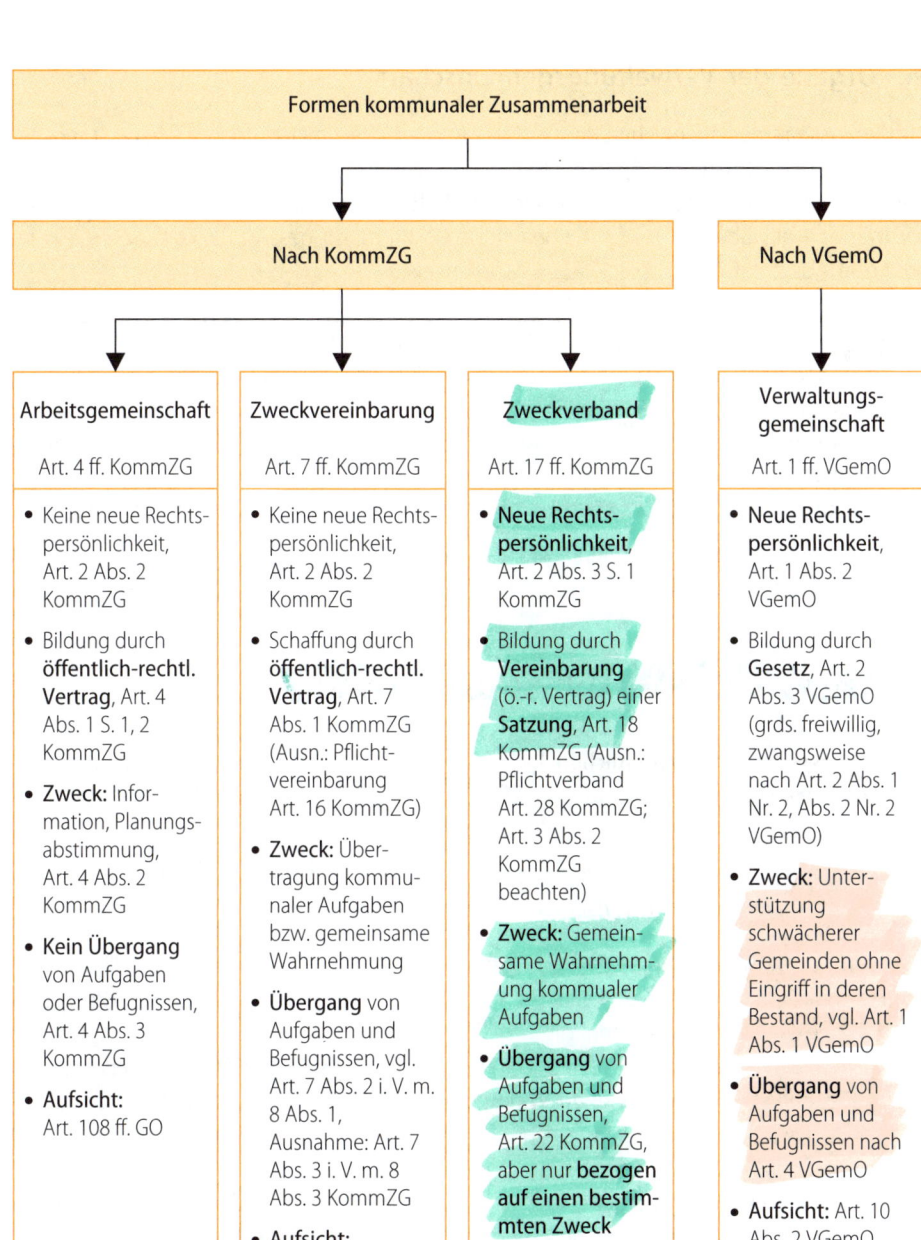

Formen kommunaler Zusammenarbeit

Nach KommZG

Nach VGemO

Arbeitsgemeinschaft	**Zweckvereinbarung**	**Zweckverband**	**Verwaltungsgemeinschaft**
Art. 4 ff. KommZG	Art. 7 ff. KommZG	Art. 17 ff. KommZG	Art. 1 ff. VGemO

Arbeitsgemeinschaft

- Keine neue Rechtspersönlichkeit, Art. 2 Abs. 2 KommZG
- Bildung durch **öffentlich-rechtl. Vertrag**, Art. 4 Abs. 1 S. 1, 2 KommZG
- **Zweck:** Information, Planungsabstimmung, Art. 4 Abs. 2 KommZG
- **Kein Übergang** von Aufgaben oder Befugnissen, Art. 4 Abs. 3 KommZG
- **Aufsicht:** Art. 108 ff. GO

Zweckvereinbarung

- Keine neue Rechtspersönlichkeit, Art. 2 Abs. 2 KommZG
- Schaffung durch **öffentlich-rechtl. Vertrag**, Art. 7 Abs. 1 KommZG (Ausn.: Pflichtvereinbarung Art. 16 KommZG)
- **Zweck:** Übertragung kommunaler Aufgaben bzw. gemeinsame Wahrnehmung
- **Übergang** von Aufgaben und Befugnissen, vgl. Art. 7 Abs. 2 i. V. m. 8 Abs. 1, Ausnahme: Art. 7 Abs. 3 i. V. m. 8 Abs. 3 KommZG
- **Aufsicht:** Art. 108 ff. GO (vgl. Art. 51 Abs. 2 KommZG)

Zweckverband

- **Neue Rechtspersönlichkeit**, Art. 2 Abs. 3 S. 1 KommZG
- Bildung durch **Vereinbarung** (ö.-r. Vertrag) einer **Satzung**, Art. 18 KommZG (Ausn.: Pflichtverband Art. 28 KommZG; Art. 3 Abs. 2 KommZG beachten)
- **Zweck:** Gemeinsame Wahrnehmung kommunaler Aufgaben
- **Übergang** von Aufgaben und Befugnissen, Art. 22 KommZG, aber nur **bezogen auf einen bestimmten Zweck**
- **Aufsicht:** Art. 51 Abs. 1 i. V. m. 52 Abs. 1–3 (Rechtsaufsicht) bzw. Abs. 4 (Fachaufsicht), 26 Abs. 1 (51 Abs. 1 S. 3) KommZG, 108 ff. GO
- **Organe:** Art. 29 ff. KommZG

Verwaltungsgemeinschaft

- **Neue Rechtspersönlichkeit**, Art. 1 Abs. 2 VGemO
- Bildung durch **Gesetz**, Art. 2 Abs. 3 VGemO (grds. freiwillig, zwangsweise nach Art. 2 Abs. 1 Nr. 2, Abs. 2 Nr. 2 VGemO)
- **Zweck:** Unterstützung schwächerer Gemeinden ohne Eingriff in deren Bestand, vgl. Art. 1 Abs. 1 VGemO
- **Übergang** von Aufgaben und Befugnissen nach Art. 4 VGemO
- **Aufsicht:** Art. 10 Abs. 2 VGemO i. V. m. 52 Abs. 1 S. 1 Nr. 3 (Rechtsaufsicht) bzw. Abs. 4 (Fachaufsicht), 26 Abs. 1 (51 Abs. 1 S. 3) KommZG, 108 ff. GO
- **Organe:** Art. 6 VGemO

III. Organe der Verwaltungsgemeinschaft

358 Als Körperschaft des öffentlichen Rechts, Art. 1 Abs. 2 S. 1 VGemO, handelt die Verwaltungsgemeinschaft über Organe. Art. 6 Abs. 1 VGemO. Das Gesetz sieht insoweit zwei Organe vor, den **Gemeinschaftsvorsitzenden** und die **Gemeinschaftsversammlung**. Für den Gemeinschaftsvorsitzenden gilt über Art. 6 Abs. 4 VGemO die Bestimmung des Art. 36 KommZG, die wiederum in Abs. 2 auf Art. 37 Abs. 1, Abs. 3 GO verweist.

> **Hinweis**
>
> Beachten Sie an dieser Stelle, dass der Gemeinschaftsvorsitzende dem ersten Bürgermeister in seinen Aufgaben entspricht. Über Art. 36 Abs. 2 KommZG gelangen Sie wiederum zur bekannten Vorschrift des Art. 37 GO.

359 Für die Gemeinschaftsversammlung gilt neben Art. 6 Abs. 2 VGemO über Art. 10 Abs. 2 VGemO die Bestimmung des Art. 33 Abs. 1, Abs. 2 KommZG.

IV. Aufsicht bei der Verwaltungsgemeinschaft

360 Als **Körperschaft des öffentlichen Rechts** (Art. 1 Abs. 2 VGemO) unterliegt die Verwaltungsgemeinschaft staatlicher Aufsicht.

Die Aufsicht im Bereich der Verwaltungsgemeinschaft beurteilt sich anhand der unterschiedlichen **Fallvarianten des Art. 4 VGemO**:[8]

>> Nur wer die Fallvarianten des Art. 4 VGemO beherrscht, kann sich auch das Folgeproblem der Aufsicht erschließen! «

361 • Sofern die Mitgliedsgemeinde nach **Art. 4 Abs. 2 VGemO** handelt, unterfällt sie der gewöhnlichen **Rechtsaufsicht** aus Art. 109 Abs. 1, 110 S. 1 GO. Die Vorschrift des Art. 10 Abs. 2 VGemO wird nicht benötigt.

362 • Sofern die Mitgliedsgemeinde eine ihr nach **Art. 4 Abs. 1 S. 3 VGemO** verbleibende Angelegenheit des **übertragenen Wirkungskreises** wahrnimmt, unterliegt sie der allgemeinen **Fachaufsicht** aus Art. 109 Abs. 2, 115 GO. Auch hier ist kein Rückgriff auf Art. 10 Abs. 2 VGemO, KommZG erforderlich.

363 • Nimmt die Verwaltungsgemeinschaft eine Aufgabe nach **Art. 4 Abs. 3 VGemO** im eigenen Wirkungskreis wahr, unterliegt sie der **Rechtsaufsicht**; Rechtsaufsichtsbehörde ist dann nach Art. 10 Abs. 2 VGemO in Verbindung mit Art. 52 Abs. 1 S. 1 Nr. 3 KommZG das Landratsamt; der **Prüfumfang** ermittelt sich über Art. 51 Abs. 1 S. 3, 26 Abs. 1 KommZG, Art. 109 Abs. 1 GO (Rechtmäßigkeitskontrolle).

364 • Nimmt die Verwaltungsgemeinschaft eine Aufgabe des **übertragenen Wirkungskreises** der Gemeinde nach Art. 4 Abs. 1 S. 1 VGemO wahr, unterliegt sie der **Fachaufsicht**; die Fachaufsichtsbehörde lässt sich über Art. 10 Abs. 2 VGemO, Art. 52 Abs. 4 KommZG, 51 Abs. 1 S. 3 KommZG, 26 Abs. 1 KommZG, 115 GO bestimmen. Der Prüfungsumfang bestimmt sich nach Art. 10 Abs. 2 VGemO, Art. 51 Abs. 1 S. 3, 26 Abs. 1 KommZG, 109 Abs. 2 GO (Recht- und eingeschränkte Zweckmäßigkeitskontrolle).

---

8 Vgl. zum Ganzen: *Lissack* § 9 Rn. 49, 50.

Verwaltungsgemeinschaft	
Zusammenschluss benachbarter kreisangehöriger Gemeinden unter Aufrechterhaltung des Bestands der Gemeinden, Art. 1 Abs. 1 S. 1 VGemO	
Art. 4 Abs. 1 S. 1 VGemO: Aufgaben des übertragenen Wirkungskreises der Gemeinden A, B, C etc.	Art. 4 Abs. 2 VGemO: Aufgaben des eigenen Wirkungskreises der Gemeinden A, B, C etc.
VGem nimmt alle Aufgaben des übertragenen Wirkungskreises der Mitgliedsgemeinden wahr (Art. 4 Abs. 1 S. 1 Hs. 1 VGemO)	Zuständigkeit bleibt bei den Mitgliedsgemeinden (Art. 4 Abs. 2 S. 1 VGemO)
Ausnahmen: Erlass von Satzungen und Verordnungen (Hs. 2) sowie bei den Mitgliedsgemeinden verbleibende Aufgaben gem. Verordnung über Aufgaben der Mitgliedsgemeinden von VGem (Z/T Nr. 286) i.V.m. Art. 4 Abs. 1 S. 3 VGemO	
Zuständigkeit geht vollständig auf VGem über	Mitgliedsgemeinde hat Entscheidungskompetenz („Willensbildung")
	VGem handelt als Behörde der Mitgliedsgemeinde nach deren Weisung (Art. 4 Abs. 2 S. 2 u. 3 VGemO)
Passivlegitimation § 78 Abs. 1 Nr. 1 VwGO: VGem	Passivlegitimation § 78 Abs. 1 Nr. 1 VwGO: Mitgliedsgemeinde
	Aber: Mitgliedsgemeinde kann einzelne Aufgaben und Befugnisse durch Zweckvereinbarung (Art. 7 ff. KommZG) auf VGem übertragen (Art. 4 Abs. 3 VGemO)
	Passivlegitimation § 78 Abs. 1 Nr. 1 VwGO *dann*: VGem

10. Teil
Kommunales Finanzwesen

Hinweis

Beachten Sie bitte, dass es für das **Erste Staatsexamen** in Bayern ausreichend ist, aus dem Bereich des kommunalen Abgabenrechts die Grundbegriffe Steuer, Gebühr, Beitrag und deren Zuordnung zum eigenen Wirkungskreis der Gemeinde zu kennen. Für die übrigen Rechtsfragen genügt insoweit im Regelfall die bloße Lektüre der gesetzlichen Bestimmungen. Für den Rechtsreferendar, der sich auf das **Zweite Juristische Examen** vorbereitet, ist eine detailliertere Kenntnis der Rechtsmaterie zwingend erforderlich. Im bayerischen Examen ist die abgabenrechtliche Klausur häufig wiederkehrender Prüfungsgegenstand!

A. Abgabenhoheit der Gemeinde

365 Nach Art. 22 Abs. 2 S. 1 GO haben die Gemeinden das Recht, ihr Finanzwesen im Rahmen der gesetzlichen Bestimmungen selbst zu regeln.

366 Art. 83 Abs. 2 S. 2 der Bayerischen Verfassung (BV) bestimmt weiter, dass die Gemeinden das Recht haben, ihren Bedarf durch **öffentliche Abgaben** zu decken. Dem folgend, bestimmt Art. 22 Abs. 2 S. 2 GO schließlich, dass Gemeinden befugt sind, Abgaben zur Deckung des für die Aufgabenerfüllung notwendigen Finanzbedarfs zu erheben, soweit die sonstigen Einnahmen hierfür nicht ausreichen.

367 Die Abgabenhoheit ist Teil der weiter reichenden gemeindlichen **Finanzhoheit** und damit wesentlicher Bestandteil **kommunaler Selbstverwaltung** im Sinne von Art. 28 Abs. 2 GG, Art. 11 Abs. 2 BV.[1] Das Recht der kommunalen Abgabenerhebung ist dem **eigenen Wirkungskreis** der Gemeinde zuzurechnen.

368 Die **Abgabenhoheit** als Teil der umfassenderen Finanzhoheit beinhaltet die öffentlich-rechtlichen Kompetenzen zum Erlass der Abgabengesetze (Satzung, da Rechtsetzung im eigenen Wirkungskreis) **(Abgabengesetzgebungshoheit)**. Daneben hat die Gemeinde die Kompetenz, Abgabenerträge zu vereinnahmen **(Abgabenertragshoheit)**, sowie schließlich die Befugnis, Abgabenbescheide (Verwaltungsakte auf dem Gebiet des kommunalen Abgabenrechts) zu erlassen **(Abgabenverwaltungshoheit)**.[2]

---

1 *Knemeyer* Rn. 353.
2 Vgl. *Ecker* Kommunalabgaben in Bayern, Kennzahl 2.3.

B. Arten kommunaler Abgaben

> Eine **Abgabe** ist dadurch gekennzeichnet, dass es sich um eine hoheitlich (einseitig im Über-Unterordnungsverhältnis) geltend gemachte Geldforderung handelt, die bei Erfüllung des gesetzlich festgelegten Tatbestandes von allen erhoben wird, die diesen Tatbestand erfüllen und die zur Deckung des Finanzbedarfs eines Hoheitsträgers zur Erfüllung der diesem obliegenden Aufgaben dient.[3]

369

Die kommunalen Abgaben lassen sich weiter in **Steuern**, **Gebühren** und **Beiträge** differenzieren.[4]

> Eine **Steuer** ist dabei dadurch gekennzeichnet, dass es sich um Geldleistungen handelt, die nicht eine Gegenleistung für eine besondere Leistung (der Gemeinde) darstellen und von einem öffentlich-rechtlichen Gemeinwesen zur Erzielung von Einnahmen allen auferlegt werden.

Die Legaldefinition der Steuer findet sich in § 3 Abs. 1 der Abgabenordnung (AO). **370**

Von der Steuer grenzen sich **kommunale Gebühren** und **Beiträge** insoweit ab, als diese **371** stets für eine Gegenleistung des Hoheitsträgers erhoben werden.

> Die **Gebühr** knüpft dabei an die tatsächliche Inanspruchnahme an, d.h. die Erhebung einer Gebühr setzt eine konkrete Gegenleistung der Gemeinde voraus (z.B. die Überlassung einer öffentlichen Einrichtung im Sinne von Art. 21 GO).[4]

372

Beispiel Beispiele für Gebühren sind die Benutzungsgebühren für Schwimmbäder, Sporthallen etc. Aber auch die Benutzungsgebühr für den Bezug von Trinkwasser oder für die Benutzung einer Abwasserbeseitigungsanlage. ■

> Der **Beitrag** wiederum unterscheidet sich von der Gebühr dadurch, dass er bereits dann geltend gemacht werden kann, wenn dem Begünstigten von Seiten der Gemeinde die abstrakte Nutzungsmöglichkeit einer Einrichtung eröffnet wird.[4]

Beispiel Beiträge sind die Entgelte z.B. für die Bereitstellung einer Trinkwasserbezugsleitung oder einer Kanalisation oder die Herstellung einer Straße zur Erschließung eines Baugebiets. ■

I. Kommunale Steuern

Kommunale Steuern lassen sich weiter differenzieren nach den so genannten **Realsteuern** **373** in § 3 Abs. 2 AO. Hierzu sind die **Grund-** und **Gewerbesteuer** zu rechnen. Die Besteuerung erfolgt insoweit nach den näheren Bestimmungen im GrdStG bzw. GewStG. Man spricht insofern von Realsteuern, da hier eine **Objektbesteuerung** stattfindet. Anknüpfungspunkt der Besteuerung ist der Grundbesitz bzw. der Gewerbeertrag.[5]

---

3 *BayVGH* BayVBl 1985, 754; *Gern* Rn. 981.

4 *Lissack* § 6 Rn. 2.

5 Vgl. *Lissack* § 6 Rn. 6.

374   Daneben eröffnet Art. 3 KAG die Möglichkeit **örtliche Verbrauch- und Aufwandsteuern** zu erheben.[6] Von dieser Möglichkeit wird in der Praxis insbesondere durch Erhebung von Hundesteuer und Zweitwohnungssteuer Gebrauch gemacht.

> Zu den kommunalen Steuern zählen die **Realsteuern** (Grund- und Gewerbesteuer), § 3 Abs. 2 AO, sowie die **örtlichen Verbrauch- und Aufwandsteuern,** Art. 3 KAG.

1.   Realsteuern, § 3 Abs. 2 AO[7]

375   Anders als die Personalsteuern, die auf die persönlichen Verhältnisse des Steuersubjektes abstellen, erfassen die Realsteuern das Objekt, nämlich entweder den Grundbesitz oder aber den Gewerbeertrag. Die Besteuerung erfolgt nach den bundesgesetzlichen Regelungen im GewStG bzw. GrdStG (Art. 72 Abs. 2 Nr. 3 GG a.F.). Die Ertragshoheit der Realsteuern liegt nach Art. 106 Abs. 6 GG bei den Gemeinden, die insofern auch das Recht haben, in ihrer Haushaltssatzung (Art. 63 Abs. 2 Nr. 4 GO) den so genannten Hebesatz festzulegen, der letztlich die Höhe der Gewerbesteuer bestimmt. Gemäß Art. 108 Abs. 2, Abs. 4 S. 2 GG obliegt die Verwaltung von Gewerbe- und Grundsteuer den Landesfinanzbehörden. Art. 18 KAG hat jedoch in Ausfüllung von Art. 108 Abs. 4 S. 2 GG die Verwaltung der Realsteuern mit Ausnahme des Messbetrags- und Zerlegungsverfahrens auf die steuerberechtigten Gemeinden übertragen. Damit lässt sich bei der Verwaltung der Realsteuern ein zweistufiges Verfahren feststellen. Zunächst ergeht gegenüber dem Steuerpflichtigen ein Grundlagen (Messbetrags-)Bescheid, der von Seiten des Finanzamtes erlassen wird (Rechtsbehelf des Pflichtigen hiergegen der Einspruch nach § 347 AO). Im Nachgang ergeht der eigentliche Steuerbescheid als gemeindlicher Bescheid unter Zugrundelegung des jeweils gültigen Hebesatzes (Art. 63 Abs. 2 Nr. 4 GO). Da § 1 Abs. 2 AO, der für die Verwaltung der Realsteuern die Bestimmungen der AO für weitgehend anwendbar erklärt, nicht auf § 347 AO verweist, verbleibt es im Rechtsschutz gegen den gemeindlichen Steuerbescheid bei der wahlweisen Einlegung von Widerspruch oder Klage. Es liegt insofern ein Fall des fakultativen Vorverfahrens nach Art. 15 Abs. 1 Nr. 1 AGVwGO vor (Kommunalabgabenrecht).

2.   Örtliche Verbrauch- und Aufwandsteuern, Art. 3 KAG[8]

376   Gemäß Art. 105 Abs. 2a GG besitzen die Länder die ausschließliche Gesetzgebungskompetenz für die örtlichen Verbrauch- und Aufwandsteuern. Diese Gesetzgebungskompetenz hat der bayerische Landesgesetzgeber durch Art. 3 KAG an die Gemeinden und Landkreise weiter gegeben.

377   **Verbrauchsteuern** sind Steuern, deren Erhebung an den Übergang einer Sache aus der steuerlichen Gebundenheit in den freien Warenverkehr anknüpft **(Warensteuer)**.[9] Beispiele hierfür sind die kommunale Verpackungssteuer oder auch die nach Art. 3 Abs. 3 KAG verbotene Getränke- bzw. Speiseeissteuer.

---

6   *Lissack* § 6 Rn. 4.

7   Vgl. zum Ganzen: *Lissack* § 6 Rn. 6 ff.

8   Vgl. zum Ganzen: *Lissack* § 6 Rn. 12 ff.

9   *BVerwG* BayVBl 1995, 23 ff.; *BVerwG* BayVBl 1998, 493 ff.

Aufwandsteuern sind Steuern, die auf die wirtschaftliche Leistungsfähigkeit abstellen, wel- **378** che in der Einkommensverwendung für den persönlichen Lebensbedarf zum Ausdruck kommt. Angeknüpft wird an die Tatsache, dass die konkrete Art der Einkommensverwendung zeigt, dass der Steuerpflichtige wirtschaftlich leistungsfähig ist[10] **(Luxussteuer)**. Beispiele für örtliche Aufwandssteuern sind die in Bayern erhobenen Hunde- und Zweitwohnungssteuern. Hinzuweisen ist darauf, dass eine Besteuerung nur für einen Aufwand jenseits der allgemeinen Lebensführung erfolgen darf. Die Erfüllung eines Grundbedürfnisses (z.B. Innehaben einer Erstwohnung) darf nicht besteuert werden.

Bei Prüfung der Rechtmäßigkeit einer gemeindlichen Satzung (bzw. eines gemeindlichen **379** Bescheids), mit der die Erhebung einer örtlichen Verbrauchs- und Aufwandsteuer vorgesehen wird, ist auf die nachfolgenden Punkte zu achten bzw. einzugehen:

1. Abgrenzung der **Begriffe Verbrauchs-/Aufwandssteuer**, Art. 3 KAG.
2. **Örtlichkeit der Steuer**; die Steuer ist örtlich, wenn an örtliche Gegebenheiten angeknüpft wird, insbesondere an die Belegenheit einer Sache im Gemeindegebiet oder einen Vorgang im Gebiet der steuererhebenden Gemeinde. Nicht ausreichend ist der bloße Erlass einer gemeindlichen Satzung. Für die Örtlichkeit einer Hundesteuer genügt es, dass der Hund in den eigenen Haushalt oder Betrieb im Gemeindegebiet aufgenommen wurde und dort dauerhaft versorgt wird.[11]
3. **Keine Gleichartigkeit mit einer bundesgesetzlich geregelten Steuer** (z.B. Umsatzsteuer).
4. **Zulässigkeit einer Lenkungssteuer**; neben der Einnahmenerzielung wird die Gemeinde regelmäßig einen darüber hinaus gehenden Zweck mit der Besteuerung verfolgen (z.B. Eindämmung der Zahl von Kampfhunden[12]; Verhinderung der Entstehung von Rollladensiedlungen durch selten genutzte Zweitwohnungen[13]); Lenkungssteuern sind nach § 3 Abs. 1 S. 1 Hs. 2 AO zulässig, wenn die Gemeinde mit der Besteuerung **auch** das Ziel der Einnahmenerzielung (als Nebenzweck) verfolgt (Letzteres dürfte regelmäßig der Fall sein).
5. Beachtung des **Verbotskatalogs** in Art. 3 Abs. 3 KAG.
6. **Mindestinhalt der Abgabensatzung** in Art. 2 Abs. 1 S. 2 KAG.

> **Hinweis**
>
> Die Beachtung des Trennungsgrundsatzes – Trennung von Stammsatzung und Abgabesatzung – Art. 2 Abs. 1 S. 1 KAG, spielt bei Steuern keine Rolle, da Steuern ohne Gegenleistung der Kommune erhoben werden; die Steuersatzung als Abgabesatzung steht daher immer isoliert.

7. **Eventuelles Genehmigungserfordernis, Art. 2 Abs. 3 KAG:** allenfalls relevant bei Art. 3 KAG (örtliche Verbrauchs- und Aufwandssteuer), Genehmigungspflicht durch die Rechtsaufsichtsbehörde (Art. 110 GO) mit Zustimmung des bayerischen Staatsministeriums des Innern, wenn durch die Satzung erstmalig eine bisher in Bayern nicht erhobene kommunale Steuer eingeführt wird (Ausnahme Zweitwohnungssteuer).[14]

---

10 *BVerwG* DÖV 1992, 489 ff.; *BVerwG* BayVBl 1995, 23 ff.
11 *BayVGH* vom 26.6.2012, Az.: 4 B 12.1389; juris.
12 Zur Zulässigkeit eines erhöhten Satzes für Kampfhunde vgl. *BayVGH* vom 26.6.2012, Az.: 4 B 12.1389, juris.
13 Zur Zulässigkeit einer Zweitwohnungssteuer für Dauercamping vgl. *BayVGH* BayVBl 2009, 692 ff.
14 Zur Genehmigungspflicht einer kommunalen Übernachtungssteuer vgl. *BayVGH* vom 22.3.2012, Az.: 4 BV 11.1909; juris.

8. **Vereinbarkeit mit höherrangigem Recht** (insbesondere mit grundrechtlichen Bestimmungen); regelmäßig zu diskutieren ist an dieser Stelle die Verletzung von Art. 14, Art. 3, Art. 2 Abs. 1 GG. Insbesondere darf die Steuererhebung keine **erdrosselnde Wirkung** zur Folge haben, d.h. die Besteuerung darf nicht dazu führen, dass der Besteuerte faktisch aufgrund der Höhe der Abgabe gezwungen ist, das besteuerte Objekt wegzugeben.[15]

> **JURIQ-Klausurtipp**
>
> Prägen Sie sich diese Prüfungsreihenfolge ein. Klausuren aus dem Bereich des Art. 3 KAG sind vergleichsweise häufig. Denken Sie an dieser Stelle bitte auch daran, dass in Fällen, in denen ein Abgabenbescheid Gegenstand eines Rechtsbehelfs ist, Sie inzident die zugrunde liegende Satzung als Rechtsgrundlage auf ihre Rechtmäßigkeit überprüfen müssen (Stufenprüfung!).

> **Hinweis**
>
> Lesenswerte Entscheidungen im Bereich der Besteuerung nach Art. 3 KAG sind *BVerwG* NVwZ 2000, 929 ff. – Kampfhundebesteuerung, *BVerfG* DVBl 1998, 705 ff. – Kommunale Verpackungssteuer; *BayVGH* BayVBl 2006, 504 ff. – Zweitwohnungssteuer. Zum Verhältnis und der unterschiedlichen Zielsetzung von Zweitwohnungssteuer und Kurbeitrag (Kurtaxe) empfiehlt sich die Lektüre von BayVGH in BayVBl 2009, 725 ff.

II. Kommunale Gebühren

380 Bei den kommunalen Gebühren lassen sich wiederum zwei Fälle unterscheiden. Für die Benutzung ihrer öffentlichen Einrichtungen (Art. 21 GO) kann die Gemeinde **Benutzungsgebühren** erheben (Art. 8 KAG). Für die **Vornahme von Amtshandlungen** (z.B. Erlass von Bescheiden u.ä.) ist daneben regelmäßig die Erhebung von **Verwaltungsgebühren** möglich. Deren Erhebung[16] regelt das Bayerische Kostengesetz (BayKG[17]).

381 Gemäß Art. 8 Abs. 1 S. 1 KAG **können** Gemeinden, Landkreise und Bezirke für die Benutzung ihrer öffentlichen Einrichtungen **Benutzungsgebühren** erheben. Soweit die Einrichtung überwiegend dem Vorteil einzelner Personen oder Personengruppen dient, wird die Gebührenerhebung zur grundsätzlichen Pflicht (**„sollen"**). Weiter ist zu beachten, dass sofern die Gemeinde die öffentliche Einrichtung in privater Rechtsform betreibt, die Geltendmachung einer Gebühr als öffentlich-rechtlichem Nutzungsentgelt ausgeschlossen ist (vgl. Art. 8 Abs. 1 S. 2 KAG a.E. „sofern nicht ein privatrechtliches Entgelt gefordert wird"). Mittels einer Gebühr kann die Gemeinde sowohl den Investitionsaufwand für eine öffentliche Einrichtung als auch deren laufenden Unterhalt finanzieren. Die Gebühr wird dabei im Regelfall fortlaufend erhoben.

382 **Voraussetzungen für die Erhebung einer Benutzungsgebühr** sind demnach:

- Es muss eine **öffentliche Einrichtung im Sinne von Art. 21 GO** vorliegen, d.h. eine Einrichtung, die durch Widmung der Öffentlichkeit zur Verfügung gestellt wurde und welche die Kommune im öffentlichen Interesse unterhält. (Beispiele in der Praxis sind Wasserversorgungseinrichtungen, Kanalisation, Müllabfuhr, Schwimmbäder, Krankenhäuser, Friedhöfe etc.).

---

15 *BayVGH* Urteil vom 25.7.2013, Az.: 4 B 13.144, juris.

16 *Lissack* § 6 Rn. 33, 53.

17 *Ziegler/Tremel* Nr. 380.

- Damit die Gebühr als öffentlich-rechtliches Nutzungsentgelt erhoben werden kann, muss das **Benutzungsverhältnis der Einrichtung in öffentlich-rechtlicher Form ausgestaltet sein**.[18] Indizien hierfür sind die Regelung mittels einer Satzung, sowie die Verwendung des Begriffes der „Gebühr" (für eine privatrechtliche Ausgestaltung sprechen die Verwendung von Allgemeinen Geschäftsbedingungen, sowie der in Art. 8 Abs. 1 S. 2 KAG verwendete Begriff des „privatrechtlichen Entgelts"). Überdies ist darauf hinzuweisen, dass ein öffentlich-rechtliches Benutzungsverhältnis wiederum eine öffentlich-rechtliche Organisationsform gedanklich voraussetzt, da nur bei einer solchen ein grundsätzliches Wahlrecht zwischen öffentlich-rechtlicher und privatrechtlicher Ausgestaltung der Benutzung eröffnet wird.

- Regelung in einer ordnungsgemäß zustande gekommenen (Art. 45 ff. GO) Satzung; die Satzung ist auszufertigen (Art. 26 Abs. 2 GO) und ordnungsgemäß bekannt zu machen, Art. 26 Abs. 2 GO.

- Beachtung des zwingenden **Trennungsgrundsatzes**, Art. 2 Abs. 1 S. 1 KAG; **Stammsatzung** (diese regelt die öffentliche Einrichtung und deren Betrieb) und **Abgabensatzung** (Gebührensatzung) sind getrennt zu halten.[19] Grund hierfür ist, dass der abgabenrechtliche Tatbestand häufiger der Änderung und Anpassung bedarf, als die die Einrichtung schaffende und betreffende Stammsatzung. **Rechtliche Folge** der unzulässigen Verbindung von Stamm- und Abgabesatzung ist, dass der abgabenrechtliche Tatbestand wegen Verstoßes gegen Art. 2 Abs. 1 S. 1 KAG unwirksam (nichtig) ist.

> ### Hinweis
>
> Beachten Sie bitte noch einmal, dass Ihnen der Trennungsgrundsatz nur im Bereich von Gebühren und Beiträgen begegnet. Bei kommunalen Steuern spielt der Trennungsgrundsatz keine Rolle. Steuern kennen keine Stammsatzung!

- Der **Mindestinhalt** der Gebührensatzung ist Art. 2 Abs. 1 S. 2 KAG zu entnehmen.

- Eine Genehmigungspflicht für eine Gebührensatzung besteht nicht. Art. 2 Abs. 3 KAG gilt ausschließlich für Satzungen nach Art. 3 KAG.

- Die **Gebührenbemessung** hat sich an Art. 8 Abs. 2 und 8 Abs. 4 KAG zu orientieren. Art. 8 Abs. 2 KAG schreibt mit dem so genannten **Kostendeckungsprinzip**[20] sowohl Unter- als auch Obergrenze für das Gebührenaufkommen fest. Den Kommunen sollen durch Bereitstellung der öffentlichen Einrichtungen keine Über- und Unterdeckungen bzw. kein Gewinn oder Verlust entstehen. Tatsächlich entstandene Über- bzw. Unterdeckungen können nach Art. 8 Abs. 6 S. 2 KAG ausgeglichen werden. Die ansatzfähigen Kosten beurteilen sich nach Art. 8 Abs. 3 KAG. Art. 8 Abs. 2 S. 3 KAG erlaubt zur Deckung der verbrauchsunabhängigen Vorhaltekosten die Erhebung einer Grundgebühr, verbietet aber bei Wasserversorgung und Abwasserbeseitigung die Erhebung einer Mindestgebühr. Daneben gilt es das **Äquivalenzprinzip in Art. 8 Abs. 4 KAG** zu beachten. Zwischen Leistung und Gegenleistung der Kommune muss ein angemessenes Verhältnis bestehen (dies gilt insbesondere, wenn der Gebührenschuldner zur Benutzung der Einrichtung verpflichtet ist, vgl. Art. 24 Abs. 1 Nr. 2 GO).[21] Dabei erlaubt Art. 8 Abs. 4 Hs. 2 KAG bei der Gebührenbemessung auch die **Berücksichtigung sonstiger Merkmale**, soweit öffentliche

---

18 *Lissack* § 6 Rn. 36.
19 Vgl. hierzu *Lissack* § 6 Rn. 38.
20 *Lissack* § 6 Rn. 44.
21 *Lissack* § 6 Rn. 47.

Belange dies rechtfertigen. Sonstige Merkmale können dabei unter Umständen auch soziale Gesichtspunkte sein, wie z.B. die Staffelung von Kindergartengebührensätzen nach Zahl der Kinder bzw. Einkommen der Eltern.

- Der Satzungsgeber hat sich weiter, da die Gebühr für die tatsächliche Benutzung der öffentlichen Einrichtung erhoben bei der Gebührenbemessung grundsätzlich am **Wirklichkeitsmaß-stab**[22] zu orientieren, da dieser am sachgerechtesten ist. (**Beispiele** hierfür sind der Wasserzähler für den Frischwasserbezug oder auch das Verwiegen der tatsächlich angefallenen Müllmenge). Ist der Wirklichkeitsmaßstab aus praktischen Gründen nicht verwendbar, weil das exakte Maß der Benutzung der öffentlichen Einrichtung nicht feststellbar oder aber zu aufwändig ist, kann die Kommune einen **Wahrscheinlichkeitsmaßstab**[23] heranziehen. Dabei wird nicht auf das konkrete Maß der Benutzung der öffentlichen Einrichtung abgestellt, sondern eine typische, regelmäßige Benutzung zugrunde gelegt (Pauschalierung) und hieraus ein Schluss auf die wahrscheinliche Benutzung gezogen (**Beispiele** sind das Bemessen der Abwassergebühr nach dem bezogenen Frischwasser oder auch Bemessen der Müllgebühr nach Zahl und Größe der Müllgefäße/Haushaltsgröße).

JURIQ-Klausurtipp

Beachten Sie, dass Fragen zur Wahl des richtigen Gebührenmaßstabs in Klausuren äußerst selten sind. Schwerpunkt der gebührenrechtlichen Klausur ist meist die Frage, ob tatsächlich eine Gebühr erhoben werden darf (Abgrenzung zum privatrechtlichen Entgelt) und ob die der Gebührenerhebung zugrunde liegende Satzung rechtmäßig ist.

III. Kommunale Beiträge

383 Bei den Beiträgen unterscheidet man schließlich zwischen **Erschließungsbeiträgen nach Art. 5a KAG, §§ 127 ff. BauGB** und den so genannten **Investitionsbeiträgen** nach **Art. 5 KAG.**[24]

Hinweis

Denken Sie daran, dass nach den Prüfungsordnungen in Bayern Erschließungsbeiträge nicht Gegenstand der Examensklausuren sind. Die Beitragsklausuren sind daher im Regelungsbereich des Art. 5 KAG angesiedelt. Dennoch wird von den Prüflingen die Abgrenzung zu den Erschließungsbeiträgen, §§ 127 ff. BauGB verlangt.

---

384 Hierbei ist zu differenzieren zwischen den Erschließungsbeiträgen im Sinne von Art. 5a KAG, die in Bayern nach Maßgabe von §§ 127 ff. BauGB erhoben werden (mit der Modifikation, dass Grünanlagen zur Erschließung von Baugebieten im Sinne von § 127 Abs. 2 Nr. 4 BauGB nicht notwendig sind). Erschließungsbeiträge werden dabei für die **erstmalige Herstellung** (vgl. § 128 Abs. 1 Nr. 2 BauGB) bestimmter Anlagen im Sinne von § 127 Abs. 2 BauGB erhoben. Praxisrelevant ist hierbei die erstmalige Herstellung von öffentlichen, zum Anbau bestimmten Straßen (§ 127 Abs. 2 Nr. 1 BauGB).

---

22 *Lissack* § 6 Rn. 47 a.E.
23 *Lissack* § 6 Rn. 49.
24 *Lissack* § 6 Rn. 56.

Für sonstige, nicht von § 127 Abs. 2 BauGB erfasste Erschließungsanlagen (diesen Begriff   **385**
erfüllen alle Einrichtungen, die die Bebaubarkeit eines Grundstücks in wegemäßiger, technischer oder sozialer Hinsicht ermöglichen), bleibt nach § 127 Abs. 4 S. 1 BauGB das Recht
bestehen, Abgaben nach anderen Vorschriften zu erheben. Insbesondere gilt das für Anlagen
zur Ableitung von Abwasser sowie zur Versorgung mit Elektrizität, Gas, Wärme und Wasser
(§ 127 Abs. 4 S. 2 BauGB).[25]

Die Vorschrift, die außerhalb von Art. 5a KAG, § 127 Abs. 2 BauGB die Erhebung von Bei-   **386**
trägen (**Investitionsbeiträge**) ermöglicht, ist Art. 5 KAG. Gemäß Art. 5 Abs. 1 S. 1 KAG
können die Gemeinden und Landkreise zur Deckung ihres Investitionsaufwands für die
Herstellung, Anschaffung, Verbesserung oder Erneuerung ihrer öffentlichen Einrichtungen von Grundstückseigentümern und Erbbauberechtigten so genannte **Investitionsbei-**
träge verlangen, sofern die **Möglichkeit der Benutzung** der öffentlichen Einrichtung
den Beitragsschuldnern besondere Vorteile schafft. Grundsätzlich steht die Beitragserhebung im **Ermessen** der Gebietskörperschaft; es gilt jedoch Art. 5 Abs. 1 S. 3 KAG zu
beachten, wonach Beiträge für die Verbesserung oder Erneuerung von Ortsstraßen erhoben werden **sollen** (grundsätzliche Rechtspflicht zur Beitragserhebung!). Da der Beitrag
den der Kommune entstandenen Investitionsaufwand abdecken soll, kann mit Beiträgen
nach Art. 5 KAG nur der Investitionsaufwand refinanziert werden, nicht aber der laufende Unterhalt der öffentlichen Einrichtung (hierfür verbleibt abgabenrechtlich nur das
Instrument der Benutzungsgebühr nach Art. 8 KAG). Der Beitrag wird dabei als **Investiti-**
onsbeitrag regelmäßig nur einmal erhoben.

> ### JURIQ-Klausurtipp
>
> Auch wenn das Recht der Erschließungsbeiträge nicht unmittelbarer Prüfungsstoff ist, den-
> ken Sie daran, dass Ihnen die Abgrenzung zwischen Erschließungsbeiträgen nach dem
> BauGB und Investitionsbeiträgen nach dem KAG geläufig ist. Diese begegnet einem recht
> häufig in Klausuren aus dem kommunalen Beitragsrecht.

Voraussetzungen für eine Beitragserhebung nach Art. 5 Abs. 1 KAG sind: **387**   ≫ Beachten Sie an

- **Herstellung, Anschaffung, Verbesserung oder Erneuerung einer öffentlichen Einrich-**   dieser Stelle, dass
  tung im Sinne von Art. 21 GO; Herstellung bedeutet dabei erstmalige Schaffung;   Ihnen eventuelle
  Anschaffung ist dem rechtsgeschäftlichen Erwerb gleichzusetzen; Verbesserung[26] heißt   Genehmigungs-
  nicht bloße Instandsetzung, sondern erforderlich ist hierfür eine qualitative Aufwertung   pflichten nur im
  der Einrichtung; Erneuerung schließlich meint die vollständige Wiederherstellung der   Rahmen von Art. 3
  Einrichtung.   KAG begegnen
                  können. ≪

- **Grundstückseigentümer oder Erbbauberechtigter** (vgl. auch Art. 5 Abs. 6 KAG) als mögliche Beitragsschuldner müssen durch die **Benutzungsmöglichkeit** der öffentlichen Einrichtung einen **dauerhaften grundstücksbezogenen Vorteil** erlangen[27] (z.B. Erschließung
  des Grundstücks zur Bebauung; Steigerung des Grundstückswertes; Ersparnis von Eigen-
  aufwendungen).

---

25 *Lissack* § 6 Rn. 56.
26 *Lissack* § 6 Rn. 58.
27 *Lissack* § 6 Rn. 57.

- Erlass einer ordnungsgemäßen Beitragssatzung mit Mindestinhalt nach Art. 2 Abs. 1 S. 2 KAG (**hier** Abweichung in Art. 5 Abs. 4 KAG beachten).
- Beachtung des **strikten Trennungsgrundsatzes** von Stammsatzung und Beitragssatzung, Art. 2 Abs. 1 S. 1 KAG.
- **Keine Genehmigungspflicht** aus Art. 2 Abs. 3 KAG.
- **Beitragsbemessung**: auch insoweit Geltung von **Kostendeckungsprinzip** (Art. 5 Abs. 1 S. 1 KAG) und **Äquivalenzprinzip** (Art. 5 Abs. 2, 5 Abs. 2a, 5 Abs. 3 KAG).
- **Beitragsmaßstab**: Beitragsmaßstab muss so gewählt sein, dass ein am Gedanken des Vorteilsausgleichs orientiertes Ergebnis erzielt wird. Da der Beitrag als solcher an die bloße Nutzungsmöglichkeit anknüpft, ist in der Regel ein Wirklichkeitsmaßstab nicht existent, so dass im Recht der Beiträge ein **Wahrscheinlichkeitsmaßstab** zugrunde zu legen sein wird. Mögliche Beitragsmaßstäbe finden sich in Art. 5 Abs. 2 S. 2 KAG.

> **Hinweis**
>
> **Sonderproblem:** Maßgeblicher Grundstücksbegriff im Beitragsrecht, Art. 5, 5a KAG:
>
> Zu unterscheiden ist zwischen dem **grundbuchrechtlichen Grundstücksbegriff**, nach dem jedes Grundstück (Flur-Nr.) eine separat zu beurteilende Einheit darstellt. Dieser Grundstücksbegriff findet im Beitragsrecht nur Anwendung bei Erschließungsbeiträgen nach Art. 5a KAG, §§ 127 ff. BauGB, sowie bei Straßenausbaubeiträgen nach Art. 5 Abs. 1 S. 3 KAG.[28]
>
> Daneben gilt es den **wirtschaftlichen Grundstücksbegriff** zu berücksichtigen. Dieser löst sich von der grundbuchrechtlichen Festlegung und sieht jedes räumlich zusammenhängende und einem **gemeinsamen Zweck** dienende Grundeigentum desselben Eigentümers als **wirtschaftliche Einheit**. Der wirtschaftliche Grundstücksbegriff findet in Art. 5 Abs. 1 S. 1 KAG Anwendung.[29]

IV. Sonstige Abgaben

388 Daneben gibt es noch die **sonstigen Abgaben**, die sich keiner der bisher vorgestellten Kategorien exakt zuordnen lassen bzw. deren Begrifflichkeiten nicht erfüllen.[30] Praxisrelevante Fälle sind insoweit Art. 6, 7 KAG (Fremdenverkehrsbeitrag, Kurbeitrag), sowie Art. 47 Abs. 3 Nr. 3 BayBO (Beitrag zur Stellplatzablöse).

389 Einen weiteren Sonderfall regelt Art. 9 KAG. Die dort genannte Konstellation betrifft einen Fall des Kostenersatzes, für den § 80 Abs. 2 Nr. 1 VwGO (öffentliche Abgaben und Kosten) nicht gilt.

---

28 *Hölzl/Hien/Huber* Art. 22 Exkurs F 1.1.
29 *BayVGH* BayVBl 1985, 495 ff.; *Ecker* Kommunalabgaben in Bayern, Kennzahl 4.1.3.6.1.
30 *Lissack* § 6 Rn. 2.

Kommunale Abgaben im Überblick			
Abgabe	Merkmal	Arten	Beispiele
Steuer	**keine** Gegenleistung -> Zahlungspflicht, die an bestimmten Tatbestand anknüpft (§ 3 Abs. 1 AO)	1. Realsteuern 2. Örtliche Verbrauchs- u. Aufwandsteuern (Art. 3 KAG)	Grundsteuer, Gewerbesteuer Hundesteuer Zweitwohnungsteuer
Beitrag	Gegenleistung für die Möglichkeit der Inanspruchnahme einer öffentlichen Einrichtung (i.d.R. einmalig erhoben)	1. leitungsgebundene Einrichtungen 2. nicht leitungsgebundene Einrichtungen	Wasser, Abwasser (Anschlussbeiträge) Straßen (Erschließungsbeitrag, Ausbaubeitrag)
Gebühr	Gegenleistung für die tatsächliche Inanspruchnahme einer Leistung (grds. regelmäßig laufende Entrichtung)	1. Benutzungsgebühren 2. Verwaltungsgebühren (für Amtshandlungen)	Wasser, Müll, Friedhof (nicht: soweit Gemeindegebrauch) Kostengesetz
Sonstige	alle anderen (hoheitliche Festsetzung, aber keine Steuer, Beitrag oder Gebühr)	–	Kleineinleiterabgabe nach Art. 7, 8 BayAbwAG Kurbeitrag (Art. 7 KAG)

C. Einnahmen der Gemeinden/Landkreise

Die **Einnahmenbeschaffung** der Gemeinde wird in **Art. 62 GO** angesprochen. Art. 62 Abs. 2 GO sieht dabei eine konkrete Reihenfolge der Mittel der Einnahmenerzielung der Gemeinde vor. Im ersten Rang der Finanzierung stehen dabei die **sonstigen Einnahmen**. Hierunter versteht man die **Mittelbeschaffung außerhalb der kommunalen Abgabenerhebung**. Einnahmequellen sind hierbei die Mittelzuweisungen nach dem Grundgesetz (GG) und dem Finanzausgleichsgesetz (FAG[31]). Nach Art. 106 Abs. 5 und Abs. 5a GG partizipiert die Gemeinde an den Einnahmen an der Einkommensteuer sowie an der Umsatzsteuer (Mehrwertsteuer). Nach dem FAG enthält die Gemeinde z.B. Finanzzuweisungen für die Aufgabenerfüllung im übertragenen Wirkungskreis (Art. 7 Abs. 1 FAG) und partizipiert an der Grunderwerbssteuer (Art. 8 FAG) bzw. der Kraftfahrzeugsteuer (Art. 13 FAG). Daneben sind weitere sonstige Einnahmen z.B. solche aus der Vermietung, Verpachtung von gemeindlichen Liegenschaften oder auch die Erzielung von Privaterlösen durch Veräußerung nicht mehr benötigter Sachgüter denkbar.

390

Soweit diese Einnahmen nach GG, FAG nicht ausreichen, muss die Gemeinde eine Finanzierung über besondere Entgelte für erbrachte Leistungen nach Art. 62 Abs. 2 Nr. 1 GO sicherstellen. Darunter sind die **kommunalen Gebühren und Beiträge** (Art. 8, 5, 5a KAG; KG) zu verstehen.

391

Im dritten Rang steht die Einnahmenerzielung über die **Erhebung von Steuern** (§ 3 Abs. 2 AO, Art. 3 KAG), § 62 Abs. 2 Nr. 2 GO. Letztes und nachrangiges Mittel der Finanzierung ist schließlich die in Art. 62 Abs. 3 GO angesprochene **Kreditaufnahme**.

392

---

31 *Ziegler/Tremel* Nr. 210.

> **Hinweis**
>
> Prägen Sie sich die Reihenfolge der gemeindlichen Einnahmenerzielung gut ein. Gerade die Finanzierung einer Gemeinde ist beliebter Gegenstand mündlicher Prüfungen.

393   Dem Art. 62 GO entspricht auf der überörtlichen Ebene der Landkreise die Bestimmung des Art. 56 LKrO. Als weiteres Finanzierungsinstrument kommt auf dieser Ebene die **Kreisumlage** (Art. 18 Abs. 1 FAG; Art. 56 Abs. 2 Nr. 2 LKrO) hinzu, wonach der Landkreis seine durch sonstige Einnahmen nicht gedeckten Kosten auf die kreisangehörigen Gemeinden umlegt.

D. Verfahren der Abgabenerhebung nach dem KAG

394   Für das Verfahren der Abgabenerhebung gelten weitgehend die Bestimmungen der Abgabenordnung (AO).

395   Über Art. 10 Nr. 1 KAG, der für Abgaben nach dem I. Abschnitt des KAG (also insbesondere Art. 3, 5 und 8 KAG) gilt, gelangt man zu Art. 13 KAG, der eine dynamische Verweisung auf die Bestimmungen der AO enthält. Soweit in Art. 13 KAG Regelungen getroffen werden, verdrängen die jeweiligen Bestimmungen der AO die entsprechenden Regelungen im Bayerischen Verwaltungsverfahrensgesetz (BayVwVfG).

396   **Beispiel**   Der **Abgabenbescheid** ist demnach ein **Verwaltungsakt** gemäß Art. 13 Abs. 1 Nr. 3b KAG, § 118 AO entsprechend; die Anhörung zum Abgabenbescheid als belastendem Verwaltungsakt erfolgt über Art. 13 Abs. 1 Nr. 3a KAG, § 91 AO entsprechend; die Rücknahme eines rechtswidrigen Abgabenbescheids – nach der Rechtsprechung des BayVGH ist jeder Abgabenbescheid rechtswidrig, der eine fehlerhafte Abgabe festsetzt (auch eine irrtümlich zu niedrige) – ist in Art. 13 Abs. 1 Nr. 3b KAG, § 130 Abs. 1 AO entsprechend geregelt; die Bekanntgabe des Abgabenbescheids erfolgt über Art. 13 Abs. 1 Nr. 3b KAG, § 122 AO entsprechend; eine Zustellung – förmliche Bekanntgabe – hat nach den Bestimmungen des BayVwZVG zu erfolgen, wobei Art. 17 BayVwZVG eine Sonderregelung für die Bekanntgabe im Besteuerungs- und Abgabeverfahren vorsieht. Für die Verjährung der Abgabe gilt nach Art. 13 Abs. 1 Nr. 4b, bb KAG eine einheitliche Festsetzungsfrist von vier Jahren, sofern eine Satzung der Gemeinde unwirksam ist, gilt es Art. 13 Abs. 1 Nr. 4b, cc 2. Spiegelstrich KAG zu beachten, der bestimmt, dass in diesen Fällen die Festsetzungsfrist erst mit Ablauf des Kalenderjahrs zu laufen beginnt, in dem die gültige Satzung bekannt gemacht wird. ■

> **JURIQ-Klausurtipp**
>
> Beachten Sie, dass soweit Art. 13 KAG keinen Verweis auf die Bestimmungen der Abgabenordnung (AO) vorsieht, selbstverständlich die allgemeinen Bestimmungen des Bayerischen Verwaltungsverfahrensgesetzes Anwendung finden.

E. Sonderproblem: Rückwirkung von abgaberechtlichen Satzungen

Hier ist zwischen echter und unechter Rückwirkung zu unterscheiden.[32] Von einer echten Rückwirkung (Rückbewirkung von Rechtsfolgen) spricht man in Fällen, in denen eine Rechtsnorm in bereits abgewickelte, vergangene Tatbestände eingreift und an diese nachträglich ungünstigere Rechtsfolgen knüpft.[33] **397**

Als unechte Rückwirkung (tatbestandliche Rückanknüpfung) werden Fälle bezeichnet, in denen eine Satzung oder sonstige Rechtsvorschrift in zwar in der Vergangenheit begonnene, aber noch in der Gegenwart andauernde oder in die Zukunft hineinwirkende, bisher nicht abgeschlossene Sachverhalte eingreift, indem sie für die Gegenwart oder Zukunft ungünstigere Rechtsfolgen schafft.[34] **398**

Die Zulässigkeit derartiger Rückwirkungstatbestände ist eine Frage des Vertrauensschutzes. Eine belastende unechte Rückwirkung (tatbestandliche Rückanknüpfung) ist regelmäßig zulässig. In diesen Fällen ergibt die Abwägung zwischen dem öffentlichen Interesse einer zukünftigen Anpassung an geänderte Umstände und dem Individualinteresse des Einzelnen am Fortbestand der bisherigen Regelung, dass die Rückwirkung nicht gegen den Vertrauensgrundsatz verstößt. Dem Satzungsgeber kann es regelmäßig nicht verwehrt sein, für die Zukunft neue Abgaben einzuführen bzw. bestehende zu erhöhen.

Anders beurteilt sich die Situation regelmäßig im Bereich der echten Rückwirkung (Rückbewirkung von Rechtsfolgen). Da der Normgeber hier in einen abgeschlossenen Sachverhalt in der Vergangenheit regelnd eingreift, überwiegt grundsätzlich das Interesse des Einzelnen an Rechtssicherheit und Vertrauensschutz. Eine echte Rückwirkung ist nur ausnahmsweise zulässig, insbesondere, wenn der Betroffene im Zeitpunkt des Beginns der Rückwirkung mit der getroffenen Regelung rechnen musste, sie für ihn also vorhersehbar war,[35] oder wenn eine ungültige Rechtsnorm durch eine gültige ersetzt wurde.[36] Gerade im letztgenannten Fall als häufiger Konstellation im Kommunalabgabenrecht musste der Betroffene bereits aufgrund der vormaligen Regelung mit seiner Heranziehung zur Abgabepflicht rechnen. Ein Vertrauen dahingehend, dass eine Abgabesatzung ungültig ist und nicht nachträglich geheilt wird, ist nicht schützenswert. **399**

Hinzuweisen ist abschließend darauf, dass abgaberechtlich allenfalls die Abgabesatzung einer Rückwirkung zugänglich ist. Begrifflich ausgeschlossen ist eine Rückwirkung für die die öffentliche Einrichtung selbst betreffende Stammsatzung.[37] **400**

---

32 *BayVerfG* BayVBl 1984, 363.
33 *BVerfGE* 13, 261 f; *BVerfGE* 72, 242 ff.
34 *BVerfGE* 30, 367 ff.; *BVerfGE* 78, 284 ff.
35 *BVerfGE* 13, 261 ff.
36 *BVerfGE* 19, 187 ff.
37 *BayVGH* BayVBl 2003, 435.

F. Rechtsbehelfe im kommunalen Abgabenrecht

401 Der Abgabenbescheid als **belastender Verwaltungsakt** im Sinne von Art. 13 Abs. 1 Nr. 3b KAG, § 118 AO entsprechend, kann wahlweise mit Widerspruch oder direkter Anfechtungsklage nach § 42 Abs. 1 Alt. 1 VwGO angegriffen werden. Für den Abgabenbescheid gilt das **fakultative Vorverfahren** nach Art. 15 Abs. 1 Nr. 1 AGVwGO.

402 Dabei ist weiter zu beachten, dass eine bereits erfolgte Zahlung auf einen Abgabenbescheid diesen nicht erledigt, da der zugrunde liegende Bescheid weiterhin den rechtlichen Grund für das Behaltendürfen des gezahlten Betrags darstellt.[38] Es verbleibt in diesen Konstellationen also bei der Statthaftigkeit der Anfechtungsklage; eine Klageänderung in eine Fortsetzungsfeststellungsklage hat nicht zu erfolgen. Vielmehr ist in den Fällen erfolgter Zahlung die Anfechtungsklage mit dem Vollzugsfolgenbeseitigungsanspruch auf Rückgewähr des (ohne Rechtsgrund) geleisteten Betrags zu verbinden, § 113 Abs. 1 S. 2 VwGO.

> **JURIQ-Klausurtipp**
>
> Merken Sie sich den Vollzugsfolgenbeseitigungsanspruch des § 113 Abs. 1 S. 2 VwGO im Zusammenhang mit der abgabenrechtlichen Klausur.

403 Zu beachten ist weiterhin, dass Widerspruch und Anfechtungsklage im Bereich des kommunalen Abgabenrechts **keine aufschiebende Wirkung** haben, § 80 Abs. 2 Nr. 1 VwGO. Das heißt, dass trotz fristgerecht eingelegtem Rechtsbehelf der behördlicherseits geforderte Abgabebetrag zu leisten ist. Um diese Rechtsfolge zu vermeiden, kann kumulativ ein **Antrag auf Anordnung der aufschiebenden Wirkung** von Widerspruch bzw. Klage nach § 80 Abs. 5 S. 1 VwGO gestellt werden, der die **Besonderheit** aufweist, dass nach § 80 Abs. 6 S. 1 VwGO vor gerichtlicher Geltendmachung grundsätzlich ein behördliches Vorverfahren durchzuführen ist. Die Ausnahmen in § 80 Abs. 6 S. 2 VwGO sind zu beachten.

> **JURIQ-Klausurtipp**
>
> Beliebte Klausurkonstellation im Bereich des Kommunalabgabenrechts ist auch die Anfechtungsklage der Gemeinde infolge erstmaliger Beschwer durch den Widerspruchsbescheid, § 79 Abs. 1 Nr. 2 VwGO. Diese liegt immer dann vor, wenn die Widerspruchsbehörde auf den Widerspruch des Abgabeschuldners hin, den ursprünglichen Abgabebescheid der Gemeinde aufhebt. Denken Sie an dieser Stelle auch daran, dass in derartigen Konstellationen ein weiteres Vorverfahren nach § 68 Abs. 1 S. 2 Nr. 2 VwGO entfällt. Sie haben in einer derartigen Konstellation zu prüfen, ob der Widerspruch des Abgabeschuldners zulässig und begründet war. Nur dann war die Widerspruchsbehörde berechtigt, den Abgabebescheid der Gemeinde aufzuheben. Ist dies hingegen nicht der Fall, verletzt der Widerspruchsbescheid die Gemeinde in ihrem Recht auf kommunale Selbstverwaltung (Finanzhoheit).

---

38 Vgl. *Kopp/Schenke* § 113 Rn. 104.

Daneben ist es weiterhin denkbar, nicht nur gegen den Abgabenbescheid selbst, sondern auch gegen die der Abgabenerhebung zugrunde liegende Satzung gerichtlich vorzugehen. Insoweit zur Verfügung stehende Rechtsbehelfe sind die **Normenkontrolle** gemäß § 47 Abs. 1 Nr. 2 VwGO, Art. 5 AGVwGO bzw. die **Popularklage** nach Art. 98 S. 4 BV, Art. 55 Bay-VerfGHG. Ausgeschlossen ist dagegen die Bayerische Verfassungsbeschwerde nach Art. 120 BV, die gesetzlich nur gegen behördliche und richterliche Einzelakte vorgesehen ist.

404

>> Können Sie noch das Prüfungsschema für die Normenkontrolle? Wenn nicht, ist jetzt im Kommunalabgabenrecht noch einmal Gelegenheit zur Wiederholung. «

Online-Wissens-Check

Worin unterscheiden sich Steuer, Gebühr und Beitrag?

Überprüfen Sie jetzt online Ihr Wissen zu den in diesem Abschnitt erarbeiteten Themen. Unter **www.juracademy.de/skripte/login** steht Ihnen ein Online-Wissens-Check speziell zu diesem Skript zur Verfügung, den Sie kostenlos nutzen können. Den Zugangscode hierzu finden Sie auf der Codeseite.

Sachverzeichnis

Die Zahlen verweisen auf die Randnummern.